Vidas roubadas

Alessandro Pinzani
Walquiria Leão Rego

Vidas roubadas

Sofrimento social e pobreza

editora
unesp

Direitos de publicação reservados à:
Fundação Editora da Unesp (FEU)
Praça da Sé, 108
01001-900 – São Paulo – SP
Tel.: (0xx11) 3242-7171
Fax: (0xx11) 3242-7172
www.editoraunesp.com.br
www.livrariaunesp.com.br
atendimento.editora@unesp.br

Dados Internacionais de Catalogação na Publicação (CIP) de acordo com ISBD
Elaborado por Odilio Hilario Moreira Junior – CRB-8/9949

P661v Pinzani, Alessandro

Vidas roubadas: sofrimento social e pobreza / Alessandro Pinzani, Walquiria Domingues Leão Rego. – São Paulo: Editora Unesp, 2025.

Inclui bibliografia.
ISBN: 978-65-5711-292-2

1. Sociologia. 2. Brasil. 3. Política. 4. Políticas públicas. 5. Fome. 6. Pobreza. 7. Programas assistenciais. 8. Justiça social. 9. Desigualdade. I. Rego, Walquiria Domingues Leão. II. Título.

2025-2388 CDD 301
CDU 301

Editora afiliada:

Asociación de Editoriales Universitarias de América Latina y el Caribe

Associação Brasileira de Editoras Universitárias

A necessidade de dar voz ao sofrimento é
condição de toda verdade.

Theodor W. Adorno
Dialética negativa

Trago comigo um grito sem fim e não sei se é a alma
ou são as entranhas o que grita em mim.

Rainer Maria Rilke
"A canção do cego"

SUMÁRIO

INTRODUÇÃO

Escrever sobre este tópico adquire o potencial para envolver parcialmente o leitor na confusão moral e no tormento intelectual do sofrimento como experiência vivida.

Iain Wilkinson[1]

Quero que falem os que sempre foram marginalizados, os "surdos-mudos", os que sobreviveram ao grande genocídio, como falariam em uma verdadeira democracia. É o mundo dos vencidos que me abre à esperança, que me enche de uma raiva jovem, que me empurra à luta contra a sociedade errada de hoje.

Nuto Revelli[2]

As razões para a escrita deste livro podem ser encontradas nas palavras de Iain Wilkinson e de Nuto Revelli, que aparecem como epígrafe desta introdução. Assim como procedemos em nosso

1 Wilkinson, 2005, p.11.

2 Revelli, 1997, p.xxvi.

livro *Vozes do Bolsa Família* (Leão Rego; Pinzani, 2013), quisemos dar voz aos sem-vozes, às pessoas emudecidas ou não ouvidas pelos políticos, pela opinião pública e até mesmo por uma parcela relevante de cientistas sociais. Como Revelli, ouvimos os marginalizados, "os vencidos", que sempre ficaram às margens da história brasileira, do progresso econômico, civil e jurídico, que, conquanto de forma precária e com graves retrocessos, tentou se instalar no país desde a sua independência. O fato de uma parcela majoritária da população brasileira ter ficado quase completamente excluída das vantagens de tal progresso ou de tê-las recebido apenas parcial e descontinuamente dá mostras do caráter social do sofrimento que tentaremos descrever neste livro. Fomos movidos, como Revelli, pela raiva suscitada por uma sociedade que condena as pessoas que entrevistamos a uma vida de sofrimento socialmente evitável. Esperamos que um pouco desta raiva surja nas leitoras e nos leitores depois de terminarem a leitura deste livro, talvez junto com a confusão moral e o tormento intelectual mencionados por Wilkinson, que foram os sentimentos que nos acompanharam constantemente durante a sua redação. Não compartilhamos da ideia, profundamente errada, a nosso ver, de que cientistas ou filósofos sociais devem manter neutralidade diante dos fatos por eles analisados. Esta suposta neutralidade é um mito desmontado há décadas por diversos autores – inclusive de diferentes posicionamentos políticos –, como Berlin, Adorno e Mills (cf. Pinzani, 2017). Não há nada de axiologicamente neutro na escolha do que deve contar como fato social, isto é, na seleção dos fatos que são considerados problemáticos ou merecedores de uma análise, e das categorias intelectuais a serem utilizadas em tal análise. Quando decidimos contar fragmentos da história de vida das pessoas aqui entrevistadas, moveu-nos a convicção de que o seu sofrimento tem suas causas na estrutura da sociedade brasileira e, principalmente, na maneira em que renda e riqueza são distribuídas neste país, na ausência e inércia histórica do Estado e de outras instituições públicas, na indiferença da parcela mais poderosa da população brasileira, isto é, das classes médias e altas, que determinam a agenda política e das quais provém a quase totalidade dos políticos e dos funcionários públicos que poderiam e deveriam tentar mudar a vida dos brasileiros em situação de pobreza.[3] Estas causas ficarão explícitas em algumas das entrevistas, mas em geral permanecem em segundo plano e quase sempre passam despercebidas pelas pessoas entrevistadas, e frequentemente até mesmo por aqueles que se ocupam de questões de pobreza, em particular pelos cientistas sociais e filósofos que pouco se interessam pelo contexto social, histórico e econômico no qual surge a pobreza e pensam poder descrevê-la (e até mesmo sugerir soluções para ela) a partir de um vazio contextual, que os torna cegos para as verdadeiras causas e responsabilidades do problema que dizem querer entender e resolver.

Em nossa pesquisa anterior (Leão Rego; Pinzani, 2013), constatamos como políticas públicas podem levar a uma redução do sofrimento social, mais especificamente no contexto de um programa assistencial relativamente limitado como o Bolsa Família. De fato, os resultados mostraram que aquilo que aos olhos de muitos pode parecer uma melhoria mínima na vida material de uma família em situação de pobreza impacta grandemente a vida das pessoas envolvidas. É a diferença entre passar fome e ter comida garantida, entre viver na angústia de não conseguir colocar comida no prato para a família e saber que os filhos terão a possibilidade de uma nutrição adequada, entre uma vida dominada pela privação dos bens mais elementares e pela incapacidade de satisfazer as necessidades mais básicas e uma vida minimamente autônoma. As diferentes formas de sofrimento social analisadas neste livro são também o resultado do desmonte das políticas sociais verificado no Brasil sob os governos Temer e Bolsonaro, que cancelaram programas que ajudavam milhões de famílias a não passar fome e até sede, como veremos acerca do programa de construção de cisternas.

3 Ao longo do texto, utilizaremos dois termos: "pessoas em situação de pobreza" e "pobres". O primeiro faz jus ao fato que há pessoas que passam somente partes de suas vidas em tal situação ou que oscilam entre ela e uma relativa segurança econômica. O segundo será utilizado principalmente na reconstrução histórica dos debates sobre a pobreza (nos quais se usava exclusivamente essa palavra), na análise do discurso dominante sobre pobreza, como adjetivo e, obviamente, nas citações.

Com essas considerações deixamos clara nossa posição teórica e política – sim, política, pois, como não existe neutralidade axiológica quando se analisam os fatos sociais, tampouco existe neutralidade política (que não é a mesma coisa que neutralidade partidária, naturalmente).[4] Este assunto tem se tornado cada vez mais importante, chegando a abranger as temáticas da descolonização epistêmica (Alcoff, 2016; Ribeiro, 2019) e da necessidade de ouvir a voz dos subalternos (Spivak, 2010) e das vítimas do sofrimento social (Campello, 2022) – temáticas que são relevantes também para a nossa pesquisa. O debate, contudo, é mais antigo, como já observamos, e remonta, pelo menos, à década de 1960. Além dos autores mencionados anteriormente, cabe lembrar, neste contexto, também Howard Becker.

Em um texto clássico (Becker, 1967), o sociólogo estadunidense afirma que os cientistas sociais não podem permanecer neutros, mas têm que tomar partido. O que torna isso inevitável é algo que se encontra "firmemente baseado na estrutura social" e nas relações hierárquicas internas a uma sociedade. Para Becker, "a perspectiva do grupo subordinado"[5] normalmente é considerada menos confiável que a perspectiva dos grupos que ele denomina,

---

4 Como já observamos no prefácio de *Vozes do Bolsa Família*, cada um de nós, autores, tem uma história individual, intelectual e política diferente, ainda que ambos nos reconheçamos no campo intelectual, moral e político que tradicionalmente é denominado de "esquerda". Em relação aos motivos que alimentam a crítica social e à necessidade de enquadrá-los em uma moldura teórica adequada, gostaríamos de citar Eve Chiapello e Luc Boltanski: "A formulação de uma crítica supõe, preliminarmente, uma experiência desagradável que suscite a queixa, quer ela seja vivenciada pessoalmente pelo crítico, quer este se comova com a sorte de outrem. A isso damos aqui o nome de fonte de *indignação*. Sem esse primeiro impulso emotivo, quase sentimental, nenhuma crítica consegue alçar voo. Em contrapartida, há grande distância entre o espetáculo do sofrimento e a crítica articulada; o crítico precisa de um respaldo teórico e de uma retórica argumentativa para dar voz ao sofrimento individual e traduzi-lo em termos que façam referência ao bem comum" (Boltanski; Chiapello, 2009, p.72).

5 Perspectiva equivalente à do subordinado, da qual fala Spivak (2010): em ambos os casos se trata de grupos que não têm direito a ter sua voz ouvida.

em termos puramente descritivos, de "superordinados" (*superordinate*) e que, usualmente, são representados "pelos funcionários e pelas autoridades profissionais de alguma instituição importante", como, por exemplo, funcionários de um ministério ou pesquisadores (quer na universidade, quer em instituições como o IPEA).[6] Como grupos superordinados podem ser definidos também as elites sociais, políticas, econômicas e a mídia, que, quase sempre, apresenta a realidade conforme a perspectiva de tais grupos. A mídia assume um papel importante na criação daquilo que Becker chama de "hierarquia de credibilidade", pela qual "os membros do grupo social superior têm o direito de definir como é que as coisas realmente estão".[7] Cientistas sociais críticos tendem, ao contrário, a questionar a hierarquia e a ordem social estabelecida. Os que os acusam de tomarem partido e, portanto, de serem enviesados, esquecem ou não se dão conta de que eles mesmos estão tomando partido, ao aceitar a verdade "oficial" e a considerar os grupos superordinados como sendo mais confiáveis e competentes dos subordinados, aos quais, pelo contrário, os estudos críticos tentam dar voz. Em outras palavras, não há uma posição neutra entre as perspectivas dos grupos sociais e, como afirma Becker, isso significa que "não existe uma posição a partir da qual se possa realizar uma pesquisa sociológica que não seja enviesada num sentido ou no outro".[8] Assim, somos forçados sempre a observar uma questão a partir do ponto de vista de alguém – em nosso caso, o ponto

6 Uma crítica análoga é desenvolvida por Almeida (2019), Kilomba (2019) e Ribeiro (2019), entre outros. Claramente, todas essas teorias, inclusive a de Becker, são devedoras da teoria da hegemonia elaborada por Gramsci (1999-2002). Sobre a maneira em que os estudos sociais trataram a pobreza no Brasil ver o apanhado geral apresentado em Sprandel (2004, p.115ss).

7 Isso vale particularmente quando a mídia não assume um papel crítico, mas contribui para propagar uma visão das coisas favorável aos interesses das elites, como acontece no Brasil, onde a mídia está nas mãos de alguns poucos grupos econômicos ou famílias e tendem a apresentar negativamente qualquer política econômica e social que ameace o *status quo*.

8 C. Wright Mills tinha já percebido isso, quando escreveu: "Quer ele queira ou não, quer tenha consciência ou não, quem gasta sua vida estudando a sociedade e divulgando os resultados de seus estudos está agindo moralmente

de vista das pessoas entrevistadas (e, na hora de comentar as entrevistas, o nosso próprio ponto de vista).

Por isso, consideramos que nossa postura se insere na longa tradição da Teoria Crítica de cunho frankfurtiano. O que distingue o pesquisador social crítico daquele "tradicional", para usar a clássica distinção de Horkheimer (1983), é que o primeiro toma o partido dos subordinados e questiona a verdade "hierárquica" apresentada pelos superordinados. Em nosso caso, isso significa, primeira e primariamente, recusar a visão tradicional e até mesmo oficial, governativa dos "pobres" e de seu "estilo de vida", deixando que as próprias pessoas que vivem em situação de pobreza falem dessas questões.

Este último ponto não é tão óbvio como pode parecer. Como afirma José Cezar de Castro Rocha: "As implicações éticas de falar em nome dos que sofreram, em vez de fornecer-lhes condições de contarem as suas próprias histórias, é um dilema ético que tem se tornado cada vez mais claro" (Rocha, 2006, p.158). A investigação social da pobreza enfrenta um dilema: é obrigada a tomar como fonte de conhecimento os depoimentos de indivíduos cuja confiabilidade epistêmica tende frequentemente a questionar ou mesmo a negar em nome do suposto privilégio epistêmico do cientista social. Este último está ciente do fato inevitável de que as pessoas entrevistadas não dão testemunhos a partir do ponto de vista objetivo de um observador imparcial, mas se referem à sua experiência subjetiva, isto é, à maneira como *elas* experimentam sua situação e a interpretam.

Se se tratar de um cientista social "tradicional", acabará ou não considerando confiáveis os testemunhos dessas pessoas (tornando, assim, inútil o fato de ouvi-las) ou incluindo-as em sua análise não como fontes de informação, mas como objetos de pesquisa: ocupar-se-á da maneira em que elas veem sua situação sem se interrogar sobre o estatuto epistêmico de tal visão. Se perceber uma contradição entre a experiência relatada pelos entrevistados

e quase sempre também politicamente. A questão é se enfrenta esta condição e toma sua própria decisão, ou se a oculta de si mesmo e dos outros e permanece moralmente indeciso" (Mills, 1982, p.89).

e a explicação que dão de sua situação, limitar-se-á a constatar que os "sujeitos" (melhor seria dizer: os objetos) de sua pesquisa se envolvem em contradições, sem se perguntar sobre as razões disso. Buscará, em suma, reproduzir as vozes das pessoas em situaçãoo de pobreza de forma "neutra", isto é, sem interesse algum em entender verdadeiramente o ponto de vista de quem fala. Poderia dizer de si, como o escritor Christopher Isherwood (1985), "eu sou uma câmera" ou, neste caso, melhor seria dizer: "eu sou um gravador", preocupado unicamente em registrar dados destinados a permanecer mudos e mortos, incapazes de ajudar a entender a realidade social que deveriam, supostamente, descrever e, possivelmente, criticar. Trata-se de uma posição intelectualmente ingênua e politicamente pusilânime.

Cientistas ou filósofos sociais críticos assumem outra perspectiva. Ao constatarem as mencionadas contradições, percebem que os sujeitos, cuja voz estão ouvindo, estão adotando um ponto de vista que reflete a visão socialmente dominante sobre a pobreza e, em última análise, o ponto de vista dos superordinados. Durante nossas pesquisas de campo, para este livro e para o *Vozes do Bolsa Família*, ficamos intrigados e, frequentemente, perplexos com a discrepância entre, por um lado, a maneira na qual as pessoas entrevistadas falavam sobre suas dificuldades, dando voz ao seu sofrimento, e, por outro lado, o modo como tendiam a explicar sua situação, muitas vezes culpando-se por ela. Estávamos diante daquilo que chamaremos de um sofrimento de segunda ordem (ver Capítulo 1), isto é, diante da incapacidade de entender a natureza social e estrutural de sua pobreza e, com isso, de buscar soluções para a sua situação, isto é, de buscar remédios para o seu sofrimento de primeira ordem.

Nossa pesquisa abrange um amplo leque de temáticas. Em nossas entrevistas acabamos atingindo profundas e variadas camadas de sofrimento, trazendo à tona múltiplos aspectos e epifenômenos de vida "sofrida". O resultado de tal trabalho não pode não espelhar essa complexidade e variedade de assuntos. Portanto, o presente livro assume diferentes tonalidades e perspectivas. É como uma pintura na qual certos objetos ou certas formas se sobressaem enquanto outros permanecem no fundo ou na penumbra. Há temáticas que perpassam todas as entrevistas e, portanto, todo o livro, voltando regularmente em momentos diferentes. Alguns temas recebem um tratamento mais extenso e aprofundado do que outros, que, em si, mereceriam, pelo menos, igual consideração, mas que decidimos deixar em segundo plano ou tratar de forma mais rápida.[9] Todas essas repetições e omissões, o ir e vir de algumas ideias, a reiteração de certas considerações, são o fruto de escolhas intencionais, não de uma incapacidade de organizar o texto. Pedimos a compreensão das leitoras e dos leitores.

Após essas palavras, deveria ficar claro também que não tivemos a pretensão de realizar uma pesquisa no estilo da chamada "história de vida". Oferecemos, em lugar disso, fragmentos biográficos que são relevantes aos olhos das próprias pessoas entrevistadas e que elas consideraram importante relatar. São, então, "estórias de vida", inevitavelmente parciais, inevitavelmente lacunosas, inevitavelmente tendenciosas.[10] Nossos comentários obviamente não pretendem julgar sua plausibilidade ou verdade, mas tão somente apontar para o que estes relatos revelam da vida das pessoas, inclusive no que permanece não dito e que, às vezes, não pode não permanecer não dito, pois, se as pessoas entrevistadas o dissessem, sua própria identidade pessoal, construída e mantida ao longo da vida com esforços doloridos, poderia desmoronar.

Nos primeiros capítulos do livro, nos quais apresentamos as bases teóricas da pesquisa, voltaremos a discutir essa questão, bem como a questão da descolonização epistêmica, mobilizando várias categorias teóricas, além da mencionada ideia de sofrimento de segunda ordem: reificação, opressão epistêmica, alienação estrutural. Primariamente, porém, teremos de tratar de algumas especificidades da investigação acerca do sofrimento social (Capítulo 1), em particular no que diz respeito aos limites de uma pesquisa empírica como a nossa, centrada na necessidade de dar voz aos envolvidos, mas consciente dos riscos apresentados por tal escolha. Em seguida,

---

9 Contudo, procuramos indicar às leitoras e aos leitores uma bibliografia que possa ajudar a aprofundar os temas em questão.

10 Uma grande contadora de estórias de vida da região do Cariri é Jarid Arraes (Arraes, 2019 e 2022).

exporemos o que deve ser entendido aqui por sofrimento social, pois este é um conceito ambíguo, utilizado com diferentes significados em diferentes áreas do conhecimento. Estabeleceremos relações entre este conceito e outros como o de alienação e de reificação e esboçaremos, num excurso histórico, uma história do conceito de sofrimento social e de seus usos políticos (Capítulo 2). No terceiro capítulo, faremos menção à dimensão eminentemente política da pobreza e apresentaremos algumas soluções que foram adotadas em outros países, na forma de um excurso histórico sobre a criação do Estado de bem-estar social na Suécia. O quarto capítulo apresenta um breve apanhado histórico sobre a luta por justiça social no sertão nordestino e sobre a memória histórica de tais lutas, quer em nível coletivo, quer em nível individual. Essa primeira parte constitui uma espécie de diálogo com várias tradições interpretativas e com várias abordagens teóricas para os temas tratados. Não pretende reconstruir o estado da arte de tais debates, mas simplesmente registrar a sua existência e fornecer às leitoras e aos leitores algumas pistas, inclusive bibliográficas. Como no caso de *Vozes do Bolsa Família*, essa parte teórica (com seus excursos históricos) é importante para entender nossos comentários às entrevistas, mas pode ser lida em um momento posterior pelas leitoras e pelos leitores impacientes que prefiram ouvir antes a voz das pessoas entrevistadas e que, para tanto, podem ir diretamente para a segunda parte.

Esta última, que compreende os capítulos de 5 a 10, apresenta seis estórias de vida. Nós as consideramos vidas exemplares no sentido de que, de certo modo, são típicas dos membros de grupos sociais relevantes da sociedade brasileira: pobres, mulheres, negros, moradores da zona rural que vivem de agricultura de subsistência sob condições duríssimas. Ao mesmo tempo, não temos a pretensão de considerá-las paradigmáticas, se com isso se entende que todos os membros dos mencionados grupos sociais vivem inevitavelmente esse tipo de vida. Tampouco temos a pretensão de apresentar todas as possíveis formas de sofrimento social que podem afetar as vidas das pessoas que pertencem a tais grupos. Não pretendemos oferecer uma fenomenologia do sofrimento social no Brasil, nem sequer no caso mais restrito das mulheres pobres do sertão. Nossa intenção foi antes a de entender como se manifesta o sofrimento social e como é possível identificar, ao menos, algumas das suas causas sociais mais profundas. Desse ponto de vista, poderíamos ter-nos ocupado do sofrimento social de pessoas de classe média, em particular quando esse sofrimento se manifesta psiquicamente sob a forma de depressões, neuroses etc. Não faltam excelentes análises desse tipo (Kehl, 2015, Dunker, 2015 e 2017), diferentemente do que acontece com o sofrimento das classes mais pobres da sociedade brasileira. Registre-se, porém, que não somos psicólogos, e, portanto, não pretendemos analisar o sofrimento das pessoas entrevistadas do ponto de vista psicológico, mas sob um prisma social (essa distinção será esclarecida no Capítulo 1). O método escolhido foi, como em *Vozes do Bolsa Família*, o método qualitativo: realizamos longas entrevistas e voltamos várias vezes a falar com as mesmas pessoas, quando possível (não conseguimos isso com Níobe). A única exceção é a entrevista com dona Edineide, que, contudo, nos parece interessante relatar, apesar dos evidentes problemas metodológicos: as leitoras e os leitores julgarão que valor lhe atribuir.

Cabem aqui algumas breves considerações sobre o que significou pesquisar o tema do sofrimento social em uma conjuntura social, política e ideológica marcada pela sua imensa intensificação. A pesquisa de campo e a escrita do livro sofreram interrupções devido à pandemia da Covid-19 e à devastação de vidas por ela causada, que poderia ter sido evitada se as sociedades não tivessem sido anteriormente depauperadas de seus valores democráticos e de suas estruturas públicas, sobretudo aquelas voltadas aos cuidados da população. O caso brasileiro notabilizou-se pela extrema crueldade social com que o governo geriu a tragédia sanitária. A configuração política que caracterizava o país naquele momento magnificou o sofrimento das pessoas. Medo, dor e morte foram experiências cotidianas. Ninguém deixou de ser atingido de alguma forma por um desses três elementos. Os governantes brasileiros, de modo geral, naturalizavam a ocorrência da tragédia lembrando a história das antigas e modernas epidemias. A pandemia era de certa forma apresentada como destino da humanidade, sem dizer, contudo, que semelhante destino e semelhante devastação possuíam relações estreitas com as políticas de demolição das estruturas do Estado, da saúde pública, da pesquisa científica, enfim, das conquistas sociais e políticas de prevenção e de tratamento profilático de doenças coletivas. No caso brasileiro, tentar naturalizar a tragédia foi o cínico caminho encontrado no nível discursivo para justificar a inoperante crueldade do governo ou até mesmo sua adoção de métodos não científicos e danosos. Afora isso tudo, diante das ruínas estatais o ataque epidêmico encontrou populações muito mais empobrecidas e vulnerabilizadas por anos de desmonte das políticas públicas, de desemprego e precarização dos trabalhos e das vidas das grandes maiorias sociais.

Também é importante relembrar que, de qualquer maneira, o mundo ocidental há mais de 40 anos vem destruindo as estruturas públicas sob a égide normativa das ideologias antiestatais, para as quais o mal maior está no Estado, cujas atividades deveriam, portanto, ser reduzidas ou mesmo eliminadas. A demonização do Estado e de suas funções públicas constituiu um verdadeiro sistema de crenças. Era ele o vampiro das virtudes individuais da prudência, do empenho pessoal, do esforço dos indivíduos. O mito do mercado que se autorregularia devido à sua inerente racionalidade tornou-se um mantra propagado aos quatro ventos, segundo o qual o mundo é um campo infinitamente aberto aos que possuem talento, força e coragem para vencer as injunções da vida. Desse modo, diante do surgimento de uma pandemia, subitamente, o Estado e seus agentes se viram completamente desarmados para enfrentar o nefasto vírus.

Semelhante lógica possui seu modelo explicativo para a pobreza e para a miséria. Segundo o discurso dominante, produzido pelos superordinados, elas são o produto da incúria, da ignorância, da preguiça e da baixa racionalidade das suas próprias vítimas. Diante de tal conformação social, cultural e política, o aumento imenso da pobreza, da extrema pobreza, e, consequentemente, do sofrimento socialmente evitável aparece aos olhos do mundo como uma fatalidade inevitável. No caso das pessoas em situação de pobreza aparecia mais uma vez como revelação e como sintoma da sua renitente irresponsabilidade e incompetência. Frases tais como "nunca vi tanto vagabundo rodando o mundo como estou vendo agora nas ruas das cidades grandes" eram ouvidas cotidianamente. Isso tudo, no caso brasileiro, era legitimado pelo discurso governamental dominante entre 2016 e 2022 de que o Estado nada tinha de fazer para reduzir os sofrimentos da população. O resto dos acontecimentos todos nós conhecemos. Durante a pandemia, mais de 400 mil mortes, entre as oficiais 700 mil, poderiam ter sido evitadas. Mortes que suscitaram no então presidente como única reação as frases "E daí?" e "Eu não sou coveiro".[11] Foi assim nosso abismo de maldade, o coração de trevas de nosso país.

Gostaríamos de registrar nossos agradecimentos a todas as pessoas que tornaram possível nossa pesquisa – em primeiro lugar, àquelas que aceitaram ser entrevistadas e nos contar suas histórias, que abriram as portas de suas casas e de suas almas para dois desconhecidos – em várias ocasiões, mais de uma vez, quando voltamos a falar com elas em diferentes momentos. Esperamos ter conseguido deixar suas vozes falarem por elas, sem distorções. Os nomes das pessoas entrevistadas foram modificados no livro, como é de praxe, e, portanto, não podemos lhes agradecer aqui nominalmente.

Em segundo lugar, agradecemos às e aos colegas do Crato pelo apoio logístico e pelas esclarecedoras conversas, em particular à professora Zuleide Fernandes de Queiroz e ao professor Francisco do O' de Lima Júnior, bem como ao cineasta e pesquisador Rosemberg Cariry pelo intercâmbio epistolar e pelos textos que nos enviou, os quais nos ajudaram a entender melhor a história da região. Agradecemos ao seu Léudo por nos ter acompanhado em nossas andanças pelo Cariri e pelo Catolé. Um agradecimento pela cooperação prática e intelectual a Lucas Batista e Evânia Reich. Agradecemos aos nossos cônjuges Rubem Murilo Leão Rego e Gisa Aver pela paciência e parceria demonstradas nestes anos de pesquisa. Um agradecimento especial dirigimos a Fernando Coelho pela cuidadosa revisão do texto. Finalmente, agradecemos aos colegas e estudantes com as quais e com os quais discutimos partes do livro, em particular as mais teóricas.

11 Sobre essas frases, ver Moreira Salles, 2020.

Uma última observação sobre o título do livro. Fátima, uma das mulheres entrevistadas, ao contar como ela e as irmãs brincavam escondidas dos pais, que, por sua vez, pensavam que estivessem cuidando das cabras, usou a expressão "nós roubava tempo". Na realidade, não eram essas crianças que roubavam tempo ao trabalho e à dureza de sua situação, mas foi esta última que roubou a infância delas. De modo mais geral, a pobreza as privou de uma vida decente. No termo escolhido para descrever a situação emerge em toda a sua aspereza a oposição entre vida e mera sobrevivência: a menina Fátima roubava tempo à luta pela sobrevivência para poder ter um momento de vida. O tempo da vida "normal" tinha que ser roubado ao tempo dedicado à luta para sobreviver. O livro é dedicado a todas as pessoas que tiveram e ainda têm que enfrentar essa luta.

PRIMEIRA PARTE

AS BASES TEÓRICAS DA PESQUISA

CAPÍTULO 1

ESPECIFICIDADES DA INVESTIGAÇÃO SOCIOLÓGICA DO SOFRIMENTO SOCIAL

Gravador que está gravando,
aqui no nosso ambiente,
tu gravas a minha voz.
[....]
Mas, gravador, tu não gravas.
a dor que meu peito sente.
Tu gravas em tua fita
com a maior perfeição,
o timbre da minha voz,
a minha fraca expressão!
Mas não gravas a dor grave,
gravada em meu coração.
Gravador, tu és feliz!
E – ai de mim – o que será?
Bem pode ter desgravado,
o que em tua fita está.
E a dor do meu coração
jamais se desgravará.

Patativa do Assaré
(Poeta popular cearense)

No livro *Vozes do Bolsa Família* (Leão Rego; Pinzani, 2013) resolvemos dar voz às participantes do Programa Bolsa Família, para que pudéssemos ouvir diretamente delas quais foram os principais efeitos do programa sobre sua subjetividade: sobre sua percepção de si, sobre suas relações com o contexto familiar e social mais imediato, sobre sua relação com a comunidade política mais ampla e o Estado. Na pesquisa que levou ao presente livro recorremos novamente ao método qualitativo, com entrevistas longas e repetidas ao longo do tempo; porém, desta vez, ao iniciarmos nossa pesquisa, não tínhamos uma hipótese de trabalho a ser comprovada, como no caso do *Vozes*, no qual partimos da intuição (inspirada por Simmel) de que uma renda regular em dinheiro pode abrir espaços de autonomia em vários sentidos. O que nos empolgou foi antes a intenção de deixar que as pessoas entrevistadas nos contassem livremente sua vida e sua experiência subjetiva da sua situação de pobreza – uma situação na qual nasceram, cresceram e, ao que tudo indica, morrerão.

Nossa tentativa não foi a de reconstruir a *história objetiva* da vida das pessoas entrevistadas, pois isso nos parece um objetivo irrealizável (a não ser pela pena de um romancista que assuma a postura do narrador onisciente – uma postura que nenhum acadêmico poderia assumir). Almejamos antes registrar alguns relatos ou *estórias* de vida, inevitavelmente subjetivos, mas nem por isso inverídicos ou não confiáveis, como pensam certos sociólogos que têm uma visão tacanha e equivocada de sua disciplina: tacanha porque reduzem sua tarefa à mera coleta de dados supostamente objetivos; equivocada porque pretendem aplicar o método de algumas ciências naturais em uma ciência social, cujo estatuto epistêmico e cuja definição do campo de pesquisa são completamente diferentes dos das ciências naturais. Um sociólogo não é um físico ou um químico e nem sequer um biólogo: o objeto de sua pesquisa não é algo dado e imutável, mas uma realidade que os seres humanos criam e recriam a todo momento (e sua própria atividade de pesquisa é parte desse contínuo processo de criação e recriação).

A investigação sociológica que realizamos não poderia deixar de enfrentar, logo de saída, certos limites de apreensão da fala, da vida e da singularidade dos entrevistados. Em primeiro lugar, tal limitação se materializa no uso do próprio gravador: nas possíveis panes técnicas do aparelho, no receio ou até mesmo na reticência que ele pode ocasionar nas pessoas entrevistadas, na dificuldade de transcrever as entrevistas, ainda que isso seja feito por profissionais. A propósito disso, Pierre Bourdieu já dera seu lúcido alerta:

> Transcrever é necessariamente escrever, no sentido de reescrever como a passagem do escrito para o oral que o teatro faz, a passagem do oral ao escrito impõe, com a mudança de base, infidelidades que são sem dúvida a condição de uma verdadeira fidelidade. As antinomias bem conhecidas da literatura popular lembram que dar a palavra àqueles que habitualmente não a têm, é apenas lhes dar a palavra tal qual. Existem as demoras, as repetições, as frases interrompidas e prolongadas por gestos, olhares, suspiros ou exclamações, há as digressões laboriosas, as ambiguidades que a transcrição desfaz inevitavelmente, as referências a situações concretas, acontecimentos ligados à história singular de uma cidade, de uma fábrica ou de uma família etc. (Bourdieu, 2003, p.710)

A temática do sofrimento social como objeto sociológico demanda posturas éticas e abordagens específicas, precisamente por se tratar de experiências difíceis de serem expressas pelos sujeitos que as vivem. Diz respeito a vivências íntimas de violências e privações que resultam, na maioria das vezes, de dolorosas interações sociais, experimentadas por pessoas que nasceram e passaram a vida imersas em universos de carências e de relações familiares marcadas pela violência – violência que, nas suas mais diversas formas, constitui o fio principal no tecido das suas vidas. Desse modo, interrogar sobre esse sofrimento demanda, antes de tudo, um tipo de escuta ativa e metódica. Em outras palavras, significa assumir uma disposição paciente e dedicar muito tempo à tentativa de perceber os vários aspectos daquela existência. O ato de testemunhar sobre sua vida, por vezes, é sentido por elas como um grande desabafo. Bourdieu, ademais, advertira sobre esse fato:

> Certos pesquisados, sobretudo entre os mais carentes, parecem aproveitar essa situação como uma ocasião excepcional que lhes

> é oferecida para testemunhar, se fazer ouvir, levar sua experiência da esfera privada para a esfera pública; uma ocasião também de *se explicar*, no sentido mais completo do termo, isto é, de construir seu próprio ponto de vista sobre eles mesmos e sobre o mundo, e manifestar o ponto, no interior desse mundo, a partir do qual eles veem a si mesmos e o mundo, e se tornam compreensíveis, justificados, para eles mesmos em primeiro lugar. (Ibid.)

Não foi incomum ouvir no final de nossas entrevistas a exclamação: "Ah! Precisava mesmo desabafar com alguém!". Por exemplo, isso aconteceu na última entrevista em 2019 com Dona Fátima, a quem entrevistamos por quatro anos, no sertão do Cariri. A exclamação foi feita com grande força emocional, depois de um longo e sofrido testemunho terminado naquele dia.

A situação pode exigir um teste contínuo por parte do pesquisador – por exemplo, sobre o tom de voz com a qual se pergunta algo mais íntimo à pessoa –; obriga também a testar os limites que o entrevistador tem de observar para que a entrevista não resulte em situações extremamente constrangedoras e, por vezes, invasivas das subjetividades das pessoas entrevistadas. Às vezes, repetir as mesmas perguntas, em busca da compreensão da situação do entrevistado, exige de alguma maneira ir aos poucos construindo o que Bourdieu chama de "contrato de confiança" entre o pesquisador e o entrevistado (ibid., p.9). Isto, *de per si*, requer tempos longos de pesquisa e muitas entrevistas. A experiência de testemunhar foge ao controle tanto do entrevistado como do pesquisador, pois entram em cena formas variadas de emoções que a convocação da memória produz. Do riso divertido, que traz uma luz vibrante ao seu rosto ao recordar certas travessuras infantis, ao choro copioso na rememoração de passagens muito dolorosas de sua vida.[1] Entre as especificidades que o tema impõe encontram-se, por exemplo, os sofrimentos matrimoniais das mulheres. É muito espinhoso para o pesquisador captar essas dores, pois as respostas são quase sempre formuladas em voz baixa, com os olhos fixos no chão, e as palavras são ditas, por vezes, com muita emoção pelas entrevistadas. Essas

1 Ver, sobre isso, Das, 2020, p.93-116, e Ricoeur, 2007, p.170ss.

falas possuem ritmo próprio e é sempre muito difícil vislumbrar o limite entre o dito e o não dito, o dizível e o indizível. Em muitos momentos era constrangedor solicitar ainda mais tempo de fala sobre tais assuntos, e ainda mais penoso foi perceber o sofrimento contido no depoimento das dores das entrevistadas.

De todo modo, não se podem perder de vista dois ângulos analíticos. O primeiro foi destacado por Bourdieu, que menciona "o peso que as estruturas objetivas de domínio e poder exercem sobre as interações [...] entre o pesquisador com aquele/a que ele interroga" (ibid., p.693ss.). O segundo aspecto, para o qual Jean-Paul Sartre chama a atenção, consiste no fato de que toda experiência particular guarda uma "opacidade própria". A turvação do olhar sobre si mesmo acrescenta, então, mais obscuridade à própria pesquisa. Desse modo, o pesquisador se depara com a impraticabilidade quase completa de esclarecer os pontos mais embaciados, meramente entrevistos, na visão do sujeito sobre si mesmo (Sartre, 1967, p.67). Essa visão é tornada ainda mais opaca pela experiência de silenciamento pela qual as pessoas podem passar.

As mulheres entrevistadas ao longo de nossa pesquisa podem ser consideradas vítimas de um duplo silenciamento. Por um lado e do ponto de vista mais imediato, há um silenciamento imposto pela dominação masculina: pelos pais, pelos maridos, às vezes até mesmo pelos filhos. Por outro e de maneira mais indireta, há um silenciamento imposto pelas estruturas sociais. Isso se dá de duas formas. Primeiro, pelo fato de não lhes fornecer os instrumentos necessários para elaborar conceitualmente seus sofrimentos e para refletir criticamente sobre a sua situação. Ao abandono escolar forçado (como veremos, a maioria delas foi retirada da escola pelos pais, que precisavam delas para realizar trabalhos domésticos e para ajudar na roça), acrescenta-se o secular descaso das autoridades públicas, que nunca forneceram educação de qualidade para pessoas em situação de pobreza. O caráter classista e elitista do sistema educativo brasileiro é conhecido demais para que precisemos nos demorar sobre ele. Além disso, o ensino fundamental e secundário é visto basicamente como preparação para o mercado de trabalho e não como educação para o pensamento crítico. Nele afirma-se – e esta é a segunda forma de silenciamento institucional – um saber superordinado, para retomar a expressão de Becker (ver Introdução). O currículo escolar está organizado ao redor de saberes e conhecimentos que são considerados como os únicos legítimos e que não correspondem às experiências de vida das classes subalternas. Estamos diante de um processo de deslegitimação epistêmica, que nega valor de conhecimento a qualquer forma de saber alternativa ao saber superordinado (portanto, a qualquer tentativa de questionar o *status quo* social e as várias formas de dominação que o caracterizam) e que não atribui valor de verdade ao testemunho de quem fala a partir de uma posição subalterna, tematizando a violência racial, a opressão masculina, a desigualdade econômica e social etc.[2]

As mulheres entrevistadas são, portanto, sujeitos sem voz, mas também, em muitos casos, sem palavras. Ou melhor: sujeitos que foram emudecidos e impossibilitados de encontrar formas de expressão adequadas ao seu sofrimento. Isso resulta não somente em certa incapacidade de articular de forma discursiva suas dores, mas também na dificuldade ou até mesmo na impossibilidade de dar um sentido a tal sofrimento, uma vez que lhes faltam conceitos próprios para elaborar uma narrativa coerente de suas experiências dolorosas. Por isso, recorrem a conceitos característicos dos saberes superordinados, como veremos: o discurso do mérito individual, o discurso consolatório de tipo religioso etc.

Um dos objetivos da nossa pesquisa foi apontar possíveis caminhos para criar um espaço de expressão do saber subordinado das pessoas entrevistadas, na intenção de "construir novos lugares de fala com o objetivo de possibilitar voz e visibilidade a sujeitos que foram considerados implícitos dentro [da] normatização hegemônica" mencionada acima (Ribeiro, 2019, p.43). Nossos comentários, reunidos, geralmente, no final das entrevistas, não pretendem "explicar" ou "corrigir" as falas das entrevistadas; representam antes a tentativa de chegar a uma compreensão mais profunda de tais falas, interrogando seus pressupostos e problematizando aqueles aspectos que parecem remeter à adoção de saberes

---

2 Sobre injustiça epistêmica ver, entre outros, Kidd; Medina; Pohlhaus, 2017.

superordinados e à naturalização das relações sociais. Visam desvendar as condições sociais que estão na base das experiências individuais das mulheres entrevistadas e de seus relatos sobre tais experiências.

Em nosso trabalho de pesquisa, seguimos algumas intuições de C. Wright Mills, que, em *A imaginação sociológica*, afirma que "nenhum estudo social que não volte ao problema da biografia, da história e de suas interligações dentro de uma sociedade completou a sua jornada intelectual" (Mills, 1982, p.12s.). O relato de vida não tem a pretensão de oferecer uma imagem fidedigna da biografia de todos os membros de um inteiro grupo social, naturalmente; contudo, aspira a ser considerado típico para as diferentes biografias de pessoas que pertencem a uma mesma categoria social. Com isso, não estamos afirmando que cada indivíduo pertence a uma e apenas uma categoria social. Muito pelo contrário, cada pessoa que ouvimos pertencia (assim como todo indivíduo em geral pertence) a diferentes grupos sociais: mulher, pobre, negra, trabalhadora rural etc.[3] O caráter típico é dado aqui pelo fato de que as experiências relatadas pelas pessoas entrevistadas não são incomuns em seu ambiente geográfico e social e são frequentes na vida de indivíduos dos mesmos grupos sociais. A dureza de uma infância sem jogos, a violência das relações de gênero, o sofrimento ligado aos partos, o preconceito racial que encontraremos nos relatos a seguir não são exclusivos de pessoas que moram na região do Cariri, no Crato, em Juazeiro ou no sertão de Alagoas, que são os lugares onde foram realizadas as entrevistas, ainda que as formas nas quais tais experiências são vividas possam ser diferentes no caso dos nossos entrevistados e de quem vive, por exemplo, em uma comunidade do Rio de Janeiro ou em uma área rural do Rio Grande do Sul. Em outras palavras: embora não tenhamos a pretensão (injustificada) de afirmar que as biografias que estamos relatando possam ser vistas como biografias paradigmáticas de indivíduos que se encaixam nas várias categorias sociais às quais os entrevistados pertencem, avançamos a hipótese de que os tipos de experiências vividas por

3 Isso remete ao tema da interseccionalidade (ver Crenschaw, 1989, Akotirene, 2019 e Hill Collins; Bilge, 2021).

eles são bastante comuns entre os membros de tais categorias. Assim, não afirmamos que essas vidas são *as* vidas das mulheres e dos homens pobres e negros do Brasil; acreditamos, contudo, que elas apresentem características gerais que podem ser encontradas nas biografias de milhões de brasileiras e brasileiros que vivem em condições semelhantes de pobreza e marginalização econômica, social e política.

Claramente, apesar de tencionarmos oferecer uma visão mais completa e, portanto, mais complexa da vida das pessoas entrevistadas, em nossa análise realizaremos, inevitavelmente, certa simplificação. Como afirmou Primo Levi, refletindo sobre a dificuldade de expressar a complexidade das situações vividas por ele e seus companheiros nos campos nazistas, "aquilo que comumente entendemos por 'compreender' coincide com 'simplificar': sem uma profunda simplificação, o mundo ao nosso redor seria um emaranhado infinito e indefinito, que desafiaria nossa capacidade de nos orientar e decidir nossas ações. Em suma, somos obrigados a reduzir o cognoscível a um esquema" (Levi 2022, 27). Reduzir a complexidade de uma vida a algumas horas de entrevistas e a algumas páginas de livro constitui, justamente, uma operação de "profunda simplificação", sem a qual, contudo, não conseguiríamos perceber e compreender as várias formas de sofrimento social que marcaram essa vida. Se focássemos excessivamente nos pormenores, perderíamos de vista o quadro geral. Como num conhecido ditado alemão, de tanto olhar as árvores, não conseguiríamos enxergar o bosque.

Pode-se depreender disso tudo que a interpretação do sofrimento social nesta conjuntura tem exigências próprias. Uma delas é imperativa, a saber, aquela que leva em conta a retomada de algumas formas de nossa memória interpretativa do passado recente. Muito se pesquisou no Brasil sobre as injustiças sociais e seu caráter estrutural. A "consciência do atraso" de que falava Antônio Cândido (1989, p.142 et passim) funcionou sempre como um tenaz açoite à inteligência brasileira, que, de muitas formas, sempre buscou uma explicação articulada do fenômeno de nosso dito atraso no interior de um conjunto maior de fatos sociais. Procurou compreendê-los em suas interações múltiplas. Para citar apenas uma modalidade, esta consistiu na tentativa de compreender a especificidade histórica da formação capitalista periférica articulada aos modos de funcionamento do capitalismo como forma universal de organização das sociedades modernas. Se as explicações não foram suficientes, isto não significa que se deva negligenciá-las ou, pior que isto, lançá-las no esquecimento de nossa memória intelectual. Suas lutas explicativas, com mais ou menos êxito, são as bases das redefinições e das atualizações das atuais lutas sociais e disputas teóricas. Cabe lembrar que sobre as muitas dimensões da questão se produziu, em grande diversidade analítica, fecundas bibliografias sobre os acontecimentos sociais. Pode-se tomar como periodização, apenas para marcar uma época, o arco de tempo dos anos de 1930 em diante. Vale assinalar que a memória interpretativa constitui uma herança intelectual iniludível como fonte essencial sobre o passado da sociedade, pois é neste âmbito, o da história pensada – parafraseando Merleau-Ponty –, que florescem nossas interrogações e nossos espantos. Seja para adorá-la, seja para odiá-la. Contudo, a história pensada é a nossa potência de partida e de permanente inspiração (Merleau-Ponty, 2013, p.103).

Estas considerações servem apenas para explicar de certa maneira a natureza de nossa trama narrativa no presente trabalho. Algumas vezes nossos/as entrevistados/as nos impuseram que introduzíssemos "bruscas irrupções do tempo" no drama que estávamos narrando. Este é um recurso narrativo comum na análise sociológica. Em nosso caso, por exemplo, foi necessário fazê-lo, devido aos próprios personagens encontrados, como no caso do seu Jorge (Capítulo 10), que quase imperiosamente nos instou a trazer ao texto um pouco da história das Ligas Camponesas dos anos de 1950/1960 que surgiram na região nordeste. Ao falar desse acontecimento, torna-se necessário dialogarmos com algumas interpretações (há e houve muitas) sobre o fato. Diálogos rememorativos teceram alguns fios de nossa narrativa, às vezes alusivamente e em outras ocasiões tornaram-se personagens do drama.[4] Toda obra

4 Por exemplo, quando nos referimos ao fato histórico da luta dos mortos narrado por Josué de Castro no livro *Sete palmos de terra e um caixão* e cantado em poesia por João Cabral de Melo Neto no poema *Morte e vida Severina*.

intelectual representa um diálogo, mais ou menos explícito, com uma tradição interpretativa preexistente e com inúmeras outras obras, inclusive literárias. O presente livro não é uma exceção.

CAPÍTULO 2

SOFRIMENTO SOCIAL, ALIENAÇÃO E REIFICAÇÃO

Se não podemos abolir todo o sofrer, podemos abolir parte dele e mitigar outra parte – uma experiência milenar nos convenceu disso. Temos outra atitude para com a terceira fonte de sofrimento, a social, [...] não podendo compreender por que as instituições por nós mesmos criadas não trariam bem-estar e proteção para todos nós.

Sigmund Freud[1]

Sofrimento é objetividade que pesa sobre o sujeito; aquilo que ele experimenta como seu elemento mais subjetivo, sua expressão, é objetivamente mediado.

Theodor W. Adorno[2]

Sofrer, esse sentimento difícil de exprimir e rejeitado por todos, mas que a unia de forma irremediável a todo seu povo.

Itamar Vieira Jr.[3]

1 Freud, 2011, p.30.
2 Adorno, 2009, p.24.
3 Vieira Jr., 2018, p.247.

2.1 Sofrimento e sofrimento social

Pode parecer estranho utilizarmos a noção de sofrimento como um instrumento de crítica social, uma vez que o sofrimento talvez seja a experiência mais íntima e pessoal da qual somos capazes. Sendo uma experiência humana básica, desafia qualquer tentativa de definição precisamente por seu caráter fundamental, como acontece com a dor e seu oposto, o prazer. Não pode ser reduzido à dor física ou psíquica, embora quase sempre a implique. A dor é pontual, limitada no tempo; o sofrimento é duradouro. Quando a dor ultrapassa um limite crítico no que diz respeito à sua intensidade e duração (limite que varia de pessoa para pessoa) e se torna tão dominante a ponto de colocar às margens qualquer outra experiência, merece o nome de sofrimento. É uma experiência que afeta a pessoa em sua totalidade, física e psicologicamente, e, por isso, constitui talvez a chave para entender a continuidade entre corpo e mente. Também quando permanece no fundo, temos consciência da sua presença espectral. Assombra nossa vida cotidiana, paira sobre nosso ambiente familiar, lança sua sombra sobre nossas ações, nossos sentimentos, nossos estados mentais. Podemos esquecê-lo por um momento, mas apenas para senti-lo no momento seguinte com força renovada. Suas causas podem ser as mais diversas: a perda de um ente querido, um fracasso profissional, uma dor física crônica ou um sentimento genérico da inutilidade da vida. Também quando suas causas são sociais continua sendo uma experiência altamente pessoal, de fato, a mais pessoal de todas. Arthur e Joan Kleinman observam que "não há uma única maneira de sofrer; não há uma forma de sofrimento universal, sem tempo e espaço. [...] Os indivíduos não sofrem do mesmo modo, assim como não vivem do mesmo modo" (Kleinman; Kleinman, 1997, p.2). Essas palavras nos remetem ao caráter intrinsecamente peculiar do sofrimento; é peculiar, porquanto os indivíduos o experimentam de forma pessoal, e é peculiar em relação à sua representação e interpretação cultural, que é específica em cada contexto.

Seu caráter individual torna difícil entender o sofrimento dos outros. No máximo, podemos intuir *que* eles estão sofrendo, mas não *como* eles estão se sentindo. Além disso, as pessoas nem sempre mostram que estão sofrendo e até mesmo tentam escondê-lo, de modo que tornam quase impossível que alguém reconheça sua dor. Nesse sentido, podemos distinguir um sofrimento transparente de um opaco. O primeiro pode ser detectado pelos outros e, habitualmente, desperta uma reação por parte deles (podem querer ajudar ou consolar a pessoa que sofre, ou simplesmente se compadecem); o segundo tende a permanecer escondido e, portanto, não desperta reação nos outros (e isso pode até aumentar o sofrimento). Mas não é somente por dissimulação ou postura estoica que o sofrimento permanece opaco. Pode ser que suas vítimas não tenham consciência de sua natureza social. Em outras palavras, podem ter experiência dele assim como têm de seu sofrimento particular, sem verem nele o sintoma ou a manifestação de um problema social mais geral. As causas dessa "cegueira" ou percepção seletiva do próprio sofrimento são, por sua vez, sociais. Em primeiro lugar, podem ser de natureza cultural. Representações e interpretações culturais do sofrimento podem constituir obstáculos para detectá-lo (em certa cultura as pessoas podem ser desencorajadas a mostrar abertamente que estão sofrendo) ou para entendê-lo (o que provoca sofrimento numa cultura pode não provocar em outra). Algumas culturas atribuem valor positivo a certas formas de sofrimento, enquanto outras as estigmatizam e as consideram fonte de vergonha – e isso pode acontecer em uma mesma cultura em tempos diferentes.

A pobreza, por exemplo, era considerada, na Europa medieval, uma condição digna de compaixão, que deveria suscitar uma reação caridosa; na visão cristã dominante na época, os pobres desempenhavam um papel social significativo ao oferecer às pessoas a ocasião de exercer a virtude da caridade e, assim, de cumprir seu dever de bons cristãos. Eram considerados mais próximos a Deus do que os ricos, cuja riqueza era vista com suspeita, pois poderia facilmente conduzi-los ao pecado e à danação eterna, e cuja origem era considerada duvidosa.[4] Em outras palavras, na

4 Ao longo da Idade Média não faltam críticas e condenações morais de atividades econômicas que levavam à riqueza, mas eram consideradas como formas de enganar ou explorar os outros, como o comércio e, naturalmente, o empréstimo de dinheiro.

Europa cristã medieval, a pobreza, embora fosse considerada uma condição lamentável, não era vista como um motivo de vergonha e de culpa para os que nela se encontravam (Geremek, 1994). As coisas mudaram com a Reforma Protestante e o prevalecimento de uma interpretação da riqueza terrena como sinal da benevolência divina e premonição da futura felicidade celeste; consequentemente, a pobreza começou a ser considerada como a punição por pecados anteriores ou como um sinal da ira de Deus, e os pobres passaram a ser vistos como pecadores. Começou-se a considerar os pobres como responsáveis por sua situação e a atribuir sua pobreza às suas supostas viciosidade, preguiça, estupidez e fraqueza de caráter. A pobreza se tornou uma condição vergonhosa, pois comprovava a miséria moral e as falhas de personalidade dos indivíduos que nela se encontravam (Himmelfarb, 1984; Somers; Block, 2005). A exaltação dos pobres como criaturas mais próximas de Deus e a correspondente retórica antirriqueza da Idade Média foram substituídas por uma retórica antipobres (não: antipobreza!), que, ao mesmo tempo, servia para justificar a desigualdade social, econômica e política dentro da sociedade e para negar que os pobres tivessem o direito de serem ajudados pelo Estado ou até mesmo por seus concidadãos. Acabaram sendo abandonados à caridade privada, garantida somente aos pobres "merecedores", acrescentando-se mais uma humilhação ao seu sofrimento.

O exemplo da pobreza mostra que há formas de sofrimento que possuem uma dimensão social não somente no sentido de que a sociedade influencia, através de seus valores e representações culturais, a maneira em que o sofrimento é vivido por suas vítimas, mas também porque as causas do sofrimento se encontram na maneira como é estruturada a sociedade. É esse o caso que nos interessa no presente contexto e que merece ser chamado de sofrimento social.

Nas últimas décadas, o sofrimento social se tornou objeto de análise de autores interessados em realizar uma crítica da sociedade, embora somente alguns entre eles usem esse termo explicitamente.[5]

---

5 Veja-se, por exemplo, Kleinman; Das; Lock, 1997; Dejours, 2011; Frost; Hoggett, 2008; Renault, 2008, 2009 e 2010; Soulet, 2009; Wilkinson; Kleinman, 2016.

Além disso, pode-se constatar um renovado interesse em assuntos como: alienação, reificação, patologia social e invisibilidade social;[6] bem como uma crescente preocupação com o nível epidêmico alcançado por patologias como a depressão e o *burn-out*.[7] Até as variadas análises dedicadas aos problemas oriundos da flexibilização e precarização do mercado de trabalho[8] acabam focando em alguma forma de sofrimento social. Não faltam, finalmente, tentativas de utilizar o conceito para discutir o fenômeno da pobreza (Silva, 2022).

Embora o termo apareça primeiramente no século XVIII, possui uma história relativamente recente, à diferença, por exemplo, dos conceitos de justiça ou de liberdade. Somente a partir das últimas décadas do século XX está sendo usado sistematicamente. Como qualquer outro conceito, seu sentido mudou com o tempo, mas manteve inalterado um núcleo semântico, sem o qual deixaria de ser propriamente um conceito. As mudanças refletem os conflitos sociais e políticos durante os quais foi utilizado de forma instrumental como meio para fins específicos (Wilkinson; Kleinman, 2016, p.38ss.; sobre a história dos usos políticos do conceito ver 2.6). No século XX foi usado principalmente para indicar formas de sofrimento humano que têm suas raízes em certos comportamentos sociais. Neste sentido, aproxima-se daquilo que Barrington Moore Jr. chamou de "sofrimento socialmente evitável" em seus estudos sobre a "miséria humana" (1974) e sobre obediência e revolta (1987). Moore usou o termo para indicar um sofrimento que poderia ter sido evitado se certos atores sociais (indivíduos ou instituições) tivessem agido de forma diferente ou não tivessem omitido ações específicas que poderiam ter evitado o sofrimento (Moore Jr., 1987). Exemplos clássicos são oferecidos por guerras,

---

6 Ver, por exemplo, Honneth, 2000, 2003, 2015 e 2018; Jaeggi, 2005; Herzog, 2020.

7 Ver Ehrenberg, 1998, 2010a e 2010b; Kehl, 2015; Dunker, 2015 e 2017; Safatle; Da Silva; Dunker, 2018.

8 Ver, por exemplo, Antunes, 2006-2019, 2009 e 2018; Arantes, 2014; Boltanski; Chiapello, 2009; Dejours, 2018; Dubet, 2010 e 2014; Sennett, 2015; Standing, 2013 e Reich, 2022.

por persecuções raciais ou religiosas, pela distribuição injusta de recursos durante catástrofes naturais etc. Um raciocínio análogo é desenvolvido por Judith Shklar quando distingue a injustiça do azar ou catástrofe. Se, por exemplo, um desastre "é provocado por forças externas naturais, se trata de uma catástrofe e devemos resignar-nos ao nosso sofrimento". Se, contudo, o desastre é provocado por atores mal-intencionados, podemos dizer que "é uma injustiça e podemos expressar nossa indignação" (Shklar, 1990, p.1). A autora dá o exemplo imaginário de um terremoto, no qual "muitos prédios desabam porque as construtoras violaram as leis e subornaram os inspetores" (ibid. p.2), mas poderíamos mencionar casos concretos como os danos provocados pelo furacão Katrina em 2005, agravados pela resposta insuficiente das autoridades depois da catástrofe (Klein, 2008), ou, aqui no Brasil, desastres como o de Brumadinho. Frequentemente não é fácil distinguir azar de injustiça, particularmente em casos nos quais é difícil estabelecer com clareza as causas humanas de um desastre. Necessitamos de critérios objetivos, mas como os definir? No caso das ideias de "sofrimento socialmente evitável" de Moore e de "injustiça" de Shklar, os critérios podem ser encontrados nos valores e nas normas adotados por uma sociedade específica e nas correspondentes expectativas que eles produzem nos membros daquela sociedade em relação ao comportamento de funcionários públicos ou dos representantes das instituições públicas. O sofrimento é social porque atores sociais o provocam e porque é possível condená-los moralmente a partir de normas e valores socialmente aceitos: os que deveriam agir não agiram, os que deveriam ter fiscalizado não fiscalizaram etc. Este tipo de sofrimento é muito frequente, aqui no Brasil, no caso de instituições públicas e de seus representantes que deveriam cuidar de pessoas em situação de vulnerabilidade socioeconômica. São políticos locais que não cuidam dos postos de saúde e das escolas, que deixam que casas sejam construídas em áreas de risco, ou que não punem as empresas que poluem. São gestores de programas sociais que abusam de sua posição de poder para fins próprios ou, ainda pior, pela indiferença aos outros ou pelo gosto de comandar. São professores que menosprezam seus alunos de famílias humildes. São funcionários públicos que humilham pessoas por serem analfabetas.[9] Os exemplos, infelizmente, poderiam ser muitos.

É possível dar outra definição de sofrimento social, que identifica suas causas não na violação de certas normas ou valores por parte de determinados atores, mas na própria estrutura das instituições. Em outras palavras, o problema não estaria no comportamento de atores individuais, mas nos arranjos institucionais como, por exemplo, no caso dos ordenamentos jurídicos que estabelecem e tornam invioláveis determinadas relações de propriedade. As posições socioeconômicas no interior de uma sociedade são o resultado de processos históricos marcados frequentemente por injustiças e violências, como é o caso do Brasil e da escravidão. Em casos como esses, é quase sempre impossível identificar as responsabilidades de atores sociais específicos, já que as causas do sofrimento social atual se encontram num passado longínquo e na própria estrutura da sociedade na qual este passado se projeta. Isso não significa que, então, ninguém é responsável; muito pelo contrário: em tais casos, a responsabilidade se encontra nos indivíduos e grupos sociais que se beneficiam da situação presente, embora não a tenham criado diretamente por meio de sua ação. Podem não ser responsáveis pelo surgimento da situação atual, mas são responsáveis por perpetuá-la mantendo uma estrutura social injusta (Young, 2011; Lu, 2017). O caráter social do sofrimento, neste caso, é dado pelo fato de possuir raízes institucionais, independentemente do comportamento de atores sociais específicos. O sofrimento é *institucionalizado*.[10] Por essa razão, o sofrimento social pode ser um instrumento para entender os processos sociais geradores das estruturas de domínio e exploração que o provocam. O tema do sofrimento social define, portanto, "novas questões, novos usos, novas questões políticas, novos desafios ao vocabulário político" (Renault, 2008, p.96).

Finalmente, a categoria de sofrimento social tem sido utilizada por antropólogos, sociólogos e críticos literários para indicar – nas

9 Ver Pinzani e Piroli (no prelo).

10 Sobre a relação entre sofrimento social e instituições ver Pinzani e Piroli (no prelo).

palavras de Kleinman, Das e Lock – "os danos devastadores que forças sociais podem infligir à experiência humana". Ele resulta "daquilo que o poder político, econômico e institucional faz às pessoas e, reciprocamente, da maneira em que estas mesmas formas de poder influenciam as respostas a problemas sociais" (Kleinman; Das; Lock, 1997, p.ix). Nesse sentido, o conceito se diferencia da noção de sofrimento socialmente evitável de Moore ou de injustiça de Shklar, pois aqui sofrimento social é oposto a sofrimento individual não somente por causa de suas raízes sociais, mas também porque é *percebido* socialmente. O sofrimento é visto aqui como uma experiência social vivida pelos indivíduos enquanto membros de um grupo: é o sofrimento das mulheres enquanto mulheres, dos membros de uma minoria ou de uma "raça" etc. Desse ponto de vista, segundo alguns autores (Scott, 1990; Kleinman; Das; Lock, 1997; Renault, 2008, 2009 e 2010; Wilkinson; Kleinman, 2016), o sofrimento enquanto experiência social pode levar a transformações sociais e políticas, quando consegue questionar e redefinir o sistema simbólico e moral dominante numa sociedade. Embora somente um grupo restrito de pessoas experimente o sofrimento que certas forças sociais lhe infligem, esse sofrimento pode ser percebido (embora não possa ser *sentido*) por um número maior de pessoas, inclusive pela sociedade inteira ou por outras sociedades, iniciando-se assim processos de reação e, possivelmente, de mudança social.[11]

---

11 Por essa capacidade de ser um instrumento de transformação, quer no nível simbólico, quer no nível moral, o sofrimento social sempre tem sido um objeto privilegiado de representação cultural nas artes, na literatura, no teatro e, mais recentemente, no cinema ou em outros meios. Surgiu um verdadeiro campo específico na mídia, especializado na apresentação da dor e do sofrimento, e que vai de *talk shows* sensacionalistas a documentários que visam suscitar uma reação moral ou política. O sofrimento midiático se tornou para a maioria das pessoas a principal, se não a única fonte para perceber o sofrimento social alheio. Isso é problemático na medida em que as representações midiáticas tendem a distorcer o sofrimento ou a salientar suas formas mais excepcionais (uma catástrofe natural, uma guerra), deixando literalmente longe dos olhos suas formas mais triviais, isto é, menos

O caráter estrutural do sofrimento e sua relação com as instituições de uma sociedade, bem como o fato de ele poder ser experimentado (e infligido) por grupos sociais, são dois fatores que tornam necessário considerar os mecanismos que fazem com que, em alguns casos (como o das pessoas entrevistadas por nós), certas formas de sofrimento social possam ser vividas como mero sofrimento individual. Como é possível que o caráter social (nos vários sentidos acima mencionados) do seu sofrimento permaneça invisível para as próprias vítimas?

2.2 Alienação estrutural e reificação

> *Eternamente acorrentado a um pequeno fragmento do todo, o homem só pode formar-se enquanto fragmento; ouvindo eternamente o mesmo ruído monótono da roda que ele aciona, não desenvolve a harmonia de seu ser e, em lugar de imprimir a humanidade em sua natureza, torna-se mera reprodução de sua ocupação.*
>
> Friedrich Schiller[12]

Como inúmeros filósofos desde a Antiguidade já observaram, o ser humano garante sua sobrevivência individual e da espécie produzindo socialmente as condições necessárias para esse fim.

---

espetaculares, que, portanto, são experimentadas somente por aqueles que são diretamente afetados. O sofrimento rotineiro dos pobres ou dos refugiados é eclipsado por casos individuais cuidadosamente escolhidos pela mídia por seu caráter espetacular, que comoverá mais diretamente os espectadores e garantirá, assim, um aumento de público, como no caso do menino Aylan Kurdi, cuja trágica morte por afogamento comoveu o mesmo público europeu que, até então, tinha permanecido e, em seguida, voltou a ser muito indiferente às inúmeras mortes de crianças de refugiados no mundo inteiro. Sobre a espetacularização e midiatização do sofrimento, ver entre outros Boltanski, 1993; Kleinman; Kleinman, 1997; Sontag, 2003; Butler, 2004, p.63ss.

12 Schiller, 2002, p.37.

Não é relevante, neste contexto, discutir quanto isso seja o resultado de um longo processo evolutivo e/ou de um igualmente longo processo histórico que – conforme uma narrativa amplamente utilizada[13] – viu os humanos se tornarem, de caçadores e coletores que eram, agricultores e criadores de animais. O que importa é que a tarefa de segurar os meios para satisfazer suas carências (desde as mais básicas até as mais sofisticadas) só pode ser cumprida no contexto de uma ordem social que estabelece não somente regras de comportamento e práticas individuais e coletivas, mas também define o que deve ser considerado verdadeiro ou falso do ponto de vista epistêmico e formula uma série de valores que geram expectativas relativamente à ação dos membros da sociedade. Dito de outro modo, certas formas de sofrimento social são tão inevitáveis quanto certas formas de sofrimento material. As limitações que a sociedade impõe a seus membros (à sua personalidade, à sua liberdade de ação) são o preço inevitável a ser pago para ter acesso aos meios de satisfação de suas necessidades. [14] Vladimir Safatle aponta, na esteira de Freud (2011), para a inevitabilidade do sofrimento enquanto consequência dos processos de socialização. Aliás, patologias psicológicas são elementos fundamentais de tais processos:

> Socializamos sujeitos, entre outras coisas, ao fazer com que eles internalizem modos de inscrever seus sofrimentos, seus "desvios" e descontentamentos em quadros clínicos socialmente reconhecidos.

---

13 A origem desta narrativa pode ser encontrada na teoria dos quatro estágios da história humana exposta no *Plan de deux discours sur l'histoire universelle* de Turgot (1751; cf. Turgot, 1844). De forma mais sofisticada, encontra-se ainda em teorias evolutivas da sociedade como, por exemplo, Eder, 1976. Para uma versão mais sofisticada e atual da "história da humanidade" ver Graeber; Wengrow, 2022.

14 Como afirma Hans-Peter Dreitzel, "a constituição [do ser humano] o obriga não somente a ser o que ele é do ponto de vista corpóreo, mas também a possuir uma identidade mediada pelo seu ambiente material e social; por isso, ele sofre não somente sob o peso de sua corporeidade, mas também sob a pressão das ordens sociais que dá a si e que tem que fazê-lo" (Dreitzel, 1980, p.1).

> Não se socializa apenas levando sujeitos a internalizarem disposições normativas positivas, mas principalmente ao lhes fornecer uma *gramática social do sofrimento*, ou seja, quadros patológicos oferecidos pelo saber médico de uma época. (Safatle, 2018, p.9)

Nessas considerações vem à tona, mais uma vez, a ideia, mencionada na Introdução, de um saber superordinado que não somente estabelece os limites do que pode ser considerado verdadeiro e define quais vozes devem ser consideradas confiáveis, mas, ao fazer isso, também estabelece uma taxonomia e uma hierarquia social que são apresentadas como inquestionáveis. Esse saber cria valores com base nos quais formas de sofrimento específicas são reconhecidas e outras são rechaçadas em sua pretensão de valerem como expressão de uma subjetividade que sofre. Ao mesmo tempo, é reconhecido valor social ao sofrimento de determinados grupos sociais e não ao de outros. Expressão cotidiana e trivial disso é a ideia, tantas vezes repetida e nunca comprovada, de que "eles" (os pobres, os negros, os gays, os transexuais...) não sofrem tanto quanto "nós" (membros da classe média, brancos, heterossexuais, cissexuais...) sofreríamos se nos encontrássemos na sua situação. A hierarquia social acaba estabelecendo uma suposta diferença ontológica que torna os indivíduos pertencentes a diferentes grupos sociais *seres* diversos e dotados de outros sentimentos, de outra subjetividade e, portanto, de outra capacidade de viver sua situação sem sofrer, apesar de eles afirmarem que, sim, sofrem. O saber superordinado insiste em negar valor testemunhal a tais expressões de sofrimento e em atribuir-lhe um estatuto epistêmico oscilante entre mentira e engano. A distinção social se torna quase distinção biológica, pois atinge a suposta (in)capacidade de experimentar os mesmos sentimentos, de sentir da mesma maneira. Emerge aqui a conexão entre sofrimento e reconhecimento, entre expressão subjetiva do sofrimento e injustiça epistêmica.[15] Determinar o que é sofrimento é, portanto, uma questão eminentemente social

---

15 Como observa Dunker (2015, p.10), "o sofrimento é indissociável de uma experiência narrativa que mobiliza sistemas sociais de valores, narrativas e expectativas fracassadas de reconhecimento."

e política;[16] torna-se objeto de luta pelo poder de definir o que a sociedade considera formas legítimas e válidas de sofrimento e de sua expressão.[17]

Quando a sociedade não garante os meios mais básicos de subsistência a uma parcela relevante de seus membros e, ao mesmo tempo, impõe severas limitações axiológicas e epistêmicas às demandas morais e às vozes de tais membros; quando a sociedade não se interessa pelo sofrimento de parte relevante de seus membros e lhes nega o direito de reclamar por sua situação; quando não atribui nenhum valor ao seu testemunho e nega validade às suas experiências vividas; quando as narrativas que ela define como as únicas aceitáveis e os valores que ela defende em seu discurso dominante visam justificar um *status quo* que condena parcelas da população a um sofrimento evitável (por exemplo, à fome e à sede num contexto econômico em que haveria como satisfazer as carências básicas de todos, se os recursos fossem distribuídos de forma mais equitativa); em todos esses casos, a sociedade é repressora e provoca um sofrimento que não somente é praticamente evitável, mas é também eticamente inaceitável. Não somente ela negligencia a tarefa de disponibilizar aos seus membros os meios de satisfação de suas carências; ela defende um sistema de produção e distribuição de recursos que de antemão nega validade às exigências e às vivencias de seus membros, com a exceção de uma parte deles (os "superordinados"). A sociedade passa a servir primeiramente aos interesses de uma parcela restrita de indivíduos, enquanto os interesses dos outros membros só são considerados na medida em que sua satisfação é funcional à manutenção do *status quo* (reproduzem a força trabalho, garantem a existência de

16 "Sofrer é algo que depende essencialmente de três condições: a narrativa na qual está inserido; os atos de reconhecimento que fixam sua causa e a transitividade que o torna uma experiência coletiva e indeterminada" (Dunker, 2017, p.11).

17 "A forma como contamos, justificamos e partilhamos nosso sofrimento está sujeita a uma dinâmica de poder" (ibid., p.12). E ainda: "A luta feroz por qualificar seu sofrimento como legítimo tornou-se uma das gramáticas morais mais importantes de nossa época" (ibid., p.13).

um mercado de consumo, etc.). O sofrimento dos subordinados ou subalternos revela-se sintoma de uma injustiça profunda que perpassa o tecido social alcançando seus alicerces.

Contudo, as vítimas do sofrimento social frequentemente não têm consciência das causas sociais de seu sofrimento e tendem a reconduzi-lo às suas experiências biográficas individuais. Até mesmo quando reclamam de terem sido vítimas de uma injustiça (o que aconteceu raríssimas vezes durante nossas pesquisas para este livro e para o *Vozes do Bolsa Família*), referem-se a uma injustiça individual, praticada por um indivíduo específico, que condenam moralmente; nunca mencionam uma injustiça estrutural ou social. Vera Telles descreveu perfeitamente essa percepção de uma injustiça puramente individual:

> [É] uma injustiça percebida do ponto de vista da moralidade pessoal. Aparece como ruptura das reciprocidades morais que se esperam numa vida em sociedade, ruptura vivida no esforço não recompensado, no trabalho que não é valorizado, na remuneração que não corresponde à dignidade de um chefe de família, nas autoridades que tratam o trabalhador honesto como marginal, no desrespeito e descaso que recebem em troca do "dever cumprido", na polícia que confunde o trabalhador com o bandido, na lei que penaliza os fracos e protege os poderosos, na justiça que não funciona, que condena os desgraçados da sorte e deixa impunes os criminosos. Essa quebra das reciprocidades esperadas é vivida como *sofrimento moral* por aqueles que não encontram nas múltiplas interações da vida social a validação e reconhecimento de suas pessoas, de suas virtudes, de suas qualidades e de seus esforços de pertencimento legítimo na sociedade. [...] Não é de estranhar, portanto, que no imaginário popular as expectativas de justiça sejam transferidas para a ideia de um governo forte e onisciente, capaz de ouvir as necessidades dos mais fracos e restaurar os equilíbrios rompidos pela ganância dos ricos e abuso dos poderosos. (Telles, 2001, p.85s.; realce nosso)[18]

18 Adorno descreve esse fenômeno remetendo à complexa relação entre indivíduo e sociedade, que resulta na dificuldade, com a qual nos deparamos também em nossa pesquisa, de conciliar psicologia e sociologia: "O indivíduo

Incapazes de perceber que suas vidas obedecem a lógicas sociais opacas demais para que possam enxergá-las e complexas demais para que possam entendê-las, os indivíduos estão condenados a reduzir toda sua experiência a meros fatos biográficos pessoais. Esta incapacidade de perceber a injustiça social que provoca seu sofrimento é, na realidade, uma impossibilidade objetiva de tal percepção e representa, nesse sentido, uma forma de alienação estrutural.

Falamos em alienação estrutural para nos referir ao fato de que determinadas estruturas de poder, instituições sociais (por exemplo, a mídia, as igrejas, os partidos políticos), formas de organização social e modos de socialização ocultam as causas sociais da injustiça ou as naturalizam, fazendo com que suas vítimas não tenham consciência do que realmente provoca seu sofrimento (Zima, 2014, p.6). As próprias relações sociais produzem seu obscurecimento, como resulta da análise de Lukács (2003).

Podemos dizer, portanto, que a alienação estrutural leva a um sofrimento de segunda ordem, a saber, um sofrimento que consiste na impossibilidade de perceber as causas sociais do sofrimento de primeira ordem (sua situação de pobreza e todos os problemas ligados a ela) e, portanto, na impossibilidade de tentar eliminar tais causas através de uma ação política coletiva, por exemplo.[19]

---

não é simplesmente indivíduo e substrato da psicologia, mas sempre e ao mesmo tempo [...] portador das relações sociais que o marcam. [...] Que as tendências sociais se imponham sobre a cabeça dos seres humanos, que eles não conheçam tais tendências como suas próprias, isso constitui o véu social. [...] A intransparência da objetividade alienada empurra os sujeitos de volta a seu eu restrito e os ilude ao lhes colocar seu ser-em-si separado [...] como essencial" (Adorno, 2015, p.81 e 86).

19 Nas palavras de Adorno, "o mal está nas relações que condenam os homens à impotência e à apatia, e que, no entanto, teriam de ser alteradas por eles; e não primariamente nos homens e no modo como as relações aparecem para eles" (Adorno, 2009, p.163). E ainda: "O mecanismo da adaptação às relações enrijecidas é ao mesmo tempo de enrijecimento do sujeito em si: quanto mais adequado à realidade, tanto mais se transforma ele próprio em coisa" (Adorno, 2015, p.94).

A tarefa da crítica social consiste, justamente, em apontar para as causas estruturais da alienação (cf. Henning, 2015, p.198).

Não estamos afirmando, com isso, que existiria, no contexto da sociedade atual, a possibilidade de uma forma de vida não alienada, na qual essas pessoas conseguiriam enxergar com clareza e de forma objetiva sua situação. Partilhamos a intuição, comum a muitos pensadores, de que a crítica social pode e deve partir da constatação de uma injustiça social, sem, por isso, ter que dispor de antemão de uma teoria da justiça ou até mesmo de uma concepção de justiça. A injustiça presente em uma sociedade pode ser diagnosticada mesmo quando não se disponha de uma visão positiva do que seria uma sociedade justa.[20] É suficiente imaginar que esta sociedade consiga eliminar as causas estruturais do sofrimento social nela presente. Em suma, é suficiente exigir que a sociedade não seja injusta, na impossibilidade de demandar que seja perfeitamente justa.

Ninguém está, a princípio, isento da possibilidade de se tornar vítima da alienação em questão – inclusive os autores deste livro. Como observa Adorno, o esforço do crítico social em liberar-se dos empecilhos estruturais que o prendem à realidade, tanto quanto os outros membros da sociedade, lembra a tentativa do Barão de Münchhausen de sair da areia movediça puxando-se pelo seu próprio cabelo (Adorno, 2001, p.65). Isso não significa que seja impossível enxergar com certa clareza onde se encontram as causas do sofrimento social e da própria alienação estrutural. Uma cuidadosa autorreflexão sobre as condições da análise social pode ajudar os intelectuais críticos a evitarem naturalizações e reificações de relações sociais e históricas e a dissolverem com o ácido da crítica as incrustações que encobrem tais relações. Contudo, não se pode pensar que tal operação seja fácil e possa ser realizada por todo e qualquer indivíduo. A alienação à qual nos referimos é estrutural e só pode ser removida por meio de uma mudança radical das estruturas que a provocam e, portanto, da sociedade na sua totalidade.

Finalmente, não queremos dizer que os pesquisadores sociais se encontram numa posição de superioridade ou de certeza objetiva

---

20 Ver, entre outros, Moore, 1987, Sen, 2011, Bufacchi, 2012, Goodhart, 2018 e Mikkola, 2019.

relativamente à situação das pessoas em questão e que, portanto, possuem um acesso privilegiado ao conhecimento das causas da injustiça e do sofrimento. Na realidade, os pesquisadores podem ser (e frequentemente são) vítimas da alienação estrutural tanto quanto as pessoas objeto de sua pesquisa.

É possível, contudo, constatar a existência de alienação estrutural todas as vezes que se percebe um hiato ou até mesmo uma contradição entre os relatos subjetivos que essas pessoas dão do seu sofrimento (os problemas com os quais lidam em sua vida cotidiana, o abandono de sonhos e esperanças etc.) e a explicação que dão da sua situação e de seus sofrimentos. É possível, nesses casos, detectar a repetição (mais ou menos convencida, mais ou menos inconsciente) de discursos produzidos alhures, em determinadas estruturas e instituições sociais (em certas igrejas, na mídia tradicional, na fala de políticos e colunistas), bem como a ausência do acesso a instrumentos que permitam o desenvolvimento de pensamento crítico e de uma consciência social e política (educação formal, mas também a falta de atores sociais e políticos que se dirijam a elas e as ajudem a articular suas demandas e suas necessidades).

A ideia de que observadores externos, por exemplo os cientistas sociais, podem diagnosticar a alienação sem que ela seja percebida pelos indivíduos supostamente alienados parece resultar em um paternalismo dificilmente defensável. Os subalternos falam por si mesmos, esse é o argumento de quem critica o privilégio epistêmico das e dos cientistas sociais. O saber dos subalternos, contudo, pode esconder deles mesmos como são as coisas em sua sociedade. Como afirma Djamila Ribeiro (2019, p.67): "O fato de uma pessoa ser negra não significa que ela saberá refletir crítica e filosoficamente sobre as consequências do racismo. Inclusive, ela até poderá dizer que nunca sentiu racismo, que sua vivência não comporta ou que ela nunca passou por isso".

Por outro lado, imaginar que os subalternos possuam plena autonomia intelectual e política para entenderem sua situação implica ou a negação da sua posição de subalternidade, ou seja, de sua situação de opressão, exploração e exclusão (Henning, 2015, p.29); ou a negação de que tal situação de subalternidade seja relevante. Uma sociologia que não leve em conta tais aspectos não passa de uma "ideologia da justificação" da ordem estabelecida (Eribon, 2020, p.38).[21]

Uma alienação que não é percebida pelos envolvidos talvez não mereça este nome e deveria ser indicada por meio de conceitos como "existência desumana" ou como "encolhimento do horizonte psicológico".[22] O encolhimento do horizonte psicológico é provocado por múltiplas causas, por exemplo, no caso de pessoas que vivem em situação de pobreza em áreas rurais do Brasil, começando pelo isolamento físico das famílias e pelo pouco contato com os vizinhos e com a sociedade em geral. Desde a infância, sua vida se organiza ao redor do trabalho doméstico e da labuta na roça. Frequentam a escola somente por poucos anos, de modo que seu contato com colegas e docentes é limitado e não consegue quebrar a barreira que as prende às suas casas e as isola do vasto mundo que existe fora delas. Até mesmo a TV não consegue quebrar este isolamento. As imagens e os sons daqueles mundos longínquos já não conseguem estimular sua fantasia. A ideia de que outra vida é possível para elas deixou de existir em sua infância, se é que alguma vez existiu. Como afirma o cientista social francês Didier Eribon:

> O campo das possibilidades – e mesmo o das possibilidades simplesmente concebíveis, sem falar do das possibilidades realizáveis – é estritamente circunscrito pela posição de classe. É como se houvesse uma vedação quase total entre os mundos sociais. As fronteiras que separam esses mundos definem, dentro de cada um deles, *percepções*

---

21 "Toda sociologia ou toda filosofia que pretende colocar no centro de seu projeto o 'ponto de vista dos atores' e o 'sentido que eles dão às suas ações' corre o risco de ser uma mera estenografia da relação mistificada que os agentes sociais mantêm com suas próprias práticas e seus próprios desejos e, consequentemente, de não ser nada mais do que uma contribuição à perpetuação do mundo como ele é: uma ideologia da justificação (da ordem estabelecida)" (Eribon, 2020, p.38).

22 O termo "existência desumana" é usado por Peter Zima (Zima, 2014, p.36). O de "encolhimento do horizonte psicológico" é introduzido por Jahoda, Lazarsfeld e Zinsel em sua pesquisa sobre os desempregados da cidadezinha de Marienthal (Jahoda; Lazarsfeld; Zinsel, 1975, p.18 et passim).

> radicalmente diferentes do que é *concebível* ser ou tornar-se, daquilo a que se pode aspirar ou não: sabe-se que, em outras partes, as coisas são diferentes, mas isso acontece em um universo inacessível e distante, e assim não se sente excluído nem privado do que quer que seja, porque não há acesso ao que constitui nessas regiões sociais distanciadas a regra também evidente. *É a ordem das coisas e pronto.* E não se vê como essa ordem funciona, porque para isso seria preciso *poder se ver do exterior*, adotar uma visão a cavaleiro da própria vida e da dos outros. (Eribon, 2020, p.37; realce nosso)[23]

Existem, então, instituições e estruturas que provocam inevitavelmente formas de alienação. A sociedade brasileira, como toda sociedade centrada no mercado, é caraterizada por tais estruturas e instituições: o prevalecer do princípio de troca, a divisão social do trabalho, a propriedade privada dos meios de produção e a transformação do trabalho humano em mercadoria são exemplos disso, como salientado por Marx, que aponta para o prevalecer de relações de indiferença em tal sociedade. No mercado (quer de bens e serviços, quer de trabalho) não se confrontam indivíduos ou grupos que possuem, cada qual, seus valores e suas visões de mundo, mas sujeitos abstratos e anônimos, que se encontram meramente como portadores de dinheiro, força de trabalho, empregadores, produtores, clientes etc. Essa anonimidade, que é, em primeiro lugar, indiferença no sentido de infinita "trocabilidade" (cada trabalhador é substituível por outro que possua o mesmo valor de troca no mercado de trabalho, cada empregador pode ser abandonado por outro que ofereça um salário maior, os clientes são indiferentes para o produtor, desde que possuam o mesmo poder aquisitivo), leva, finalmente, à "indiferença como atitude social" que caracteriza a sociedade de mercado e que pode resultar, finalmente, em "incompreensão, hostilidade e agressão" (Zima, 2014, p.73).

23 Nas palavras de Charles Wright Mills: "Tudo aquilo de que os homens comuns têm consciência direta e tudo o que tentam fazer está limitado pelas órbitas privadas em que vivem. Sua visão, sua capacidade, estão limitadas pelo cenário próximo: o emprego, a família, os vizinhos; em outros ambientes movimentam-se como estranhos e permanecem espectadores" (Mills, 1982, p.9).

Em tal contexto, o reconhecimento recíproco se torna impossível, se não na forma do reconhecimento dos que possuem o mesmo valor de troca (ou pensam que o possuem), isto é, dos indivíduos que pertencem (ou pensam pertencer) à mesma classe social, ao mesmo grupo profissional, que detêm o mesmo poder aquisitivo; enquanto os que possuem um valor de troca inferior (trabalhadores não qualificados, desempregados crônicos, pessoas em situação de pobreza, etc.) não encontram o reconhecimento que lhes é devido como pessoas.

Desse ponto de vista, o capitalismo engendra necessariamente reificação, ou seja, transforma as pessoas em coisas dotadas de valor de troca, como tinha percebido com clareza Hobbes observando que, na sociedade mercantilista na qual vivia, "o valor de um homem, tal como o de *todas as outras coisas*, é seu preço" (*Leviatã*, cap. 10, realce nosso). Não é somente a atividade humana que se torna objetiva e autônoma aos olhos dos próprios seres humanos, como observava Marx no primeiro capítulo do primeiro livro do *Capital*; o ser humano se transforma em coisa, ou seja, se reifica aos seus próprios olhos, como observa Lukács: "a personalidade torna-se o espectador impotente de tudo o que ocorre com sua própria existência, parcela isolada e integrada a um sistema estranho" (Lukács, 2003, p.205; ver Lima; Leão Rego, 2020). Experiencia sua própria vida como algo sobre o qual não tem poder, como algo que lhe acontece com base em forças que não pode controlar e segundo leis sobre as quais não tem influência alguma. "É a ordem das coisas e pronto", como diz Eribon.

A reificação em pauta, portanto, é o resultado do prevalecimento das relações de troca, que atribuem a cada pessoa valor como a uma mercadoria. Esse processo, contudo, acontece em um contexto de alienação estrutural que o torna invisível: as instituições, normas e práticas sociais que caracterizam a sociedade capitalista impedem que os indivíduos que vivem e agem no contexto social organizado por elas percebam quais são as forças e as relações sociais que determinam sua posição na sociedade e seu destino nela. Isso significa que as próprias relações sociais produzem as condições do seu obscurecimento: elas se tornam invisíveis.

A reificação não representa, contudo, um problema apenas de caráter cognitivo, mas também ético e moral. O problema ético se dá quando a forma de vida baseada em relações reificadas é, inevitavelmente, "falsa", ou seja, acarreta formas de sofrimento social de primeira e segunda ordem que afetam até mesmo os grupos privilegiados, ainda que de forma diferente e em medida inferior. O problema moral surge quando é negada humanidade a determinados sujeitos, que são vistos como "coisas" dotadas de pouco (ou nenhum) valor (Honneth, 2018, p.79ss.).

Um significativo exemplo histórico dessa reificação pode ser encontrado nos escritos do padre Antonil analisados por Alfredo Bosi. O escritor jesuíta, ao descrever o funcionamento dos engenhos do Brasil colônia, desumaniza completamente os escravos, que na sua visão se tornam apêndices das máquinas acionadas por eles – exatamente como os operários das fábricas de Manchester dos quais falaram séculos depois Engels e Marx. Ao mesmo tempo, as atividades exercidas pelos escravos são descritas de forma impessoal, como se não houvesse seres humanos que as realizam. "Quando se corta a cana, se metem até doze ou dezoito foices no canavial", escreve Antonil. E Bosi comenta: "Metem-se foices a ceifar, e a metonímia do instrumento pelo trabalhador diz o que deveras importa ao olhar do autor: as canas a cortar, não os obreiros que as cortam" (Bosi, 1992, p.166). Na lógica do capital – pouco importa que seja capital industrial ou agrário, que se trate do capitalismo colonial escravagista ou do capitalismo avançado das fábricas automatizadas –, as pessoas não contam, são meros instrumentos, aliás, são menos importantes do que as máquinas e instrumentos propriamente ditos. Quando o capitalista busca uma redução dos custos, começa sempre reduzindo salários ou demitindo trabalhadores. As pessoas se tornam meros fatores no cálculo do custo de produção. Essa reificação é, mais uma vez, inerente à lógica do capitalismo e acaba afetando todas as relações sociais e humanas das sociedades capitalistas. A própria questão da pobreza se reduz à questão econômica de que parcela do PIB pode ser dedicada à luta contra ela sem ameaçar a chamada responsabilidade fiscal, como se não se tratasse fundamentalmente de ajudar pessoas concretas a ter uma vida minimente digna. Afinal, voltamos ao que afirmáramos antes, ou seja, na sociedade dominada pelo princípio da troca, até pessoas se tornam mercadorias dotadas de menor ou maior valor conforme seu papel no processo de valorização do capital. E quem vive em situação de extrema pobreza não possui valor nenhum, nesse sentido.

Ora, uma sociedade capitalista é precisamente uma sociedade na qual a lógica da valorização do capital se tornou dominante inclusive em esferas – ou, se preferirmos usar outra abordagem teórica da sociedade, em sistemas – que deveriam obedecer a outras lógicas, como o sistema político, o jurídico, o científico, o educativo, o de cuidados de saúde etc. Disso derivam disfunções sistêmicas: os sistemas não cumprem mais as funções de regulação e integração social que lhes cabem. O resultado é uma sociedade tendencialmente disfuncional – tendencialmente, pois isso depende da capacidade que os diferentes sistemas têm de se oporem à "colonização" da lógica capitalista. Esta disfuncionalidade se reflete em nível individual no descompasso entre a maneira em que os membros da sociedade tentam seguir os novos imperativos sistêmicos e a percepção de que tal procedimento não resulta no efeito esperado, a saber, no correto funcionamento dos sistemas em termos de estabilização das expectativas e de integração social. Algo parou de funcionar e os indivíduos não sabem por quê (Pinzani, 2023a). Como consequência, agarram-se às explicações prontas que encontram ao seu redor: o discurso do esforço e do mérito que domina as pregações de pastores e de âncoras televisivos, o discurso que os menospreza pela sua ignorância e pobreza, o discurso que exalta e legitima os privilégios das elites contra qualquer tentativa de discurso igualitário e democrático. Naturalizam esses discursos e os valores correspondentes, ainda que, frequentemente, não consigam expressá-los claramente de forma discursiva. Fica, contudo, evidente em suas falas esta obra de interiorização que os condena a viverem em um eterno descompasso entre sua experiência vivida de sofrimento sem sentido e os discursos segundo os quais o seu sofrimento é merecido. Esta cisão desperta um senso de impotência e desprezo de si, que, de certa forma, condena os indivíduos a permanecerem em sua condição.

2.3 Invisibilização e silenciamento

> *Os pobres são aqueles que não têm nome, não têm rosto, não têm identidade, não têm interioridade, não têm vontade e são desprovidos de razão. Nessa (des) figuração, é definido também seu lugar na ordem natural das coisas: são as classes baixas, as classes inferiores, os ignorantes, que só podem esperar a proteção benevolente dos superiores ou então a caridade da filantropia privada.*
>
> Vera Telles[24]

Estreitamente ligado à questão da alienação estrutural e da afirmação do saber "superordinado" é o fenômeno da *invisibilização dos sofredores* (cf. Herzog, 2020). Esse processo social constitui um emaranhado de fios que se entrelaçam em tantos outros, formando uma intrincada trama de superposições de camadas sociais e políticas que ocultam a realidade da produção e reprodução do sofrimento social. Invisibilização aqui indica em primeiro lugar o fato de que a vida e os tormentos de amplas camadas sociais permanecem distantes do mundo e, portanto, do olhar dos "bem-nascidos", dos "superordinados". Como observa a jornalista Eliane Brum: "são vidas invisíveis" (Brum, 2006). Este ocultamento se materializa, então, na dissimulação de sua presença, e se concretiza em políticas públicas específicas, particularmente nos grandes espaços urbanos. Tais operações de invisibilização dos pobres se realizam por via de políticas urbanas de construção de territórios exclusivos de moradia e de relações sociais (cf. Secchi, 2019). Os bens públicos, as escolas, os hospitais, os meios coletivos de transporte se transformam em meios de diferenciação social e de vivência cotidiana de grandes desconfortos e de frequentes humilhações feitas por agentes públicos. Os melhores serviços públicos, os mais disponíveis em termos de eficácia funcional, paradoxalmente, se localizam em territórios exclusivos das classes altas. Sua utilização conforma uma das razões da elaboração dos

---

24 Telles, 2001, p.43.

processos formadores da distinção social (cf. Bourdieu, 2008). Para essa situação cabe falar em injustiça espacial (Soja, 2010) e até em capital espacial (Secchi, 2019, p.35). Como observa Secchi, "rica é [...] a pessoa, a família ou o grupo que dispõe de um capital espacial adequado, ou seja, vive em lugares da cidade e do território dotados de requisitos que facilitam a inclusão na vida social, cultural, profissional e política, assim como nas atividades que lhe são mais afins" (Secchi, 2019, p.34s.). Em alguns casos, pode-se falar até mesmo em *apartheid* social (Michel-Muniz, 2018), ou seja, numa delimitação do espaço urbano e, em maior grau, do espaço público (incluindo escolas, postos de saúde, áreas de comércio etc.), que visa a dividir as classes sociais de maneira a impedir o contato e o convívio recíproco.

Os trabalhadores e as pessoas em situação de pobreza são literalmente empurrados às margens das cidades e obrigados a habitar as periferias e hiperperiferias (cf. Pinzani, 2022a). Nessas zonas, então, observa-se, ao menos entre nós, a existência de um grande deserto de equipamentos urbanos. Ruas malcuidadas e sujas, ônibus e trens que trafegam superlotados de pessoas obrigadas a viajar por longo tempo em pé, com rostos cansados e sofridos. Em São Paulo, um/a trabalhador/a permanece nesse estado de desconforto e de fadiga quatro horas por dia entre ida e retorno do trabalho. Perfazem jornadas de doze a quinze horas dedicadas ao trabalho. Acordam de madrugada e retornam às suas casas à noite. No caso das mulheres, como é sabido, o retorno a casa significa mais tempo de labuta, ainda mais extenuação. Esperam-na o preparo da comida para a família, a limpeza dos utensílios domésticos, as roupas para lavar, os cuidados com os filhos. Conseguem dormir em torno de quatro a cinco horas por noite, isto se não têm criança pequena.

Contudo, esta experiência social negativa na qual germinam e se desenvolvem intensos sofrimentos não se torna visível aos olhos de todos. Esta "gente sofrida" nem sequer é vista e ouvida acerca de seus tormentos, seu imenso e sombrio corpo não se torna palpável, evidente, apesar de sua enorme dimensão social e política. Os sofredores raramente conseguem diante de tanta labuta, de tantas angústias, formular politicamente sua voz. A construção da voz pública é, antes de tudo, uma construção política, coletiva.[25] Por isso, usaremos tal conceito como conceito político, ou seja, referindo-nos à capacidade de os sujeitos alçarem suas reclamações e reivindicações por direitos, publicamente, juntos, e de, com isso, serem vistos e ouvidos. Assim se configuraria a situação de sujeitos falantes e ativos politicamente. Isto significa que conseguiriam alguma unidade discursiva, alguma unificação de vontades (ver as Considerações finais).

Como dito antes, o sofrimento social, como experiência social, tem o poder de isolar os sofredores, de dispersá-los, e, assim, fragmentar sua voz. Por isso, a experiência política do "estar juntos" para demandar algum direito constitui a única possibilidade de construção da voz pública de uso político. Todavia, "juntar os desvalidos" é um acontecimento social e político muito árduo. Como observa Telles,

> É nisso que se faz ver os sinais de uma privatização de experiências que não conseguem ser formuladas na linguagem pública dos direitos. Aqui, a privação de direitos transparece por inteiro num horizonte simbólico de causalidades e responsabilidades que transfere para a ordem moral privada as condições de possibilidade de uma vida "bem-sucedida" (Telles, 2011, p.84).

Torna-se imperativo rememorar que o poder de aparição, o poder de ser visto, impõe-se como condição indispensável para alcançar algum poder político, que como tal é o único meio de os sujeitos serem escutados em suas demandas (Pizzorno, 1994, p.313). Em outros termos, construir a sua própria voz política configura-se como o outro lado da moeda da construção do seu próprio aparecimento político. O poder de ser visto esculpe então a figura pública mais importante – no caso, a comunidade de sujeitos sofredores, tornados agora sujeitos visíveis. Em assim sendo, adquire-se outra potência – a faculdade da fala pública. Isso significa a perda da sua mudez e a aquisição da qualidade fundamental da política democrática: a *voz política*.

---

25 Ver, sobre isso, Morris, 1997. Ainda nessa direção, ver Sen, 2005, p.193-203.

Ao menos nos últimos quarenta anos, assistimos a uma transformação profunda das sociedades capitalistas contemporâneas, principalmente no que diz respeito ao aumento imenso da pobreza extrema no mundo desenvolvido. No Brasil, semelhante processo adquiriu dimensões absurdas a ponto de que suas vítimas já não podem ser invisibilizadas completamente. Os miseráveis, os sem-teto, os sem renda alguma, os destituídos de direitos estão nas ruas, nos metrôs, dormindo ao relento, acampados nas principais ruas das cidades e estradas do país. Contudo, deve ser repisado que a visibilização escancarada das suas imensas carências e das suas dores por si mesma não adquire de modo algum a potência política necessária. Suas vozes permanecem não escutadas, permanecem nesse sentido como vozes do silêncio. Suas imagens são rotinizadas, podendo-se dizer delas que, parafraseando Agostinho de Hipona, são vozes silenciosas pelo ruído, mas gritantes pelo sentimento (Agostinho, 2020, p.255).

Pode-se imaginar que essas vozes pertencentes às subjetividades oprimidas são e sempre foram ouvidas, compreendidas ou não, pelos próprios sujeitos vitimados. De certa forma, em algum momento da vida cada timbre ouvido traria consigo uma onda de lembranças. Quem sabe se possa imaginar um sujeito dizendo: Quantas vozes eu tive? Entretanto, por diversas razões, como a impassibilidade geral, o silenciamento público e outros tantos mais motivos, tais vozes se tornam inevitavelmente inaudíveis e invisíveis ao conjunto da nação. As ausências e a sua mudez acabam por conduzi-las, como diz Albert Camus, "ao sono sem sonhos, um sono que só pode acabar no dia da reunião" (Camus, s.d., p.87). Semelhante penúria situacional é naturalizada e, por isso mesmo, olhada com desapiedada indiferença e mesmo com hostilidade pelos outros, pelos membros das classes superiores (cf. Cortina, 2020). A vida deste contingente humano e suas dores se transformam em objetos indiferentes e estranhos. É frequente, no Brasil, ouvir falas que tratam as pessoas em situação de pobreza como se fossem coisas ou animais não humanos. Os epítetos usuais são: "os vagabundos", "aquela gente", "os macacos", "os que não valem a comida que comem". As pessoas se metamorfoseiam em "uma coisa que fala e não a realidade de um homem objetivada pelo seu trabalho" (Sartre, 1967, p.129).

Desse modo, seus olhares não podem deixar de ser os olhares moldados pelos olhos reificados e reificantes dos "superordinados". No Brasil, nossas elites mantêm o olhar coisificante, semelhante ao que entreviam e sentiam em relação aos escravos, a quem enxergavam como peças, máquinas falantes, criaturas destituídas de humanidade, como já vimos no caso do padre Antonil. A instituição escravista segue como conjunto de práticas sociais dissimuladas ou até mesmo abertas, como os recentes relatos de trabalho escravo em todo o país revelaram, e como arquivo de memória para a ação de certos grupos sociais. Parafraseando Agostinho de Hipona (Agostinho, 2020, p.262), todas essas práticas sociais, a memória as guarda em seus vastos abrigos, no segredo de não sei quais inexplicáveis recônditos, para evocá-las de novo quando for necessário e lançá-las de volta (ver também Ricoeur, 2007, p.107ss.).

O esquecimento das vidas de milhões de concidadãos configura uma forma de tratar suas torturas cotidianas como fatos naturais. As pessoas em situação de rua ou "os pedintes" passam, aos olhos da maioria, a fazer parte da paisagem, tal como as árvores ou os canteiros de flores. Pior do que isso: seus corpos e suas vidas são vistos como coisas descartáveis. O olhar sobre eles é um olhar coisificado e coisificante. Nem sequer despertam compaixão, solidariedade ou empatia, ou seja, os sentimentos que nos tornam capazes de sentir, ou melhor, simpatizar com a dor do outro. A indiferença com o destino alheio conforma uma desumanização geral da sociedade e se torna uma fábrica de sentimentos "monstruosos". Semelhantes efeitos atuam e reforçam ainda mais a invisibilização social, pois agem de maneira a obstaculizar ainda mais a mobilização coletiva. A resultante mais frequente disso é o enfraquecimento da capacidade de agir politicamente deste contingente humano, imenso em suas dimensões físicas.

2.4 Sofrimento social e dialética da modernidade no Brasil

As pessoas entrevistadas se encontram em uma situação na qual se deparam com o lado pior de dois tipos de sociedade: a sociedade tradicional pré-industrial e a sociedade do capitalismo avançado. Com sociedade tradicional pré-industrial indicamos um tipo de sociedade na qual o trabalho ainda possui o caráter de uma atividade individual ou familiar destinada à produção de bens ou serviços que são utilizados diretamente pelos produtores ou trocados por bens e serviços produzidos por outros indivíduos. Essa troca pode ou não ter caráter monetário e pode ou não obedecer às chamadas leis do mercado. Em nosso caso, é uma sociedade cuja economia é fundada na agricultura de subsistência, na qual a terra é trabalhada por todos ou quase todos os membros do núcleo familiar simples (pais e filhos), como no caso de Fátima (Capítulo 5) ou ampliado (várias gerações e irmãos ou irmãs com suas respectivas famílias), como foi o caso do seu Jorge (Capítulo 10). Dominam as relações de parentesco ou as relações de apadrinhamento e de clientela. Até algum tempo atrás, era frequente a situação na qual as famílias cultivavam uma roça e construíam suas casas em terras que não lhes pertenciam, mas com a tolerância dos proprietários, que exigiam em troca parte da colheita ou um aluguel em dinheiro. É o fenômeno dos chamados "moradores".[26] Em alguns casos existem formas incipientes de cooperativas agrícolas, frequentemente, contudo, limitadas à produção de farinha (ver capítulos 5 e 7). Até hoje, o cultivo das terras é feito de forma tecnologicamente arcaica, sem o uso de maquinários e com recurso ao arado tirado por bois (ver Capítulo 8) ou à enxada. O resultado desse trabalho duríssimo são colheitas relativamente escassas, que deveriam garantir a sobrevivência do núcleo familiar, mas que frequentemente não servem para afastar o espectro da fome (conforme os relatos de quase todas as mulheres entrevistadas), com algumas exceções, ligadas quase sempre a núcleos familiares ampliados que possuem terrenos extensos e férteis, como no caso da família do seu Jorge (Capítulo 10).

Tradicionalmente, este tipo de sociedade foi marcado pela presença de fortes laços familiares e comunitários, ainda que tais

---

26 O fenômeno foi objeto de intenso debate, particularmente entre antropólogos (ver, entre outros, Sigaud, 1979; Lopes, 1976; Garcia Jr., 1988; Sigaud; L'Estoile, 2006). Para uma bela descrição literária dessa situação ver o romance *Torto arado* (Vieira Jr., 2018).

relações não fossem isentas de conflitos e de manifestações de opressão de vários tipos (de gênero, de geração etc.). Não devemos cair na tentação de idealizar este tipo de sociedade e de considerá-la mais humana ou menos alienante do que outros tipos de sociedade que a sucederam. Os testemunhos aqui reunidos demonstram que as relações interpessoais, inclusive entre familiares, entre pais e filhos, entre irmãos, entre compadres e comadres, podem ser extremamente abusivas, com recurso frequente à violência física e psicológica, relatado por todas as pessoas entrevistadas.

Esses laços de parentesco, essas fortes relações comunitárias, parecem, contudo, desempenhar hoje um papel decididamente menor na vida cotidiana destas pessoas. Tendem, quase sempre, a se isolarem e a conduzirem sua existência nos horizontes restritos de sua casa e de suas terras. A vida comunitária se reduz à participação em ritos religiosos nas várias igrejas (a pluralidade de denominações cristãs, porém, pode fragmentar ainda mais a comunidade: vizinhos que pertencem a diferentes igrejas nem sequer se encontram no culto ou na missa) ou em atividades econômicas comuns ocasionais, como a produção de farinha nas chamadas Casas da Farinha. Cada casa dispõe agora de uma TV, quase sempre de segunda mão, frequentemente adquirida recentemente graças a programas de redistribuição de renda como o Bolsa Família ou às aposentadorias. A TV representa a forma básica de passar o escasso tempo livre do trabalho, tendo substituído as reuniões no pátio com as vizinhas ou as visitas a amigas e familiares. Faltam, em geral, formas de atividade comum que não sejam estritamente econômicas ou ligadas ao culto religioso. Também nesse caso, contudo, o prevalecer de cultos evangélicos relegou a segundo plano formas de participação na vida religiosa, como as romarias ou as procissões nas regiões pesquisadas. Assistindo a documentários que retratavam a vida dos moradores do Cariri nas décadas de 1970 ou de 1980, chama a atenção justamente a grande participação popular em festividades religiosas, em irmandades ou outras agremiações religiosas. Hoje, nenhuma das pessoas entrevistadas participa de tais eventos, limitando-se, no máximo, a assistir aos cultos de suas respectivas igrejas nas sextas, nos sábados ou nos domingos (isso pode ser meramente uma peculiaridade da região em questão ou, em geral, das pessoas em situação de pobreza que vivem no meio rural).

A sociedade capitalista avançada, marcada entre outros fatores pela centralidade que o trabalho assalariado assume na vida das pessoas, parece manifestar-se somente de forma negativa, a saber, justamente como *ausência* de formas de trabalho assalariado, uma vez que a quase totalidade das pessoas vive da agricultura de subsistência, da parca troca de alimentos produzidos em excesso e de serviços braçais básicos (lavar roupa para fora, arar um terreno alheio etc.). Isso, contudo, não significa sua exclusão do sistema de produção capitalista, como discutido largamente a partir da década de 1960 nos estudos sobre marginalidade social (cf. Germani, 1973, Nun, 1999, Oliveira, 2003). Como já tinha revelado Marx, sua função é a de reproduzir aquela superpopulação relativa ou exército de reserva de mão de obra, cuja função principal consiste em exercer forte pressão sobre os trabalhadores assalariados, ameaçando-os de substituição caso não aceitem as condições de trabalho impostas pelos empresários. Mais especificamente, neste caso, representam a forma "latente" de tal exército, uma vez que ainda não deixaram o campo para a cidade, onde engrossarão as fileiras do exército "flutuante" ou "estagnante", ou até do lumpemproletariado (Marx, 2013, 704ss.). Além disso, não seria correto falar em exclusão econômica desta parcela da população (Martins, 1997). Há, antes, uma inserção parcial e intermitente que se dá na forma de trabalhos braçais precários, mal pagos e temporários. São chamados para *bicos*, para a colheita de feijão ou de mandioca, para trabalhos sazonais, para serviços domésticos eventuais (cortar grama, podar árvores, realizar pequenas obras de reforma ou construção civil etc.). A quase totalidade dessas formas de trabalho é caraterizada não somente pela intermitência, mas também pela informalidade. Não há carteira assinada, não são pagas contribuições para o INSS etc. Não há, portanto, uma ausência total de renda oriunda do trabalho assalariado; há antes irregularidade e precariedade no recebimento de tal tipo de renda. Além disso, serviram por séculos como massa de manobra nas mãos de coronéis e poderosos locais, sempre prontos a mobilizá-los para suas ambições políticas, a iludi-los com ridículas promessas eleitorais, regularmente não cumpridas, uma vez passadas as eleições.

Finalmente, a "modernidade" se manifesta também na mencionada onipresença da TV. Não se trata de um fenômeno puramente de costume que afeta as formas de interação entre pessoas. A mídia é responsável pela difusão de certo tipo de discurso justificativo dos arranjos sociais existentes, constantemente difundido e reiterado por ela até ser interiorizado pelos indivíduos expostos a ele. Esse discurso dominante responsabiliza os indivíduos pela sua respectiva posição social, fazendo dela o resultado exclusivo de seus talentos e, principalmente, de seus esforços. As condições sociais objetivas que determinam em grande parte as posições sociais são desconsideradas em prol de uma narrativa fictícia, na qual alguns poucos exemplos da chamada "superação" servem para construir o mito do *homo faber fortunae suae*, do indivíduo artífice da sua própria sorte, independentemente das circunstâncias nas quais nasceu e cresceu. O filho de camponeses pobres do interior que passou no vestibular para estudar medicina na USP é utilizado pela mídia como prova evidente de que qualquer um pode ser o que quiser, contanto que se esforce para tanto. Esta narrativa desconsidera não somente os milhões de crianças de famílias pobres que nunca tiveram e nunca terão as condições para quebrar o chamado círculo vicioso da pobreza e que não podem ser responsabilizadas por isso (e nem sequer podem ser legitimamente condenadas a uma vida de pobreza pelo fato de não terem a mesma força de vontade do menino exemplar exaltado pela mídia, uma vez que a quase totalidade das pessoas de todas as classes não a possui em tal nível); ela desconsidera também o fato de que, ainda hoje, apesar das cotas universitárias introduzidas pelos governos petistas, a esmagadora maioria dos estudantes que se formam em medicina (para continuarmos com o exemplo em questão) provêm da classe média ou média alta e tiveram acesso a escolas particulares de qualidade, onde receberam o tipo de educação necessária para sua futura carreira, sem mérito pessoal, mas somente por terem nascido em famílias relativa ou absolutamente ricas. Em consequência desse tipo de narrativa difundido pela mídia chega-se a uma naturalização da pobreza, da riqueza e da espantosa desigualdade econômica e social que caracteriza a sociedade brasileira.[27] Essa naturalização, presente em todas as classes sociais, pode ser encontrada entre as próprias pessoas que vivem em situação de pobreza, como no caso das entrevistadas.

2.5 Pobreza e religião: estratégias de sobrevivência emotiva

A pobreza no Brasil, em especial nos bairros rurais – o espaço que privilegiamos para realizar nossas entrevistas – se caracteriza pela quase total ausência de equipamentos cívicos públicos, tais como praças e salões de encontro de pessoas para a celebração de alguma festividade comum. Reina nesses lugares uma grande indigência de sociabilidade. De modo geral, a Igreja Católica sempre ofereceu seus salões paroquiais para a realização de festas religiosas, oferta que se estendia pelo ano todo. Isso, de algum modo, juntava as pessoas, socializava-as mais. Nas áreas afastadas que visitamos, prevalecem os templos evangélicos, frequentemente descaracterizados, a não ser por uma placa. A enorme diferença está no que eles oferecem. Em sua grande maioria, apresentam espaços muito pequenos – normalmente, uma pequena sala com cadeiras de plástico, uma mesa para o pastor e um potente microfone. O encontro das pessoas da região nos cultos se resume a ouvir, à exaustão, a fala do pastor. Ir ao culto acaba sendo a única forma de contato maior entre os habitantes do bairro. Às vezes trata-se da única oportunidade para muitas pessoas de verem e ouvirem gente diferente do seu círculo familiar. Nesse ambiente restrito de sociabilidade, a fala pastoral possui força e influência enormes. Sabemos hoje quanto sua influência política importa para formar as decisões eleitorais dos crentes. Tamanho poder de influenciar invadiu sobremaneira a formação da linguagem de contato entre as pessoas. Locuções como "Sou de Jesus", "Estou com Jesus", "Meu coração só tem

---

27 Existem inúmeras obras sobre a desigualdade no Brasil. Recomendamos Pochmann, 2015, Souza, 2018, Arretche; Marques; Faria, 2019 (sobre as políticas públicas de combate à desigualdade), bem como o clássico Singer, 1981.

lugar para Jesus" foram enunciadas no começo e no final dos nossos encontros com algumas das entrevistadas (ver, por exemplo, o Capítulo 7). Semelhante fenômeno vem se intensificando nos últimos anos. O investimento do neopentecostalismo junto a estas populações tem sido muito grande. Isto explica em parte seu sucesso.

Com sua rápida instalação e construção, feita frequentemente de modo muito simples, esses templos surgem rapidamente e se espalham até mesmo nas regiões rurais. Estivemos em um deles, que se instalara no ano de 2018 em uma ruazinha esburacada da Serra do Catolé. Havia sido edificado em pouquíssimo tempo. Aí, os fiéis criam ritos e formas de convívio extremamente atraentes para suas "subjetividades oprimidas", formadas a partir de vidas privadas de opções. À vista dessa privação, não podem conduzir as próprias vidas segundo um espectro mais amplo de escolhas vitais. São aqueles seres humanos aos quais Rahel Jaeggi (2005) se refere como "os arrastados pela vida, pelos acontecimentos", devido à sua sujeição às muitas formas de injustiça social, a que são e foram submetidos por gerações e gerações. Os templos evangélicos e seus pastores, naquele mundo restrito, podem agir como estruturas reificantes. Isso se torna evidente quando o pastor assume e propaga a chamada Teologia da Prosperidade, que exalta a busca do sucesso econômico e, fundamentalmente, culpa as pessoas que permanecem em condição de pobreza pela sua situação (ver capítulos 7 e 9).[28]

Nesse contexto, enquanto a realidade de suas vidas carentes for mantida, a imaginação religiosa expandir-se-á cada vez mais e para uma grande parcela dessas pessoas tenderá a permanecer como única alternativa de desafogo possível em uma vida impregnada de pobreza, de derrotas frequentes, dificultando ainda mais a construção da voz política. Importa lembrar que surgem, no meio da pobreza, sentimentos e vivências de precariedades e privações

28 Sobre a Teologia da Prosperidade ver Mariano, 2014, p.147ss. Cabe salientar que esta teologia "valoriza a fé em Deus como *meio* de obter saúde, riqueza, felicidade, sucesso e poder terrenos", e que segundo ela "a pobreza significa falta de fé, algo que desqualifica qualquer postulante à salvação. Seus defensores dizem que Jesus veio ao mundo pregar o Evangelho aos pobres justamente para que eles deixassem de ser pobres" (ibid., p.158ss.).

dilacerantes da humanidade dos sujeitos, constituindo assim um solo fértil para a produção de sentimentos de autodesprezo e de vergonha de si mesmo. A vergonha é uma emoção que se encontra em toda a vida social; contudo, em meio à miséria pode se configurar como um sentimento profundamente negativo, um acréscimo de humilhação na vida das pessoas em situação de pobreza (cf. Nussbaum, 2004).[29] Normalmente, assume o caráter de uma baixíssima autoestima, por vezes se configurando como fator paralisante da ação dos seus portadores. Não é incomum ouvir das entrevistadas uma desesperada autoacusação sobre o fato de ser e permanecer pobre.

A subjetividade se objetiva na vida social, traduzindo-se em formas de ação e modos de sentir, na inserção em sistemas de crenças, às vezes de formas mágicas de perceber o mundo social. Em relação ao caso em exame – as formas de religiosidade imperantes –, Émile Durkheim (1975, 282s.) advertira, em suas intensas pesquisas sobre a temática religiosa, que "a religião não é, de fato, unicamente um sistema de ideias, é antes, de tudo, um sistema de forças". A partir disso, pode-se pensar sua importância nos processos sociais de subjetivação dos indivíduos. Apoiados nessas forças, parece (aos crentes) que podem, desse modo, enfrentar melhor as provas e dificuldades da existência, que podem mesmo fazer com que a natureza se curve às suas vontades. Ainda seguindo o raciocínio inspirador durkheimiano, ao proporcionar a participação nos ritos com outras pessoas, a religião traz também aos participantes o que ele denomina de "sentimento de reconforto". Nas suas palavras: "Sob o efeito da atração coletiva, ficam por vezes possessos de um verdadeiro delírio que os leva a atos em que não se reconhecem a si próprios" (ibid.).

Michael Harrington, em seu clássico *A outra América. Pobreza nos Estados Unidos*, escrito no calor das lutas sociais dos anos de 1960 naquele país, observara em suas pesquisas estas dimensões da situação da pobreza. Na pobreza, surgem sentimentos específicos,

---

29 Ver também o clássico Waxman, 1983. Para pesquisas empíricas que mostram como a vergonha e o estigma são ligados à pobreza em diferentes culturas ver Walker, 2014 e Gubrium; Pellissery; Lødemel, 2014.

tais como um grande sentimento de fatalismo, às vezes místico. Fatalismo este muito próximo da resignação e que se expressa por frases como: "O nosso destino está em Deus, somos pecadores", por exemplo. Outro elemento desta estrutura de sentimentos é a presença do medo. O assim dito *medo social* comparece com frequência em falas reveladoras de muitos temores. As pessoas entrevistadas parecem dominadas pelo medo: das doenças, da fome e, em geral, relativamente ao futuro dos filhos, à incerteza enorme sobre a vida, à tenaz instabilidade em que vivem. "São pobres, e uma parte de sua pobreza é composta de medo e de aceitação passiva de sua própria humilhação" (Harrington, 1964, p.56ss.).

Paradoxalmente, as mesmas instituições religiosas que oferecem uma fonte de conforto podem aprofundar o sofrimento das pessoas. Elas participam da criação daquela alienação estrutural que oculta aos sofredores as causas sociais de seu sofrimento e que leva, finalmente, ao surgimento do olhar reificante que as transforma em coisas aos seus próprios olhos. Uma saída deste mecanismo reificante seria possível pela criação de uma esfera pública na qual estas pessoas pudessem reconhecer-se como sujeitos políticos demandantes direitos, como discutiremos mais amplamente no próximo capítulo.

2.6 Excurso histórico sobre sofrimento social e emancipação

Como mencionamos, o conceito de sofrimento social surgiu no século XVIII, concomitantemente com a crise do Antigo Regime e com a Revolução Francesa. Nesse momento histórico e nesse lugar específico, o sofrimento dos pobres concretizou-se na consciência da situação de injustiça social profunda a que se chegara no seio da sociedade europeia, ainda organizada segundo princípios feudais e marcada por imensas desigualdades sociais e econômicas. No caso da França, o sofrimento social foi percebido e alçado a justificativa fundamental da própria revolução de 1789. O povo, uma figura quase mítica, mesmo na sua imensa diversidade e ambiguidade e nas suas dilacerantes tensões internas, torna-se o novo *dramatis persona* da história. Soboul (1968) relata que até os mendigos pediam a palavra nas secções parisienses dos *sans-culottes*. Saindo de suas moradias escondidas, dos becos escuros, das prisões insalubres, tomaram as ruas, reivindicando que sua voz fosse ouvida, seu sofrimento levado a sério. Na língua unificante na qual este conjunto tão heterogêneo, o povo, clamava por justiça, comparecia com força a ideia de que todo privilégio de casta e de grupo eram obstáculos que deviam ser removidos do caminho que conduz à justiça. Desse modo, o sofrimento adquiria rosto próprio: nem os andrajos dos famintos e miseráveis o cobriam. Os rostos nus, saturados de profundas olheiras, de fuligem, da sujeira das ruas, desfilavam pelas praças e em frente aos palácios, expondo sua miséria não na busca de compaixão e esmola, mas exigindo justiça. A insurreição tinha descido à terra, naqueles dias, nos mais diversos e inéditos espaços. Todos estavam invadidos pelas mesmas esperanças e expectativas de futuro. Parecia-lhes que estava, então, em suas mãos, a resolução do problema do bem e do mal. Havia convergência de esperanças, de desejos em todos aqueles corações. A felicidade poderia ser algo terreno, mas, para descer dos céus, todas as instituições do Antigo Regime deveriam ser desmontadas para dar lugar às instituições forjadas pela razão emancipadora que agora guiaria o mundo.

Em termos arendtianos, alcançar o espaço público significa chegar ao espaço da luz por excelência, isto é, da publicidade da ação. Nele o indivíduo assume a capacidade de aparecer como sujeito capaz de agir.[30] O poder de aparecer na cena pública, retirando-se da obscuridade, representava já para os gregos a possibilidade de afirmação da presença cívica das pessoas, sua afirmação como cidadãos. Aparecer publicamente, ter presença cívica, significava, ainda, receber mais vida e mais amplidão de horizontes. No espaço público, acreditavam eles, é que se estabeleciam com mais nitidez as normas do bem agir e, ademais, se aprendia a delimitar melhor os espaços de intervenção política.[31] Advém disso a

30 Hannah Arendt se vale com frequência das metáforas do *chiaroscuro*, da luz e das sombras, como contraposições situacionais dos sujeitos.

31 Sobre isso ver com mais detalhes a rica e bela análise de Meier, 1988.

mudança fundamental na Constituição da República Francesa, na medida em que retira politicamente os pobres, ou seja, uma grande parcela da humanidade, da escuridão de sua invisibilidade e os insere assim no âmbito da luz, tornando-os atores políticos. Esta novidade radical se tornou daí em diante o começo de uma nova história. A história de homens agindo politicamente, mesmo cobertos de andrajos, disputando as ruas, invadindo as assembleias parlamentares dos deputados que ainda ostentavam suas longas perucas cobertas de pó de arroz.

A novidade representada pela entrada em cena das classes mais pobres da sociedade se reflete também no pensamento filosófico e político, que passa, finalmente, a levá-las em conta e a incluí-las em seus projetos políticos e sociais. Em seu *Esboço de um quadro histórico do progresso do espírito humano*, escrito em 1793 e publicado postumamente em 1794, o marquês de Condorcet previa um futuro no qual a pobreza se tornaria coisa do passado, se a sociedade fosse construída em torno de princípios mais racionais.[32] Esperava com isso "a destruição da desigualdade entre as nações; o progresso da igualdade em um mesmo povo; o aperfeiçoamento real do homem" (Condorcet, 1993, p.176). Com "igualdade de fato", Condorcet indica uma condição que, "diminuindo até mesmo os efeitos da diferença natural das faculdades, só deixa subsistir uma desigualdade útil ao interesse de todos, porque ela favorecerá os progressos da civilização, da instrução e da indústria, sem acarretar nem dependência, nem humilhação, nem miséria" e na qual "todos poderão, pelo desenvolvimento de suas faculdades, obter meios seguros de prover às suas necessidades; onde, enfim, a estupidez e a miséria serão apenas acidentes, e não o estado habitual de uma parte da sociedade" (Condorcet, 1993, p.177). A pobreza é concebida, portanto, não simplesmente como falta de recursos materiais ou de integridade moral, como pensava a maioria dos pensadores modernos, mas como algo que envolve também uma privação epistêmica e espiritual, ao mesmo tempo que dificulta aos indivíduos o pleno desenvolvimento de seus talentos. Por isso, Condorcet

32 Os seguintes parágrafos reelaboram ideias apresentadas em Pinzani, 2023b.

imagina um sistema educacional universal que garanta que todos tenham a oportunidade de alcançar o mesmo nível de educação e o mesmo nível de esclarecimento e autonomia (ibid., p.185). Ao contrário da maioria dos autores, que conceberam a educação dos pobres como uma forma de formação profissional rudimentar que os prepararia para sua vida profissional (leitura e escrita, assim como alguns elementos básicos da matemática e da religião e/ou ética), Condorcet viu na educação uma ferramenta importante para a realização da humanidade dos pobres e, em última instância, de sua verdadeira perfeição. Em outras palavras, ele realmente viu nos pobres não apenas uma força de trabalho potencial, como a maioria dos escritores modernos (e como muitos políticos contemporâneos), mas sujeitos morais individuais cuja perfectibilidade deveria ser levada em consideração.

Hannah Arendt (1971; ver também Frateschi, 2016) afirma que a Revolução Francesa, especialmente pelas vozes de Robespierre e Saint-Just, põe nos pobres e no seu sofrimento o próprio sentido da revolução.[33] Isso se deve, em grande parte, à crença nos poderes criativos e inovadores da experiência vivida de sofrimento intenso; dela nasceriam as paixões revolucionárias do povo, entre as quais a "paixão pela compaixão", uma nova paixão política. A compaixão surge então como sentimento e ideia moral, recebendo agora outras tintas, pois se retira do universo religioso e se desloca do campo das virtudes privadas (onde ainda a colocaram Smith e os outros teóricos britânicos dos sentimentos morais)[34] para o domínio político. Assim se metamorfoseia em virtude política, pública, republicana. Emmanuel Renault recorda como a "política da piedade" contribuiu depois do século XVIII para a politização do conceito de sofrimento social. Ou seja, "em Rousseau, Robespierre ou Saint-Just, [...] a piedade [*la pitié*] em relação ao sofrimento constituiu a chave do humanismo revolucionário" (Renault, 2008, p.96). Desse modo, a marca da unidade do gênero humano é a fonte do dever de reabsorver tanto quanto possível a desigualdade entre os homens. Por outro lado, a política da compaixão ou da

33 Por exemplo, Saint-Just dizia: "Os infelizes são a potência da terra".

34 Ver Smith, 2002.

piedade suscitou também uma reação por parte dos defensores do *status quo*. Isso fica evidente na Inglaterra no período posterior à Revolução Francesa, quer na obra de Edmund Burke, que critica a experiência revolucionária como um experimento inatural que contraria as imutáveis leis sociais e políticas (leis que, evidentemente, estabelecem a miséria de parcela relevante da população como condição imutável), quer na obra de Thomas Malthus, que critica explicitamente os autores que defendem a importância da compaixão como paixão política, como William Godwin (ver Wilkinson; Kleinman, 2016 e Pinzani, 2023b).

De certa maneira, a política da compaixão se opõe ao cinismo das classes mais abastadas. Uma expressão típica de tal cinismo se encontra, ainda no início do século XVIII, em Mandeville, que, embora de forma irônica, formula uma visão provavelmente compartilhada por muitos, conquanto poucos a defendessem abertamente: "Em uma nação livre onde os escravos não são permitidos, a riqueza mais segura consiste em uma multidão de pobres trabalhadores" (apud Himmelfarb, 1984, p.30). Em 1771, Arthur Young afirmava que "todos, menos um idiota, sabem que as classes inferiores devem ser mantidas pobres, ou nunca serão industriosas" (apud Himmelfarb, 1984, p.51s.). Em 1776, Adam Smith, em contraste, foi categórico ao afirmar que "nenhuma sociedade pode ser florescente e feliz, se a grande maioria de seus membros forem pobres e miseráveis" (Smith, 1983, v.I, p.129). A solução que ele previu foi um sistema público de educação, e chegou a admitir algumas formas de abrandamento da pobreza. No entanto, defendeu firmemente que tanto os pobres quanto os ricos eram, em última instância, responsáveis por sua condição. Alguns de seus seguidores se baseariam nessa tese para desenvolver teorias que advogam o fim de políticas públicas de alívio da pobreza e até mesmo para justificar a criminalização dos pobres, implementadas em muitos ordenamentos jurídicos em toda a Europa a partir da Idade Média.

Fundamentalistas cristãos como Sarah Trimmer, William Wilberforce e Hannah More insistiram na "necessidade de conter os pobres e inculcar neles o dever religioso de submissão à providência" (Stedman Jones, 2004, p.82); estes autores alegavam a natureza pecaminosa do homem, que tornaria impossível eliminar a corrupção humana e, portanto, a pobreza. Num tom mais moderado, Burke defendeu que os pobres não deveriam lamentar sua condição e simplesmente esperar pela caridade privada: "Paciência, operosidade, sobriedade, frugalidade e religião devem ser-lhes recomendadas; todo o resto é pura fraude" (apud Stedman Jones, 2004, p.88). Jeremy Bentham avançou a ideia de que qualquer ajuda aos pobres deveria ser abolida, independentemente da idade e saúde das pessoas, para que elas pudessem ser forçadas a trabalhar em instituições específicas a fim de pagar sua manutenção. Seu plano, exposto em um tratado significativamente intitulado *A gestão aperfeiçoada dos pobres* [*Pauper Management Improved*] (1798), previa uma adaptação de seu panóptico (seu plano para um presídio-modelo) para casas de trabalho (*workhouses*), hospícios para pobres, hospitais e escolas, para que um único inspetor pudesse garantir que os pobres, os idosos, os doentes e as crianças acolhidas por essas instituições trabalhassem devidamente (já que, segundo ele, mesmo os mais fracos deveriam ser capazes de realizar tarefas simples). O plano regulava a quantidade exata de comida e de sono que os detentos deveriam receber. O critério adotado por Bentham nesses cálculos não é o bem-estar dos detentos, mas os interesses das empresas privadas que deveriam administrar estas estruturas (Bentham, 1843, p.369ss.) – uma atitude que antecipa uma prática comum atualmente nos Estados Unidos, mas também, cada vez mais, no Brasil.

De longe, a tentativa mais conhecida de discutir o assunto da pobreza de um ponto de vista supostamente científico (em oposição à perspectiva chamada sentimentalista daqueles que acreditavam ser possível o fim da pobreza e defendiam uma política da compaixão) é o *Ensaio sobre o princípio da população*, de Thomas Malthus, publicado primeiro em 1798 e depois em uma segunda edição substancialmente revisada em 1803. Já que a teoria de Malthus apresenta muitos elementos que são encontrados ainda hoje no discurso antipobre de políticos, colunistas etc., vale a pena mencionar os pontos centrais de seu pensamento.

O tratado de Malthus era, na verdade, um trabalho de teologia natural que visava refutar o ensaio *Justiça política* de William

Godwin (1793), que compartilhava a visão otimista de Condorcet a respeito da inevitabilidade do progresso social e moral. Ao contrário do filósofo francês, porém, Godwin expressava a firme crença na possibilidade de eliminar não apenas a pobreza, mas também toda forma de sofrimento humano, através de uma completa transformação da natureza humana nos seus aspectos espiritual e intelectual. Contra este otimismo ingênuo, Malthus defendeu a visão sóbria e realista de que os seres humanos nunca estariam livres da necessidade e, portanto, do sofrimento. Ele afirmou que a natureza humana segue duas leis fixas: "que o alimento é necessário à existência do homem" e "que a paixão entre os sexos [...] permanecerá em seu estado atual" (Malthus, 1798, p.11). Existe, contudo, um conflito entre essas duas leis, uma vez que "o poder da população", ou seja, da paixão entre os sexos que leva à reprodução, "é indefinidamente maior que o poder na terra de produzir subsistência para o homem". Malthus até mesmo apresenta uma regra para estabelecer o quão "indefinidamente maior" é essa diferença de poder: "a população, quando não controlada, aumenta em uma razão geométrica", enquanto "a subsistência aumenta apenas em uma razão aritmética" (ibid., p.18). Malthus não oferece provas para essa afirmação (o que de qualquer forma teria sido impossível, uma vez que os dados empíricos para apoiar esta tese nunca estiveram disponíveis para Malthus ou para qualquer outro estudioso da época). Assim, esta regra, que é a base de todo seu argumento, tem um caráter dogmático e não científico, a despeito das afirmações do autor.

Mais relevante é a ideia de que o aumento da população poderia ser controlado. Malthus menciona duas formas possíveis de controle: a positiva e a preventiva. Os controles positivos são geralmente limitados às classes mais baixas (ibid., p.71) e incluem a falta de alimentos e, portanto, a morte por fome, as doenças e até o infanticídio. Tais calamidades reduzem a população quando ela se torna grande demais para se manter. O controle preventivo consiste em adotar estratégias para evitar a reprodução sexual, atrasando o casamento, reprimindo os instintos sexuais, ou satisfazendo o desejo sexual em formas que não levem à procriação. Os controles positivos atuam sobre a longevidade, os preventivos sobre a fertilidade. De acordo com Malthus, os controles preventivos não são muito eficazes quando se trata dos pobres, pois eles seriam incapazes de controlar seus impulsos sexuais ou planejar sua vida familiar. Mais uma vez, nenhuma prova é oferecida para apoiar essa afirmação. Malthus apenas observa que os pobres "raramente pensam no futuro" e que "tudo o que está além de suas necessidades presentes vai geralmente para cerveja" (ibid., p.87) – um estereótipo sem fundamento que ainda não morreu nos dias de hoje.

Embora critique a filosofia da história de Godwin e Condorcet, Malthus acredita que os princípios e os controles que ele descreve seguem uma lógica teleológica. A quase inevitável escassez de meios de subsistência, devida às diferentes proporções de aumento da população e da disponibilidade de alimentos, representa um estímulo necessário para a atividade humana. Se os humanos tivessem comida suficiente sem ter que trabalhar por ela, eles teriam permanecido em um "estado selvagem" e a civilização não teria surgido.

Com base nessas premissas dogmáticas e absolutamente não científicas, Malthus argumenta que a ajuda aos pobres representa um incentivo à sua reprodução, uma vez que os pobres sabem que o custo da criação de seus filhos será arcado pela sociedade. Os controles positivos perdem sua eficácia sob tais condições. Como resultado, nascem muitas crianças pobres, que ou bem competirão entre si pelos escassos recursos oferecidos pela mão pública, ou bem representarão um fardo crescente para a parte produtiva da sociedade, que cria a riqueza econômica pela qual é financiada a ajuda aos pobres (note-se a semelhança com argumentos utilizados contra o Bolsa Família no Brasil). Em ambos os casos, o resultado será mais miséria. A ajuda aos pobres representa, portanto, uma interferência indevida nas leis e controles naturais; por isso, deve ser abolida.

A teoria de Malthus foi recebida com desprezo e indignação por muitos intelectuais, mas tornou-se imensamente popular entre o público em geral e entre os políticos que pretendiam restringir as leis existentes acerca da pobreza.[35] Uma das críticas mais fortes

35 Foi exatamente isso que aconteceu em 1834, quando a Nova Lei dos Pobres foi aprovada pelo Parlamento Britânico.

a Malthus foi que, ao afirmar que os pobres são dominados por desejos corporais incontroláveis como "os desejos da fome, o amor ao álcool, o desejo de possuir uma bela mulher" (ibid., 254f.), ele basicamente lhes negou a capacidade de realizar qualquer escolha moral. Assim, na segunda edição do *Ensaio*, Malthus insistiu no conceito de restrição moral, pelo qual ele quis indicar "uma restrição do casamento por motivo prudencial, com uma conduta estritamente moral durante o período dessa restrição" (Malthus, 1803, p.19). Isto representa uma mudança relevante, pois introduz um tom mais otimista e menos determinista em sua argumentação. Os indivíduos podem adotar uma conduta virtuosa por razões morais, não apenas como resultado de um cálculo prudencial (como no caso dos controles preventivos). Os indivíduos pobres podem ser movidos por um desejo positivo de melhorar suas vidas (uma ideia que ele tirou de Smith), e não apenas por um medo negativo da miséria ligada a ter muitos filhos. Malthus também destaca que a subsistência tem que ser conquistada por meio do trabalho, não pela caridade ou ajuda pública. Nosso autor rejeita explicitamente a ideia de um direito à subsistência em um parágrafo bastante cru, que ele omitiu em edições posteriores, mas que, no entanto, permaneceu um de seus passos mais citados:

> Um homem nasce em um mundo que já é propriedade de alguém; se não pode obter a subsistência de seus pais, sobre os quais ele tem uma demanda justa, e se a sociedade não quer seu trabalho, ele não tem direito à menor porção de comida, e, de fato, não tem o direito de estar onde ele está. No grandioso banquete da natureza não há vaga para ele. Ela lhe impõe ir embora e executará rapidamente suas próprias ordens, se ele não encontrar a compaixão de alguns de seus convidados. (Malthus, 1803, p.127)

A ideia de que não existe almoço grátis, tão popular entre os inimigos do Estado de bem-estar social e os neoliberais como Milton Friedman, encontra aqui uma de suas primeiras formulações. O sofrimento dos pobres é naturalizado e racionalizado. Qualquer tendência a solidarizar-se com eles é condenada como expressão de um sentimentalismo irracional e anticientífico. Qualquer tentativa de aliviar sua condição é considerada inatural e contraproducente. A violenta reação e repressão aos movimentos revolucionários europeus ao longo do século XIX mostra que as classes dominantes não consideravam as classes populares e pobres como iguais e merecedoras dos mesmos "direitos" que reclamavam para si, os quais, portanto, manifestam claramente seu caráter de privilégios. As reivindicações por justiça social foram respondidas com toda a força dos aparelhos repressores do Estado, como mostram, ao longo da história, as inúmeras chacinas de homens, mulheres e crianças que reivindicaram pão e justiça. Em vez de manifestar compaixão ou solidariedade, as classes dominantes responderam à voz dos desesperados com o canhão e a baioneta.

O debate sobre o sofrimento social ecoa também nas obras de um dos pais fundadores da sociologia, Émile Durkheim. Sua pesquisa sobre o suicídio revela algumas questões metodológicas e teóricas que ainda afetam qualquer pesquisa sobre a dimensão social do sofrimento, como a nossa. Logo na introdução de sua obra *O suicídio*, Durkheim examina este fenômeno e propõe que este, que em suas palavras é "o ato mais privado dos seres humanos", seja apreendido pelos sociólogos antes de tudo como resultado das condições *sociais* vividas pelos sujeitos. Enfatiza, pois, a produção social do suicida. Em toda a obra procura demonstrar, com o rigor das profundas investigações estatísticas e sociológicas que realizou, como, na elaboração de correlações sociológicas, os momentos sociais nos quais se dá a maior incidência do suicídio são as situações de crise social e política. Assinala, por exemplo, como períodos e momentos de alta incidência de suicídios, os anos de 1848-1853 na França, na Alemanha depois da guerra de 1866 e na Inglaterra depois de 1868. Segundo ele, foram períodos de grande anomia social, de grandes rompimentos de equilíbrios sociais existentes. Nos indivíduos, semelhante quadro gerava "individualidades desintegradas" (Durkheim, 1971, p.17). Isto pode aproximar nossa problemática relativa às causas sociais do sofrimento da luta intelectual de Durkheim, que reivindicava apaixonadamente que a causa dos suicídios deveria ser buscada primeiramente não em problemáticas biográficas individuais, mas nas condições sociais e nas rupturas de padrões que se condensavam em crises profundas da própria sociedade (ibid., p.263). Afirmando que "o suicídio é, por seus elementos essenciais, um fenômeno social", Durkheim insiste em tal especificidade, querendo elucidar através de uma explicação sociológica quais são os vínculos societários deste ato (ibid., p.263ss.).

A modernidade, como vimos, é caraterizada pela entrada em cena de novos atores sociais, como os pobres, os miseráveis, os "indivíduos nus", como os chamou Karl Marx, que problematizou esta nudez e demonstrou que esse desnudamento e essa desnaturação dos indivíduos foram as exigências fundamentais da nova ordem social capitalista. Para Marx, ninguém nasce como mercadoria, mas o capitalismo transforma os indivíduos justamente em mercadorias, desnaturando-os (ver Lima; Leão Rego, 2020). Na modernidade surgem novos estados formados por indivíduos destituídos de quaisquer direitos, pois haviam perdido todos os direitos feudais durante as várias dissoluções comunitárias ocorridas nos séculos XVI, XVII e XVIII, precedendo à Revolução Industrial. O enorme contingente humano que migrava dos campos para os centros urbanos em busca da sobrevivência chegou às cidades industriais completamente desenraizado e nu. Seus antigos direitos e modos de vida foram violentamente eliminados e destruídos. Exibiram sua nudez como "liberdade" para se venderem como força de trabalho. Agora estavam livres para escolher seu senhor e submeter "seus nervos e músculos" ao seu preço.[36]

A modernidade europeia trouxe à tona a "questão social". O aparecimento nas cidades daquele imenso corpo social composto de gente quase sem roupas, faminta e morando nas ruas despertou os mais diversos sentimentos nos bem pensantes. Decifrá-lo passou a ser seu grande desafio intelectual. O pauperismo se repropõe, como já nos séculos XVI e XVII (ver Pinzani, 2023b), como questão social para ser denunciado como fato política e moralmente inaceitável. É tratado seja pelo liberal Alexis de Tocqueville (1999), que percebe com sagacidade o problema, seja pelos estudos políticos, econômicos, sociais e filosóficos de Friedrich

36 Ver detalhes desse processo histórico em Marx, 1972, Marx, 2011, 183ss. e Marx, 2013, p.785ss.

Engels (2010) e Karl Marx (2011), seja também pela literatura: de Elizabeth Gaskwell (*Norte e sul*) e Charles Dickens (*Oliver Twist* e *David Copperfield*) a Victor Hugo (*Os miseráveis*). As mais diversas vozes reclamam de sua presença, por considerarem que as cidades haviam sido invadidas por uma "sub-raça" de vagabundos e viciados. Por um lado, essa pobreza extrema era vista, portanto, como *vício*; por outro, havia indignação adiante da magnitude da injustiça social que se efetivava em sua existência. Em meio a tanta riqueza e desenvolvimento técnico, os maltrapilhos, feios e sujos atestavam – e atestam – que a nova ordem social traz consigo uma derrota humanitária tremenda, visível, concreta, que surgia em meio às expressões de sofrimento e horror que os miseráveis estampam em suas feições.

Doravante, os desvalidos constituirão um objeto de pesquisa, de reflexão e de busca de soluções públicas, mais amplas do que a simples caridade privada dos bons cristãos. O tema sai da esfera privada, assentada nos bons sentimentos dos virtuosos, para se conformar como questão política. Os modos de abordar a temática da pobreza inaugurarão um amplo debate entre a tradição socialista e a liberal e a nascente sociologia da pobreza.[37] Tudo isto junto leva, entre outras, às formulações seminais de Georg Simmel, com a publicação do ensaio denominado *O pobre* (1906). Nele se verifica uma contribuição decisiva para se compreender a modalidade de constituição categorial dos pobres e os vínculos da pobreza com a sociedade como um todo. Na Inglaterra, as pesquisas pioneiras de Charles Booth (1902-1903) e, sobretudo, de Benjamin Seebohm Rowntree (1901), conduzidas com métodos científicos modernos, revelaram ao público a extensão do problema da pobreza e apontaram para seu caráter multifacetado, não limitado à questão da falta de renda. A disputa conceitual e política travada por esses e outros estudos foi intensa, como Serge Paugam (2013) demonstra fartamente.

37 O sociólogo francês Serge Paugam reconstitui brilhantemente o ambiente polêmico que cercou o tema, bem como apresenta as representações sociais sobre a pobreza na imprensa da época (Paugam, 2013).

Deve ser lembrado, finalmente, que os vários momentos de desemprego industrial trouxeram à tona, mas de outro modo, a questão do sofrimento social que então se ligava à experiência do *mundo perdido*, de modos de vida e de identidades sociais causados pelo desemprego. A propósito, vale a pena registrar o primoroso trabalho sobre isto feito ainda nos anos de 1931-1932, pelo sociólogo austríaco Paul Lazarsfeld e seus colaboradores (Jahoda; Lazarsfeld; Zinsel, 1975). A equipe de Lazarsfeld analisou os trágicos resultados do fechamento de uma tecelagem na cidadezinha de Marienthal, na Áustria, em fevereiro de 1930. A pesquisa consistia em investigar e analisar a situação dos desempregados ligados ao fechamento da fábrica que, no caso, deixou sem emprego toda a população da cidade que nela trabalhava. Tratava-se de expor como o desemprego lançava os trabalhadores em grande aflição existencial e causava graves problemas de saúde nas pessoas, sobretudo, diante da ausência de perspectivas de novo trabalho. Com o fechamento de seu espaço de trabalho encerravam-se também todos os espaços de sociabilidade ligados e articulados à condição de trabalhadores: sindicato, partido, teatro, jornais, associações de proteção das mais diversas. Bourdieu em seu belo prefácio à tradução francesa desta obra faz uma analogia entre o desespero dos desempregados e as reações dos mendigos na peça *Esperando Godot*, de Samuel Beckett. Não esperavam mais nada, eram pessoas destituídas de "ilusões vitais, ou seja, [d]aquela esperança de ainda ter uma função, uma missão no mundo". Nisto consiste a indigência completa, o desamparo total das pessoas, que acabam por ser tomadas pelo sentimento de não "terem mais razão de ser social". Ainda nas palavras de Bourdieu: "A saída, a aposentadoria, a resignação, o indiferentismo político (os romanos o chamavam de *quies*) ou a fuga para o imaginário milenarista são algumas das muitas manifestações". O resultado deste processo cruel, "desse terrível descanso, *é a morte social*" (Bourdieu, 1981, p.9). Bourdieu ainda constata que este tempo, o tempo do desamparo, o tempo do ócio forçado, é para os desempregados um tempo morto. A ausência da rotina do trabalho com todas as suas implicações como princípio organizador do conjunto da vida os conduz ao desespero. "Privados desse universo objetivo de incitações e de indicações que orientam e estimulam a ação e, através disso, toda a vida social, eles não podem viver o tempo livre que lhes é deixado apenas como tempo morto, tempo para nada, esvaziado de seu sentido". Estão fora, diz ele, do jogo da vida. "Excluídos do jogo, sobra-lhes o viver sem tempo, no qual não se chega a nada, onde não se passa nada, no qual não há nada a se esperar" (ibid., p.10s.).

Estas anotações históricas visam a mostrar, sem ter a pretensão de ser exaustivas, a relevância do tema do sofrimento social para a reflexão filosófica e sociológica sobre a modernidade. Ao mesmo tempo, revelam que este sempre foi um conceito em disputa, utilizado com diferentes finalidades políticas e teóricas. Isso mostra, mais uma vez, sua fecundidade analítica.

CAPÍTULO 3

POBREZA COMO FENÔMENO POLÍTICO

> *A pobreza é mais do que a privação, é um estado de constante necessidade e de miséria aguda cuja ignomínia consiste na sua força desumanizadora; a pobreza é abjeta porque coloca os homens sob a ditadura absoluta dos seus corpos, isto é, sob a ditadura absoluta da necessidade tal como todos os homens a conhecem a partir da sua mais íntima experiência e independente de todas as especulações.*
>
> Hannah Arendt[1]

Emmanuel Renault tem apontado para o caráter paradoxal da experiência social do sofrimento, mostrando sua face bifronte de Jano (Renault, 2008, p.97s.). Pode-se apresentar como fonte de ações reivindicatórias, tornando os que sofrem sujeitos ativos politicamente, ou conduzi-los em sentido contrário, transformando-os em indivíduos apáticos e politicamente indiferentes. Para que o sofrimento social se torne socialmente transformador é necessário um acréscimo decisivo: sua tematização deve adquirir o caráter de

1 Arendt, 1971, p.60.

argumento político. Esta temática deve sempre estar presente em todas as gramáticas políticas normativas ancoradas em objetivos e princípios emancipatórios, exigindo a criação de instituições que auxiliem o processo constituinte de indivíduos emancipados.[2] Portanto, é necessário considerar em sua dimensão política o sofrimento provocado pela pobreza bem como o sofrimento de segunda ordem provocado pelos já mencionados fenômenos de alienação estrutural e reificação.

3.1 O Estado e a produção da pobreza

"Sofrimento social" é um termo que pertence simultaneamente ao vocabulário moral e político, psicológico e sociológico, requerendo assim uma abordagem inter e multidisciplinar, que não é somente filosófica ou sociológica, mas inclui também a teoria política e a psicologia social.[3] O testemunho das vítimas traz à luz fatores como a responsabilização moral e política das estruturas de poder e de decisão política, produtoras das condições do sofrimento. Abrange o sofrimento socialmente evitável e a injustiça institucional dos quais falam Moore e Shklar e que são o resultado de ações ou inações de instituições e de seus representantes, bem como o sofrimento provocado pela própria estrutura social, pelas relações de poder e riqueza que nela se estabelecem.

Desse ponto de vista, cabe salientar a centralidade da ação do Estado no processo de produção da pobreza, bem como no processo da sua possível erradicação. Isso não significa que a responsabilidade de tais processos seja unicamente do Estado. Muito pelo contrário, o Estado constitui somente um ator em tais processos, sendo que existem, ao menos, dois outros fatores, a saber, o mercado e o sistema internacional, que "são muito relevantes

2 Como observa Salvatore Veca, "o ideal exigente de cidadania gera critérios e princípios para as instituições, as políticas, as ações coletivas e a reforma social, a isto correspondente e com isto coerente" (Veca, 1990, p. 19).

3 Uma breve história de alguns usos políticos do conceito se encontra na seção 2.6.

para se descreverem e explicarem as condições que favorecem a produção e a manutenção da pobreza, a desigualdade e a exclusão social (como seu inverso, sua redução e/ou eventual erradicação)" (Cimadamore, 2007, p.17). Por isso, como afirma Alberto Cimadamore, "sem uma teoria que envolva os níveis de análise internacional, nacional e subnacional, não é possível encontrarem-se as razões da permanência da pobreza ao longo da história da humanidade" (ibid., p.16). Na opinião desse autor, o foco principal deveria ser no Estado, já que atua seguindo critérios diferentes dos observados pelos mercados (do nacional como do internacional). Os mercados "premiam a maximização de ganhos, a busca de controle monopólico dos mercados, a acumulação ilimitada de poder e lucro" e, portanto, ignoram "o objetivo de distribuição de renda, capacidades e direitos tendentes a limitar ou evitar a produção de pobreza". É por isso que não é realista esperar dos mercados ou da iniciativa privada que eles a eliminem. Diferentemente dos mercados, "o Estado pode ser tanto a causa eficiente, como a solução para a problemática da produção da pobreza" (ibid., p.22), mas isso depende da vontade política dos governantes e de circunstâncias concretas que, frequentemente, independem do controle do Estado, como a conjuntura internacional ou a interferência de outros atores (Banco Mundial, FMI etc.).

No caso do Brasil, deveria ser acrescentado o fator temporal, uma vez que existe no país uma pobreza cujas raízes se encontram no regime escravocrata e no tratamento reservado aos antigos escravos depois da abolição da escravatura. Impedidos pela Lei de Terras de adquirir terras férteis, foram obrigados a retirar-se para o interior, ocupando terras áridas que mal garantiam e, ainda, mal garantem a sobrevivência das famílias. Desnutrição e o consequente subdesenvolvimento físico e psicológico foram os efeitos disso. A distância de suas casas dos centros urbanos onde se concentram escolas, hospitais e outras instituições acrescenta aos problemas ligados à mera sobrevivência a dificuldade de acesso a serviços básicos como educação e saúde, bem como o exercício de seus direitos civis e políticos.

Afirmar que a instituição da escravatura deixou uma marca indelével na história do Brasil e na sociedade brasileira é, hoje, depois de um longo período de negacionismo e silenciamento, um lugar comum que, contudo, não deixa de ser verdadeiro. Na realidade, isso é verdadeiro em qualquer sociedade baseada na escravidão, inclusive na Antiguidade.[4] Em especial, interessam-nos três consequências do fenômeno escravocrata, que estão intimamente ligadas entre si. A primeira: a existência da escravidão dificultou por muito tempo o surgimento de uma força de trabalho livre. A segunda: o trabalho manual foi tão fortemente associado ao trabalho escravo que passou a ser considerado como algo desprezível e não como algo merecedor de salário digno. Poderíamos dizer que a primeira é uma consequência de caráter socioeconômico, enquanto a segunda é, basicamente, uma consequência de caráter cultural e ideológico, embora tenha refletido, por sua vez, em fenômenos econômicos concretos (baixa produtividade, salários ínfimos etc.). A terceira consequência, ao mesmo tempo que é inerente e perpassa as duas primeiras, vai além da mera dimensão econômica, marcando profundamente as relações sociais em todos os níveis e em todas as esferas de interação humana no Brasil: é a permanência do racismo que serviu de justificativa da própria prática da escravatura.[5]

4 Aliás, um confronto com a realidade antiga reforça o lugar comum mencionado. As observações de um conhecido historiador da Roma antiga, Aldo Schiavone, poderiam com certeza aplicar-se ao Brasil. Falando do sistema escravocrata que caracterizava a sociedade romana antiga, Schiavone afirma que "em cada situação histórica, a presença de uma ampla prática escravocrata marca indelevelmente todo o contexto social, cultural e mental do ambiente, no qual se desenvolve. Nada nele funciona mais de forma independente" (Schiavone, 2020, p.40). E ainda: "a escravidão é sempre um 'fato total' e não pode ser reduzida tão-somente às suas consequências puramente econômicas. Determina efeitos de longo prazo de caráter social, cultural, institucional, que refletem no perfil de conjunto do ambiente no qual se desenvolve" (ibid., p.110). Os conhecidos estudos de Moses Finley, Eric Williams e Orlando Patterson sobre a escravidão antiga e moderna confirmam essas observações (Finley, 1991, Williams, 1975, Patterson, 2008).

5 Existem inúmeros e excelentes trabalhos realizados sobre o assunto. Merecem ser citadas aqui, em particular, as obras clássicas de Prado Jr. (1957), Furtado (1959), Fernandes (1962, 1965 e 1975), Carvalho Franco (1997

Em relação ao primeiro ponto, cabe ressaltar, como já fizeram muitos pesquisadores, que a peculiar economia colonial brasileira levou à criação de uma sociedade caracterizada pela dicotomia entre dois grupos sociais (os escravos e seus senhores) – dicotomia que não deixava um espaço próprio aos indivíduos livres que não fossem senhores de escravos.[6] Vale lembrar o juízo com o qual, já em 1881, o médico francês Louis Couty definia o Brasil "um país sem povo" (Couty, 1881, p.87).[7] País sem povo também porque indivíduos despossuídos não somente dos meios de sustento, mas

[1969]), Nascimento (2017 [1976]), Gonzalez; Hasenbalg (2022 [1982]), Kowarick (2019 [1987]), e Gonzalez (2020 [1975-1995]), e a obras mais recentes que recolocam esta questão no centro da reflexão sobre a história e a sociedade brasileira, como Schwarcz, 1993, Telles, 2003, Hofbauer, 2006, Carneiro, 2011, Dantas, 2011, Paixão, 2013, Almeida, 2019, Bento, 2022, Theodoro, 2022 e, principalmente, Santos, 2022, que apresenta uma visão histórica que quebra o silêncio da história oficial em relação à contribuição da população afro-brasileira para a história do país.

6 Como observa Caio Prado Jr.: "entre estas duas categorias (senhores e escravos) nitidamente definidas e entrosadas na obra da colonização, comprime-se o número, que vai avultando com o tempo, dos desclassificados, dos inúteis e inadaptados; indivíduos de ocupações mais ou menos incertas e aleatórias ou sem ocupação alguma" (Prado Jr., 1957, 279s.). Nesse sentido, Kowarick afirma que "a ordem escravocrata, concentrando e monopolizando os recursos econômicos, impediu o surgimento de alternativas que fixassem produtivamente essa crescente massa de desenraizados" (Kowarick, 2019, p.34). Maria Sylvia Carvalho Franco descreveu de maneira clássica a situação desta "ralé", ou seja, deste "conjunto de homens livres e expropriados" (Carvalho Franco, 1997, p.14), pois, no contexto de uma sociedade caracterizada pelos grandes latifúndios, não possuíam terras próprias, mas ocupavam terras alheias, onde ficavam enquanto os proprietários os tolerassem.

7 Comentando esta definição, Kowarick escreve "País sem povo, porque entre senhores e escravos perdurava enorme massa de pessoas destituídas de propriedade e de instrumentos produtivos, desempenhando tarefas acessórias e ocasionais, sobrevivendo em pequenas glebas de terra ou vagando pelos campos e cidades sem função econômica estável e precisa" (Kowarick ,2019, p.40s.).

também dos direitos mais básicos, não são cidadãos no sentido próprio do termo e não formam uma comunidade nacional.

Em relação ao segundo ponto que acabamos de mencionar, deve-se observar que a existência de um sistema escravocrata acaba levando a um desprezo generalizado por qualquer atividade laboral não qualificada e, finalmente, por qualquer trabalho manual.[8] O trabalho manual e os indivíduos que o realizam permanecem invisíveis aos olhos dos que aproveitam seus frutos.[9] A invisibilidade dos serviçais (do cozinheiro que prepara a comida do senhor, da empregada doméstica que lava e passa sua roupa de manhã e a recolhe à noite, da faxineira que limpa sua casa etc.) equivale à sua desumanização e coisificação: tornam-se peças do mobiliário, tão pouco merecedores da atenção dos senhores quanto as máquinas de lavar roupas, os fogões, os armários, as mesas, as cadeiras e os criados-mudos (palavra esta que mais que

8 Nas palavras de Florestan Fernandes, houve uma "degradação extrema do 'trabalho mecânico'", a ponto que qualquer forma de trabalho manual, quer escravo, quer livre, "pressupunha [...] a perda de dignidade social e de liberdade" do indivíduo que a exercia (Fernandes, 1975, p.190s.). Kowarick resume isso de forma enfática: "qualquer trabalho manual passa a ser considerado como coisa de escravo e, portanto, aviltante e repugnante" (Kowarick, 2019, p.53). Algo semelhante aconteceu, ainda segundo Schiavone, na Roma antiga: "Cada trabalho subordinado era atraído para a órbita obscura de uma assimilação analógica quase total com a condição escrava. [...] A fazenda escravocrata tornou-se a forma racional por excelência da atividade agrícola, a mão de obra escrava a base de cada manufatura, o dono de terras e de escravos o protagonista absoluto de qualquer organização produtiva. [...] Pode-se afirmar que é impossível abstrair a sociedade romana – suas bases materiais, obviamente, mas também suas ideias, suas persuasões, sua mentalidade, sua ética, até sua antropologia – do contexto escravocrata" (Schiavone, 2020, p.116s.).

9 Como observa Schiavone em relação à Roma antiga: "todo o trabalho dependente, na agricultura e na manufatura, – quer fosse trabalho escravo ou não – trazia em si tamanha carga de discriminação e opressão e estava tão fortemente vinculado à coação e não ao consenso, que muito dificilmente poderia ser incluído no universo moral e na visibilidade mental das classes superiores" (Schiavone, 2020, p.39).

as outras revela a única diferença substancial entre esse móvel e os criados humanos, a saber, a ausência de fala). Sua invisibilização se manifesta na existência de elevadores de serviço que, na realidade, deveriam se chamar "dos serviçais". Os quartos de empregada, ainda presentes em inúmeros apartamentos de classe alta, mas também de classe média, reproduzem em escala menor a divisão entre casa-grande e senzala.

Em suma, do ponto de vista dos senhores, dos "superordinados", das elites econômicas, políticas e intelectuais que criam e impõem ao resto da sociedade aquela que podemos chamar de ideologia ou visão dominante (a interpretação oficial da realidade social, bem como os valores, as normas e as práticas sociais consideradas válidas), não havia muita diferença entre escravos e trabalhadores livres. Isso explica como, até hoje, trabalhos manuais são mal pagos e quase sempre exercidos em condições de informalidade ou, até mesmo no caso das relações formais, em condições desumanas, como documentado por inúmeros estudos e, de forma exemplar, pelo documentário *Carne, osso*, de 2011, dirigido por Caio Cavechini e Carlos Juliano Barros, que apresenta a terrível vida dos trabalhadores dos frigoríficos de Santa Catarina e a forma cruel de exploração à qual estão submetidos.[10]

Pode-se afirmar que as formas de exploração do trabalho rural nas fazendas, nos engenhos, nas usinas de açúcar, escancaravam a magnitude do peso sombrio da escravidão. As relações sociais dela advindas se cristalizaram em muitas formas de relações de trabalho e em formas de resistência cultural, modos de vida e formas de solidariedade (cf. Scott, 1985). A evidência mais gritante do passado escravista se manifestava na ausência de circulação de dinheiro, ou seja, da forma-salário nas relações de trabalho, na insistência dos patrões em não pagar salário ou pagar pouquíssimo, introduzindo como "prática normal" a cultura da baixa remuneração e da pressão enorme para que não se aumente o salário mínimo. Essa cultura e essa prática insistem em se manter ainda hoje em muitas regiões no Brasil. Como diz a letra da música *Carne*, do Seu Jorge,

10 Ver a página oficial do filme: <https://carneosso.reporterbrasil.org.br/o-filme/index.html>. Acesso em 10 mar. 2025.

"a carne mais barata do mercado é a carne negra". Isso valia para o mercado de escravos e vale hoje para o mercado de trabalho, como mostram, mais uma vez, os inúmeros casos de "trabalho escravo" que saíram nos noticiários nos últimos tempos. O que aos olhos de muitos empreendedores justifica a exploração de trabalhadores em formas que lembram aquelas que caracterizavam o Brasil escravocrata é o racismo estrutural que marca nossa sociedade.

Isso nos leva ao terceiro legado contemporâneo da escravidão (que, na realidade, lhe ofereceu o fundamento ideológico). Nesta obra, seria impossível falar de forma adequada do racismo estrutural inerente à ordem social brasileira (cf. Almeida, 2019). Portanto, nos limitaremos a algumas breves considerações, remetendo o leitor à obra de Almeida e às autoras e aos autores citados anteriormente em nota (particularmente aos que perceberam o caráter reificante do racismo já na década de 1960, como Fernandes ou Sartre).[11]

---

11 "O negro foi vítima de sua posição e da sua condição racial. [...] a vítima da escravidão foi também vitimada pela crise do sistema escravista de produção. A revolução social da ordem social competitiva iniciou-se e concluiu-se como uma *revolução branca*. Em razão disso, a supremacia branca nunca foi ameaçada pelo abolicionismo. Ao contrário, foi apenas reorganizada em outros termos, em que a competição teve uma consequência terrível – a exclusão, parcial ou total, do ex-agente da mão de obra escrava e dos libertos do fluxo vital do crescimento econômico e do desenvolvimento social" (Fernandes, 1962, p.66ss.). "Embora a opressão seja uma, ela se circunstancia segundo a história e as condições geográficas: o preto sofre o seu jugo, como preto, a título de nativo colonizado ou de africano deportado. E posto que o oprimem em sua raça, e por causa dela, é de sua raça, antes de tudo, que lhe cumpre tomar consciência. Aos que, durante séculos, tentaram debalde, porque era negro, reduzi-lo ao estado de animal, é preciso que ele os obrigue a reconhecê-lo como homem. [...] O negro não pode negar que seja negro ou reclamar para si esta abstrata humanidade incolor: ele é preto. Está pois encurralado na autenticidade: insultado, avassalado, reergue-se, apanha a palavra preto que lhe atiram qual uma pedra: reivindica-se como negro, perante o branco, na altivez. Foi durante os séculos da escravidão que o negro esvaziou o cálice da amargura até a borra; e a escravidão é um fato passado... Mas é também um imenso pesadelo do qual os mais jovens dentre

Em primeiro lugar, cabe salientar que o racismo não é puramente institucional, ainda que as instituições (não somente as políticas, mas também as acadêmicas, econômicas e até religiosas) desempenhem um papel fundamental em manter as relações de poder caraterizadas pelo privilégio dos brancos sobre os demais grupos (negros, mas também indígenas). Nas palavras de Almeida "as instituições são apenas a materialização de uma estrutura social ou de um modo de socialização que tem o racismo como um de seus componentes orgânicos". Por isso, podemos concluir que "as instituições são racistas porque a sociedade é racista" (Almeida, 2019, p.47).

O racismo estrutural vai muito além da criação de preconceito e da perpetuação da discriminação racial,[12] ou seja, da produção e manutenção de práticas sociais racistas. Ele produz também sujeitos que, de certa forma, interiorizam o preconceito e naturalizam as práticas discriminatórias – inclusive no caso de pessoas que são vítimas. Veremos como as pessoas entrevistadas naturalizam o preconceito de classe (que funciona nos mesmos moldes e, quase sempre, se sobrepõe ao de raça) e consideram natural e inquestionável que haja ricos e pobres, assim como se considera natural e inquestionável que haja brancos e negros.

O papel do Estado na manutenção do racismo estrutural é conhecido e objeto de muitas pesquisas.[13] Igualmente conhecido é seu papel em manter as desigualdades que marcam a sociedade brasileira e que não são somente econômicas e sociais, mas também raciais, políticas, educacionais etc. Isso acontece ou pela inação do Estado, que nada faz para corrigir as desigualdades, ou por um tipo de ação que estabelece mecanismos repressivos contra toda e qualquer tentativa de modificar o *status quo* (ver Capítulo 4). Paradigmática nesse sentido foi a ausência de vontade política do

---

eles não sabem se já despertaram de todo. [...] Assim, quando o negro se volta sobre sua experiência fundamental, esta se revela de pronto em duas dimensões: é ao mesmo tempo a apreensão intuitiva da condição humana e a memória ainda fresca de um passado histórico" (Sartre, 1968, p.94ss.).

12 Para uma distinção claríssima entre preconceito e discriminação, ver Almeida, 2019, p.32.

13 Além do texto de Almeida, destacam-se Mbembe, 2018 e Theodoro, 2022.

Estado brasileiro em enfrentar decisivamente a questão da pobreza em toda a sua história até antes dos anos dos governos petistas, que foram os primeiros a lançar programas robustos de combate à pobreza, depois das tímidas tentativas realizadas durante o governo do presidente Fernando Henrique Cardoso (FHC) (Bolsa Escola, Vale Gás). Desse ponto de vista, vale a pena citar Vera Telles, que, em 2001, isto é, no final do segundo mandato de FHC, observava que o Brasil é "um país que construiu base econômica e institucional para melhorar as condições de vida da população brasileira, diminuir a escala das desigualdades sociais e viabilizar programas de erradicação da pobreza". Contudo, não foi isso que aconteceu – e por razões eminentemente políticas:

> Se nos anos de crescimento econômico as chances não foram aproveitadas, isso não se deveu à lógica cega da economia, mas a um jogo político muito excludente, que repõe velhos privilégios, cria outros tantos e exclui as maiorias. Se a pobreza contemporânea diz respeito aos impasses do crescimento econômico num país situado na periferia do mundo capitalista, põe em foco sobretudo a tradição conservadora e autoritária desta sociedade. [...] As figuras de uma pobreza despojada de dimensão ética e transformada em natureza dizem algo de uma sociedade em que vigoram as regras culturais de uma tradição hierárquica, plasmadas em um padrão de sociabilidade que obsta à construção de um princípio de reciprocidade que confira ao outro o estatuto de sujeito de interesses válidos e direitos legítimos. (Telles, 2001, p.18ss.)

Neste contexto, não é sequer possível adotar conceitos como o de ciclo da pobreza ou os de temporalização e democratização da pobreza (Beck, 1986). A situação de pobreza se reproduz a cada geração (Motta, 2022) e acompanha as pessoas durante toda sua vida, ainda que em formas mais ou menos agudas – a não ser que elas resolvam imigrar para alguma cidade onde consigam encontrar um emprego regular (o que, dadas as condições de baixa escolaridade e de prevalência do trabalho informal, é muito improvável) ou a menos que as pessoas jovens sejam alvo de políticas públicas voltadas à sua inserção no mercado de trabalho.

3.2 Pobreza e Estado de bem-estar social

Nesse sentido, devemos relembrar que um fenômeno como a pobreza pode ser erradicado politicamente. Não se trata de um fato natural e inevitável, mas de um sofrimento socialmente evitável. Assim, em linhas gerais, queremos insistir na viabilidade social de tal processo e mencionar alguns experimentos sociais comprometidos com a erradicação da pobreza que foram levados a cabo em vários países da Europa no processo penoso (pois demandou muitas lutas sociais) de construção do Estado de bem-estar social, que hoje está sendo ameaçado pela onda conservadora que a todo custo quer restaurar a liberdade absoluta do capital, inclusive a de explorar ilimitadamente os trabalhadores, devastando sociedades inteiras.

Na segunda metade do século XX, especialmente no pós-Segunda Guerra Mundial, a Europa Ocidental demonstrou ao mundo que a situação de carência extrema e a própria pobreza podiam ser suprimidas radicalmente. Pense-se na introdução por parte da maioria dos Estados europeus de políticas públicas adequadas em cujo cerne estava o desenvolvimento amplo do princípio da cidadania para todos. Basta relembrar a ideia de Estado social democrático de direito realizada constitucionalmente já na República de Weimar de 1919. Naquele momento ocorreu a constitucionalização das funções sociais do Estado na Europa (Heller, 2014; Leão Rego, 2021a).[14] O surgimento daquele que viria a ser conhecido como Estado de bem-estar social foi o resultado de longas e, frequentemente, sangrentas lutas políticas e sociais, realizadas principalmente pelos movimentos operários e trabalhistas e pelos partidos de inspiração marxista (acerca de um caso histórico paradigmático – o da Suécia – ver 3.6). A garantia de amplos direitos sociais foi uma conquista que custou o sangue de

14 Como é fartamente conhecido, a Constituição de Weimar foi e ainda é muito influente em todo o mundo. Introduziu a questão igualitária-universalista, inovando e aprofundando assim o leque dos direitos fundamentais, ao adotar o princípio da igualdade democrática, fundada nos direitos sociais, como o direito à saúde, à educação, ao trabalho, à habitação, enfim, à boa qualidade da vida social (ver também Neumann, 2013).

inúmeras vítimas inocentes, inclusive de mulheres e crianças. As classes dominantes já tinham tentado manter o privilégio exclusivo de gozar dos plenos direitos civis e políticos. O sufrágio universal foi, na maioria dos países, uma concessão tardia, fruto de ásperas lutas políticas; a igualdade civil entre indivíduos pertencentes a raças e gêneros diferentes foi alcançada ainda mais tardiamente até mesmo em países que sempre se gabaram de ser exemplos máximos de democracia e liberdade, como os Estados Unidos. Com ainda maior vigor as elites tentaram negar às classes subalternas o gozo de direitos sociais, que, depois da plena igualdade formal e jurídica atingida pela concessão de iguais direitos civis e políticos, ameaçavam levar à igualdade material dos membros das diferentes classes. Atrás da retórica liberal da defesa da liberdade individual, escondia-se a defesa da desigualdade econômica e social e de um *status quo* que condenava à miséria amplos setores da população, inclusive os trabalhadores ativos. Foi depois da Primeira e, sobretudo, da Segunda Guerra Mundial que os governos se viram forçados a fazer concessões sociais amplas a fim de garantir uma rápida recuperação econômica, como sugerido por Keynes, mas também a fim de exorcizar o espectro da repetição em seus países de uma revolução comunista como aquela que havia ocorrido na Rússia. Não é por acaso que o desmantelamento do *welfare State* e sua transformação no chamado *workfare State* (Peck; Theodore, 2001; Pinzani, 2016) ganhou força imediatamente depois da queda do bloco soviético e do fim da "ameaça comunista" que ainda assombrava vários países capitalistas avançados como a Itália, na qual foi ativo até 1990 o maior partido comunista ocidental. O desmonte do Estado de bem-estar social acontece de formas e em velocidades diferentes nos diversos países, mas é um fenômeno que atinge uma dimensão global, envolvendo até mesmo países que nunca desenvolveram formas avançadas de *welfare*, como o Brasil.[15]

Em nosso país, as tentativas de implementar direitos sociais básicos sempre encontraram grandes resistências, desde a era Vargas até hoje. Por exemplo, a Ciesp, predecessora da atual Fiesp,

15 Sobre o Estado de bem-estar social no Brasil ver, entre outros, a terceira parte de Kerstenetzky, 2012, p.177ss. e a bibliografia aí mencionada.

fez uma campanha feroz contra o direito a férias pagas para os trabalhadores.[16] A lei das empregadas domésticas, sancionada no governo Dilma em 2015, suscitou uma violenta e raivosa reação de amplos setores das classes altas e médias altas, levando seus membros a desfilar nas ruas do país com cartazes de protesto contra a presidenta e a lei. Tudo isso demonstra mais uma vez como as elites brasileiras não estão minimamente dispostas a renunciar a seus privilégios em prol das classes subalternas e dos trabalhadores, em relação aos quais elas ainda tomam uma atitude que Florestan Fernandes (1975) denominou de autocratismo burguês.

Essas rápidas considerações a respeito das possibilidades reais de reduzir e até eliminar o sofrimento social remetem a muitas questões que se articulam teórica e politicamente, a começar pela dimensão temporal de tal experiência, ou seja, sua durabilidade no tempo. Além disso, considerar a questão de sua estabilização como experiência democrático-republicana levanta a pergunta sobre a possível compatibilidade entre o capitalismo e o gozo amplo e efetivo dos direitos sociais. A aceitação por todos dos direitos sociais, sobretudo do princípio político da igualdade e da solidariedade que encarnam, significa ainda o reconhecimento de que a formação das condições materiais para a plenitude da cidadania constitui o centro das preocupações do Estado e não do mercado, como já mencionamos.

Tal centralidade atinge mesmo o coração da teoria da cidadania, se imaginarmos que os direitos sociais podem e devem funcionar como suporte material real à fruição mais plena dos direitos civis e políticos e que a liberdade substantiva dos sujeitos sociais está intimamente ligada à sua crescente libertação em relação às forças cegas que orientam e organizam a mercantilização de todas as esferas da vida. Entre elas, deve ser sublinhado o intenso combate democrático contra a naturalização das relações mercantis, que representam uma potência destrutiva da dignidade e da moral cidadã. Essa visão normativa fundante de todo um sistema de crenças, que se desdobra em outras tantas e em vários esquemas de pensamento, constitui o alvo de uma das mais fortes e sombrias

16 Sobre este tema ver, entre outros, Blass, 1986.

armas retóricas e ideológicas urdidas pelas forças dominantes do capitalismo. O trevoso construto que se corporifica na concepção dos fatos sociais, políticos e culturais não como algo histórico, mas como algo natural, configura assim a legitimação mais torpe de formas de dominação social.[17]

É importante observar, nesse sentido, que os programas sociais estiveram entre os principais alvos da onda destruidora de direitos representada pelo dito neoliberalismo. A destruição das conquistas sociais compõe o programa de ação da chamada reação neoliberal. Nesse processo, realiza-se a dissolução geral das instituições democráticas, "desaparece o espaço de igualdade e do cuidado cívico com o bem comum que a democracia exige" (Brown, 2019, p.223). É nesse contexto que, segundo Brown, se coloca mais uma "questão social", a saber, "a questão de saber se e como deve-se mitigar o empobrecimento de muitos, inerente ao capitalismo na medida em que gera riqueza sem precedentes para poucos" (ibid., p.37).[18] As tentativas de responder à questão social tendem a ser formuladas "em termos de compaixão pelos pobres, justiça ou preocupação com a convulsão social", ou seja, como se fosse uma questão puramente moral ou instrumental ao funcionamento da sociedade, não como uma questão política. Mas, como averte Brown, "o ponto aqui é outro, a saber, que a democracia exige esforços explícitos para criar um povo capaz de se engajar em formas modestas de autogoverno, esforços que se dirigem às formas pelas quais as desigualdades sociais e econômicas comprometem a igualdade política" e, portanto, impossibilitam a democracia (ibid.). Lutar contra a pobreza significa ao mesmo tempo lutar por mais democracia.

---

17 Ver ainda sobre a questão a análise sagaz de Pierre Bourdieu (2017).

18 Este fenômeno foi já identificado nos primórdios da expansão capitalista por Hegel (2022, p.516ss.), que percebeu como esta forma econômica gera inevitavelmente uma massa de indivíduos empobrecidos que são compelidos às margens da sociedade e excluídos do gozo dos frutos da produção social da riqueza. Essa massa ele chama de *Pöbel*, ou seja, de populaça, ainda que também o termo "ralé" possa aplicar-se a este grupo social, cujos membros sentem que suas necessidades não são levadas a sério pelo resto da sociedade e, portanto, se recusam em aceitar os valores e as leis desta última.

3.3 Cidadania, participação e aprendizado democrático

[A tirania faz de tudo] para que os cidadãos permaneçam cada vez mais desconhecidos uns aos outros, porque são principalmente as relações habituais que geram a confiança recíproca.

Aristóteles, *Política*, 1313b.[19]

As relações sociais que interligam os cidadãos são mutáveis, e isso tem uma importância fundamental, pois sua dinâmica mais solidária e mais igualitária conforma a construção permanente da coletividade, sempre correlacionada à formação e direção de uma vontade política (objetiva e subjetiva) das pessoas. Tanto a luta social organizada como a participação política dos cidadãos nos processos formativos e decisórios se tornam condições de permanência da própria vida social. Desse modo, na sua qualidade de cidadãos, estas pessoas se encontram, aprendem a conhecer-se e se empenham no esforço coletivo por uma vida melhor para todos. Em termos de expectativas normativas, sua vontade política alcança certa durabilidade e relevância e toma corpo, enraizando-se assim em uma identidade política. Suas atividades cívicas devem institucionalizar-se em expectativas recíprocas de tal modo que todos os negócios públicos da comunidade se tornem negócios dos cidadãos enquanto indivíduos. Assim, a política passa verdadeiramente a ser uma esfera de atuação de *todos*. Como afirmavam e experimentaram já os gregos, o pertencimento político se torna, entre todos os pertencimentos a formas de vida social e comunitária, a esfera determinante. Em outras palavras, a política se torna de fato competência de todos os cidadãos, e todas as questões dos cidadãos se tornam políticas (cf. Meier, 1988, p.131ss.).

A história tem demonstrado, sobejamente, que a prevalência de tendências muito em desacordo com as apontadas acima poderia dissipar com brevidade as próprias conquistas cívicas dos cidadãos. Advertência semelhante sobre esta mesma matéria foi feita,

19 Aristóteles, 2009, p.199.

nos idos de 1960, pelo economista sueco Gunnar Myrdal, Prêmio Nobel de economia em 1974 e um dos principais formuladores de políticas econômicas distributivistas e igualitárias. Ele ressalta os perigos que qualquer sociedade que se pretenda democrática corre se o povo não participar ativamente da política:

> Nossas democracias seriam muito mais pobres em substância, e o Estado de bem-estar social em desenvolvimento teria muito menor realidade, se a participação individual dos cidadãos na condução dos negócios públicos se restringisse a lhes dar o direito de voto em eleições intermitentes para o congresso nacional. [...] O povo continuará tanto mais desorientado e com maior facilidade será enganado, quanto mais baixa for sua participação ativa na vida comunitária em seu nível nacional, local e seccional. Tudo se reduz ao fato que uma democracia mais perfeita necessita de um povo mais esclarecido e vigilante. (Myrdal, 1962, p.64s. e 116ss.)

Importa, neste contexto argumentativo, lembrar que em geral a Escandinávia, ainda hoje, apresenta ao mundo uma cultura muito mais democrático-igualitária. Os estudos e pesquisas do sociólogo sueco Stefan Svallfors revelam de muitos modos esse fato (Svallfors, 2007). Por exemplo, os escandinavos não toleram níveis altos de desigualdade social. Segundo o autor, enquanto um cidadão médio estadunidense aceita que as rendas mais altas sejam até doze vezes mais elevadas que as mais baixas (embora, na realidade, as diferenças de renda sejam desmesuradamente maiores nos Estados Unidos), os escandinavos permitem apenas a quadruplicação dos níveis de renda mais alta em relação às mais baixas. Os estadunidenses tendem a considerar a pobreza como a situação daquela espécie de pessoas que pertencem à categoria dos perdedores (*losers*) no jogo da vida. Como constata Barbara Ehrenreich no seu trabalho sobre a pobreza nos Estados Unidos, o personagem pobre e "perdedor" somente poderia fazer-se a seguinte pergunta: Que faço com minha fraqueza? (Ehrenreich, 2004) Sobra-lhe, com sua fraqueza, a solidão do sofrimento e do desespero. Diversamente, os escandinavos percebem a condição de pobreza como o resultado da desigualdade distributiva das riquezas e dos recursos da sociedade. Portanto, sabem que se trata de uma questão de injustiça social (Svallfors, 2007, cap. 6).

A fruição da condição de cidadão pleno, de sujeito titular de direitos, configura-se, ademais, como condição de educação permanente, pois a cidadania implica a participação de grandes processos sociais pedagógicos (cf. Pinzani, 2009). Vivida plenamente, denota, especialmente, participação política e presença cívica na comunidade de pertença. O desfrute da cidadania social ou o gozo dos direitos sociais, que levam à libertação da ditadura da miséria e de suas dilacerantes agonias, permitem aos cidadãos desenvolverem mais suas potencialidades, como as ligadas ao uso mais amplo das suas faculdades de julgamento. A experiência histórica atesta isso (ver adiante). A participação na coisa pública ensina aos cidadãos a necessidade da reflexão e da interrogação sobre a relevância dos processos eleitorais, a relevância das organizações e conselhos de cidadãos, enfim, dos corpos eletivos nos processos decisórios, bem como do próprio impacto do voto e da representação política.

Em nosso país, a autoexclusão da participação política, na forma de absenteísmo, de relutância em participar e do fato de considerar positivo ser politicamente inativo, é muito extensa e possui raízes profundas no solo político brasileiro.[20] A grande pobreza material e intelectual e a visão depreciativa de si mesmo, produzida e reproduzida pela falta de investimentos na qualidade do ensino público, constituem um dos mais cruéis legados de nossa história nacional. Esse fato engendrou a existência significativa de enormes contingentes de pessoas não escolarizadas, de analfabetos funcionais, de sujeitos portadores de formas profundas de vulnerabilidade política em todas as classes sociais, mas, particularmente, nas inferiores. Junta-se a esta composição a ausência de equipamentos cívicos e públicos, como a construção de espaços de encontro e estímulo ao debate público, isto é, de instituições que poderiam expandir as capacidades de interação entre os sujeitos. Essas ausências geram cidadãos extremamente frágeis politicamente,

20 Este tema foi percebido há muito tempo pelos pesquisadores e foi objeto de estudos clássicos como Fernandes, 1954.

e destarte facilmente capturáveis pela mentira e pela demagogia antidemocrática, como vimos recentemente.

Nas entrevistas que começamos a realizar há mais de quinze anos com participantes do Programa Bolsa Família, percebemos que é muito comum as mulheres dizerem que não gostam de política, e repetirem quase sempre os bordões ideológicos da antipolítica. Ficam espantadas e surpreendidas quando se dão conta de que foi a política que alterou suas vidas com a implementação de programas sociais. Em alguns casos as mudanças na qualidade da vida foram intensas, fato reconhecido entusiasticamente por elas. Contudo, a fala da indiferença política está sempre disponível como recurso discursivo para justificar sua inatividade cívica. Evidentemente, nesse caso, os cuidados com as crianças, com a casa, e outros tantos afazeres domésticos (que podem incluir até mesmo longas caminhadas diárias em busca de água: ver Capítulo 5) rouba-lhes todo o tempo para se dedicarem à coisa pública. O mundo doméstico-familiar as consome completamente, e esse fato constitui uma das facetas mais dramáticas da vida das mulheres que vivem em situação de extrema pobreza. Situação essa que, substantivamente, explica seu afastamento da comunidade política. Em algumas regiões, dependendo das tradições políticas locais, começaram a ocorrer casos de auto-organização de mulheres para reivindicar melhorias nos procedimentos operacionais do Programa Bolsa Família. Deve ser dito, entretanto, que vozes insurgentes entre as mulheres beneficiárias foram raras (cabe lembrar que o programa foi extinto pelo governo Bolsonaro em novembro de 2021 e só foi reativado no terceiro governo Lula, em 2023). Embora reações de descontentamento com suas condições de vida sempre tenham ocorrido, isso não significou a constituição de sujeitos políticos.

Com relação a seus maridos, eles também se excluem. Fazem-no maquinalmente, pois não lhes sobra tempo algum; todo o tempo útil de vida se fixa na luta dura e diária pela sobrevivência dos seus familiares. Quando o desespero reina absoluto, frequentemente, esses homens humilhados, desempregados crônicos, lançam-se ao alcoolismo – situação que dilata e avoluma o sofrimento de toda a família. As crianças e as mulheres são muitas vezes vítimas de grande violência e agressões de toda ordem, causadas e ampliadas pelo alcoolismo. Pode-se dizer, usando livremente uma ideia da antropóloga indiana Veena Das, que certas situações são criadoras de "espaços de devastação", ou seja, produzem espaços de profundas devastações afetivas e morais nas pessoas envolvidas (Das, 2020, p.111).

Essas considerações devem relembrar que o sofrimento social é produzido pela injustiça social e, por isso mesmo, pode ser evitado pela construção de arranjos políticos favoráveis à formulação e execução de políticas públicas destinadas a promover níveis mais altos de justiça social. O sofrimento agudo, que tem sua origem na forma histórica de organização da sociedade e, no caso brasileiro, se conforma em elemento constituinte de nossa formação, parece, ao senso comum, resultado de um processo natural. Tal visão se expressa em crenças como aquelas que se referem à pobreza extrema como produto da incúria das próprias vítimas na administração de suas vidas. A naturalização dos fatos sociais e históricos cobra um alto preço político e humano. Gera sentimentos monstruosos em relação ao outro, tais como a indiferença completa pelo destino de seus semelhantes, como vimos ao analisar o fenômeno da reificação. Desse modo, imersos na ideologia da naturalização do social e cultural, erradicar a pobreza e o sofrimento dela decorrente parece, ademais, uma tarefa quase impossível. Assim, combater a pobreza com programas sociais estatais tornou-se motivo de produção de formas de ódio político na sociedade.

Certa vez, conversando com um senhor de classe média, de vetusta aparência, enquanto atravessávamos uma rua em Brasília para nos dirigir à cerimônia de comemoração dos dez anos do Programa Bolsa Família, ele nos perguntou aonde estávamos indo. Quando lhe dissemos nosso destino, sua gentileza em nos dar informações se transformou em grosseria. Sua fisionomia tornou-se lívida. Desferiu, sem hesitação, o seguinte enunciado: "Ah! Vão comemorar o aniversário deste programa infame, desta fraude completa? Uma vergonha! Dar dinheiro público para esta montanha de vagabundos!"

Esse tipo de retórica incendiária foi, ao menos nos últimos anos, produzido e incitado diariamente por uma parte da mídia, especialmente em programas de rádio cujos radialistas repetiam à exaustão, como mantra, esse discurso mentiroso. Um claro discurso de ódio, com uma linguagem que fomentou, enormemente, todas as formas de violência contra as moderadíssimas políticas distributivas de recursos estatais às quais assistimos nos últimos anos (Butler, 2021).

3.4 Políticas culturais de formação da solidariedade social

Isso posto, deve-se dizer que não se desenvolveu entre nós nenhuma política cultural consistente que atuasse no sentido de despertar no senso comum uma sensibilidade social solidária. Para tal feito, exigir-se-ia a formação de um grande debate público, e, mesmo assim, o fenômeno da insensibilidade social não poderá ser removido inteiramente se não for problematizado política e eticamente. A questão fundamental reside em encontrar os modos de fazer com que o sofrimento de muitos se torne questão política e ética acolhida, e que nesse acolhimento se perceba a realidade e a dureza da miséria social. Somente assim, sua verdade profunda pode tocar o coração de todos. E o sofrimento social, com sua realidade desagregadora de sentimentos democráticos, pode tornar-se motivo de rejeição intensa por parte da sociedade, que precisa saber que existe cura para semelhante patologia (cf. Cortina, 2020). Mas, além disso, a sociedade precisa saber que estão disponíveis muitas tecnologias sociais, que, se mobilizadas, eliminam ou ao menos reduzem a intensidade do sofrimento produzido pela pobreza extrema. A sociedade, como testemunha a experiência histórica, ganharia em qualidade do convívio cívico, e seus membros ganhariam em qualidade de vida em todos os níveis (Wilkinson; Pickett, 2015). Com isto se reafirma o entendimento de que a miséria social jamais foi e jamais será formadora de subjetividades emancipadas. Suas vítimas não alcançam a vivência, normativamente falando, da cidadania democrática, cujo pressuposto essencial se funda na superação da miséria e de seu pantanoso universo de iniquidades.

O aumento da pobreza e da falta de cuidados básicos, como ocorreu no Brasil nos últimos anos, constitui um fato pleno não somente de trágica dramaticidade, mas de criminosa indiferença para com o sofrimento alheio. Aos olhos nus dos passantes, em qualquer rua das grandes cidades brasileiras, proliferaram nesta calamitosa situação espaços crescentes de devastação moral e, evidentemente, de práticas sociais antidemocráticas, dado que sentimentos humanitários e igualitários raramente podem nascer em semelhante geografia social. E, como vimos durante a pandemia, isso tem levado ao agravamento brutal de nossas tradicionais iniquidades sociais. Contudo, tais situações, como todo fenômeno social, produzem suas contradições, gerando também solidariedade social, mesmo que limitada a alguns grupos (e mais uma vez a pandemia mostrou isso).

O acirramento da pobreza extrema aumenta desmedidamente o sofrimento social. Falemos cruamente: o sofrimento intenso vivido por uma grande parte da população nos últimos anos, em particular entre 2016 e 2022, paradoxalmente, tem recebido por parte do Estado o incremento de políticas estatais cruéis, ainda mais expropriadoras de direitos e prerrogativas da cidadania. Isto gera ambientes tóxicos em todos os sentidos, com consequências funestas para a sociedade em geral. Por razões muito concretas, demonstradas à exaustão pela história do século XX, a degradação do tecido social e político abre amplos espaços para o surgimento de regimes políticos tirânicos. Basta um exemplo: a ascensão dos fascismos, tendo em vista sua constitutiva ancoragem moral e social. Sabe-se que as situações exacerbadas de sofrimento social, ademais, reforçam e ampliam seu poder destrutivo sobre os sujeitos que vivem sob sua tirania. As "situações lesantes" (Habermas, 2002, 136) conformam e tecem a trama da vida dos excluídos dos benefícios da civilização democrática e atuam de modo dissolvente sobre as conquistas civilizatórias. Desse modo, impossibilitam ou dificultam ainda mais a inserção ativa dos subordinados na comunidade política. Suas vidas são roubadas e expropriadas em todas as dimensões da sua existência.

Nesse sentido, a tematização e a resolução do sofrimento socialmente evitável são imperiosas à efetiva democratização da sociedade brasileira e devem ser transformadas em fundamento de políticas públicas destinadas a remover ao máximo possível as fontes sociais de tal sofrimento. A remoção de obstáculos à formação de sujeitos políticos ativos diz respeito às exigências mais fundamentais da democracia. Por definição, a cidadania é estreitamente vinculada aos direitos de participação, e estes por sua vez são estreitamente conectados à real utilização das prerrogativas da própria condição de cidadãos. A melhoria de vida e de bem-estar constitui assim o que a literatura sociológica denominou de "efeitos de inclusão" (Zincone, 1992, p.218ss.). Sem a satisfação das necessidades básicas, a democracia política permanece muito débil, pois é esvaziada de soberania popular, resultando na chamada "democracia sem povo" (Galli, 2017), isto é, na sua transformação em um sistema político regido por oligarquias eleitorais, constituindo, por isso mesmo, solo fértil para a geração daquele individualismo egoísta, que torna o indivíduo indiferente aos destinos dos seus semelhantes. Quando essa situação social se torna generalizada, esteriliza o terreno produtor de sentimentos democráticos.

A miserabilidade extensa e profunda, como a que se observa no Brasil, foi e continua sendo uma força que ceifa potencialidades humanas. O pouco exercício dos direitos políticos é ainda mais enfraquecido pela manutenção, no tempo, de situações de não satisfação das necessidades mais fundamentais. A extrema vulnerabilidade de grandes parcelas da população pode significar sua exposição a todas as formas de poder manipulador. A sedução da retórica, em especial a que dissolve os princípios democráticos, muito facilmente as conquista. Seu poder persuasivo irrompe na vida das pessoas que vivem em extrema pobreza, as quais, frequentemente, se refugiam em formas de religiosidade que propiciam visões e práticas sociais reforçadoras da obscuridade das consciências sobre si mesmos (ver capítulos 2.5 e 7).

3.5 Direitos, experiência de desamparo social, obscuridade da percepção de si

A instauração do circuito virtuoso dos direitos, ou seja, a realização verdadeira dos direitos civis, políticos e sociais não consegue realizar-se em meio às impossibilidades de efetivação material de qualquer uma das prerrogativas da cidadania democrática. Desse modo, trata-se de afirmar que – diferentemente do que asseveram alguns autores (ver supra) – geralmente o sofrimento social não é produtor de esperanças democráticas que convocam à ação coletiva. Ao contrário, nas condições de miserabilidade, as pessoas abandonadas à própria sorte desenvolvem grande desconfiança na ação política, aliás, na política em geral. Processo este que expressa um dos efeitos dramáticos da situação de desamparo social, na qual estão imersos milhões de brasileiros. Similar experiência social possui forte caráter reificante, presente nas modalidades da percepção pelos indivíduos dos fatos sociais vividos, pois, imediatamente, leva à sua naturalização.

A história social europeia, em especial as experiências vividas na construção do *welfare State* geraram, nas gerações seguintes, pessoas muito mais comprometidas com a cidadania democrática, tornando-as portadoras de visões de mundo bem mais igualitárias – fato este observado por muitos analistas. Serge Paugam também constata isso:

> Um país estará muito menos disposto a adotar políticas públicas sociais ambiciosas, quanto maior for o número de seus cidadãos que consideram a pobreza como problema de responsabilidade individual; ao contrário, um país estará muito mais propenso a destinar recursos e meios para a luta contra a pobreza quanto mais seus concidadãos considerarem a pobreza como resultado de um sistema social iníquo que condena os mais pobres a um destino comum de miséria. Analisando as diferenças entre países se poderia afirmar e individualizar sistemas de valores (mais igualitários) fixados historicamente como efeitos de tradições de intervenção social do Estado (Paugam, 2013, p.85).

Pode-se notar pelo exposto que a ausência da experiência coletiva de justiça social reforça ainda mais na sociedade a consciência da desigualdade e dos privilégios, que são recebidos e vividos como fatos da natureza, portanto como normalidade social.[21] Qualquer

21 Sobre a normalização da pobreza e a culpabilização dos pobres pela sua situação, ver Lavinas, 2014, e Marins, 2017. Sobre o discurso dominante acerca da pobreza, ver Ugá, 2011.

alteração política dessa visão propicia e funda um discurso de ódio político muito intenso, tal como estamos vivendo nos últimos anos no Brasil.

Finalmente, cabe salientar que a participação política tem efeitos relevantes sobre a própria subjetividade dos indivíduos, inclusive no que diz respeito à relação consigo mesmos. Sartre afirmou que a experiência dos sujeitos se expressa nos modos de sentir, e, portanto, possui sua própria maiêutica. Também observou que as experiências particulares contêm opacidades próprias. Contudo, "sentir é já superar, em direção à possibilidade de uma transformação objetiva". A isso chamou de "prova do vivido", afirmando então que "a subjetividade volta-se contra si mesma e arranca-se ao desespero pela objetivação" (Sartre, 1967, p.81). A experiência da participação política representa uma "prova do vivido", pois exige dos indivíduos que se confrontem com a imagem que os outros têm deles e que afirmem sua identidade e posição pessoal. Que apresentem suas exigências materiais e morais. Que demandem seus direitos, por mais que possam não dispor imediatamente desse conceito. Que deem voz ao seu sofrimento e à sua demanda por justiça.

3.6 Excurso histórico sobre a criação do Estado de bem-estar social na Suécia

Podemos, para ilustrar a questão da eliminação da pobreza, tomar rapidamente apenas uma das experiências escandinavas que erradicaram a pobreza de suas populações, formulando e executando democraticamente políticas públicas universalistas e igualitárias. Trata-se do caso da Suécia. Para tanto, é importante sublinhar que a sociedade sueca, como outras antes e depois dela, debateu por muito tempo, e normativamente, as modalidades de formação da figura do cidadão como titular de direitos sociais, civis e políticos. Neste quadro, a exigência de políticas de bem-estar ultrapassava o alvo do puro economicismo. Procurou-se executar, embora de modo quase exploratório no início do experimento, ações políticas reais voltadas a fazer aflorar nos homens e mulheres da nação o sentimento da cidadania como *status* e realidade primordial da vida social. Isto foi possível politicamente com a vitória eleitoral dos social-democratas ainda nos anos de 1930. Seu programa político estava pautado justamente na erradicação da pobreza extrema e na construção daquele que veio a ser chamado de Estado de bem-estar social. Como observa Adam Przeworski:

> A crise econômica conduz ao debate político e à controvérsia política; e do conflito surgem as medidas políticas. Estas medidas, sejam inovadoras ou tradicionais, requerem da política, isto é, das respostas à crise, a construção de apoio político. Por conseguinte, para compreender as eleições de políticas econômicas temos de compreender a política que as produz. (Przeworski, 1989, p.241)

Em outras palavras, entra em cena, no jogo das forças, a escolha de valores e princípios que orientam a formulação das políticas econômicas socialmente inclusivas. A coalizão de atores sociais e políticos que esteve na base dos acordos feitos na década de 1930 entre trabalhadores e empresários sustentou o modelo sueco.

No início de seu governo, os social-democratas tiveram grandes dificuldades de cumprir as promessas eleitorais. A introdução de melhorias sociais, contudo, demandava medidas fortes.

> O keinesianismo subitamente deu aos partidos políticos do operariado uma razão para estarem no poder. Parecia haver algo a ser feito; parecia que a economia não se estava movendo de acordo com as leis naturais, que as crises econômicas podiam ser atenuadas e o sofrimento amenizado se o Estado adotasse políticas anticíclicas de administração da demanda. [...] O "bem-estar dos pobres", antes sempre dependentes do tamanho da caridade privada, passou a ser visto como elemento fundamental de estímulo à economia, [...] os trabalhadores e os pobres transformavam-se nos representantes dos interesses universais. [...] O "povo" tornava-se a força hegemônica da sociedade. [...] [A]limentação, vestuário, habitação, lazer [...] representam um investimento no mais valioso de todos os instrumentos produtivos, "o próprio povo". (Przeworski, 1989, p.245s.).

Com o desenvolvimento de programas de emprego, de assistência familiar, projetos habitacionais, de sistemas cada vez mais amplos de auxílio financeiro, programas de saúde etc., a democracia sueca ganhava então destaque inédito na história do capitalismo como caso paradigmático de tentativa de construir uma democracia cidadã. Przeworski demonstra em seu brilhante livro a respeito disto que a democracia se tornara o princípio organizativo da sociedade.[22]

Isso foi possível graças à força das lutas sociais que produziram sindicatos de trabalhadores e partidos políticos, que os representavam, como agências fortes e abertas à negociação política. Destas lutas nasceram e se desenvolveram duas instituições políticas e sindicais: a Confederação Geral do Trabalho Sueco (*Landsorganisationen i Sverige* ou LO), ligada ao Partido Operário Social-Democrata da Suécia – SAP. Deve ser lembrado que o pacto entre os trabalhadores e as empresas, que produziam para o mercado interno, foi em grande parte mediado pelo Estado, em constante negociação com seus respectivos sindicatos e com o SAP. O Estado social, então como experiência nacional, ganhara, ademais, um poder de agência decisivo naquela sociedade. Sua dinâmica distributivista fortalecera muito a democracia sueca.

De modo geral, a bibliografia sobre este caso costuma enfatizar que as possibilidades do pacto se devem a muitos fatores, inclusive internacionais. Contudo, convergem para destacar a grande coesão existente no SAP, que com sua respectiva cultura da negociação, desenvolvida desde os anos de 1920, a qual, dispondo de grande apoio popular, explica ao menos em parte sua realização exitosa de um Estado de bem-estar social. Deve-se dizer que naquelas paragens se edificou um dos mais interessantes modelos republicanos e democráticos do século XX. Demonstrando o avanço social e político que o modelo sueco atingiu, as suas exigências cidadãs aumentavam dia a dia.

22 "A consequência desse tipo de medidas é que as relações sociais passam a ser mediadas por instituições políticas democráticas, em vez de permanecer dependentes da esfera privada" (Przeworski, 1989, p.247).

Infelizmente, suas consequências mais radicais foram abortadas nos anos de 1970. Neste ponto fazemos uma breve referência à proposta nascida no Congresso de 1971 da LO. Nele, foi proposta a criação de um Fundo dos Assalariados. A proposta tomou corpo e ficou conhecida como Plano Meidner, pelo nome do economista Rudolf Meidner, que estava à frente do Ministério da Economia e, junto com Anna Hedborg e Gunnar Fond, sistematizou a proposta, debatida pela sociedade sueca por mais de um ano. O próprio Meidner, no prefácio à edição italiana do Plano (Meidner; Hedborg; Fond, 1976), faz referência à intensidade social do debate, que se patenteou na realização de milhares de reuniões e assembleias populares em todos os níveis da sociedade. A ideia de semelhante fundo de salários e de políticas fiscais fortemente progressivas, com destino à distribuição de recursos pela sociedade, constitui uma proposta portadora de longa história, também fora da Suécia, no âmbito das propostas políticas da esquerda europeia. E na Escandinávia foi apresentada com intensidade nos grandes debates social-democratas, ainda nos anos de 1951.

Contudo, os empresários suecos, titulares de grande poder econômico, desfrutando de seu poder monopolista na economia, reagiram elaborando uma contraofensiva retórica e usando de pressões políticas muito fortes, sobretudo através da Associação Empresarial Sueca – SAF. Esta, mobilizando suas mídias, recorreu na época ao fantasma, sempre eficiente, do perigo comunista que o plano de reformas sociais avançado pelos sociais-democratas representava. Na campanha eleitoral de então, o amedrontamento foi feito com fortes ameaças de retirada de seus capitais do país (que, em realidade, não se cumpriram).

O Estado sueco, assim como outros Estados que adotaram o modelo do *welfare State*, soube formular e executar, prioritariamente, políticas públicas de emprego, de salários dignos, bem como a garantia de ampla proteção sindical dos contratos de trabalho. De modo articulado e aliado a investimentos públicos extensos e profundos, elaboraram-se políticas de educação de qualidade e de atendimento cuidadoso da saúde. O resultado histórico desta forma de atuação do Estado foi o enorme crescimento do nível de renda da maioria da população, que, ademais, elevou, em consequência, seu padrão de vida moral e intelectual. Ou seja, a decorrência política e ética mais significativa se consubstanciou no crescimento da chamada *democracia de cidadãos*. Isso propiciou, como desfecho virtuoso, um novo contrato social entre o Estado e a sociedade, ou melhor, entre o Estado e os cidadãos. Semelhante contrato previa o reconhecimento político-estatal dos direitos sociais, realizando em parte a grande promessa da modernidade: a redução ou mesmo a eliminação das profundas desigualdades sociais e, por conseguinte, a diminuição significativa do sofrimento social.

Desse modo, a pobreza extrema na Suécia e na Escandinávia em geral – as históricas e sofridas migrações de seu povo em busca de vida melhor, as trágicas separações e desagregações familiares advindas destes exílios forçados, causados pela pobreza – foi relegada um passado longínquo, presente apenas nas lembranças do seu povo. Tornou-se história dos pais, dos avós. O belo filme, dinamarquês-sueco de Billie August, *Pelle, o conquistador* (1987), demonstra bem a magnitude da dor, da tragédia da pobreza e da emigração tão frequente antes da edificação do Estado de bem-estar social.

O experimento social-democrata, com todas as suas variantes regionais, explicáveis pelas diferentes tradições políticas, sociais e culturais, e o seu alto nível de conquistas civilizatórias, devido ao resultado das lutas sociais, explicam um fato social importante. O modelo de bem-estar social, não somente sueco, mas observado em outras experiências com a vigência de políticas democráticas similares, abriu enorme espaço para a luta política. Com isto fortaleceu os partidos, os sindicatos, as associações voluntárias de solidariedade organizadas pelos cidadãos. A solidariedade social ganhou força de princípio político organizativo de ações estatais. A democracia dos cidadãos se fortaleceu como modo de vida, garantindo assim a boa qualidade da vida material.[23]

A história do experimento de Estado de bem-estar social sueco mostra que a erradicação da pobreza extrema é possível se houver

23 Esping-Andersen (2000, p.165ss.) observa que os gastos das famílias com lazer, que, geralmente, geram felicidade, melhoraram muito a qualidade de vida das grandes maiorias sociais.

vontade política e se essa vontade for sustentada por um consenso derivado de uma ampla participação cidadã. Portanto, o problema da pobreza só pode ser resolvido se for politizado. Uma resposta puramente técnica ou puramente econômica para este problema não existe.

CAPÍTULO 4

LUTA E MEMÓRIA

Do lado de lá, tudo é verde, os meninos bebem leite nos rios, e a poeira da terra vira farinha.

Beato Sebastião
Deus e o Diabo na Terra do Sol

Desde Euclides da Cunha, o sertão do Nordeste é comumente percebido como um lugar dotado de peculiaridades que o tornam diferente do resto do Brasil. Por mais que as análises do autor d'Os *sertões* revelem certas crenças deterministas em relação ao espaço geográfico e à população local, estão corretas na percepção de que havia naquelas regiões uma forte tradição messiânica e uma marcada tendência ao surgimento de movimentos populares ao mesmo tempo políticos e espirituais. A revolta de Canudos é somente um de muitos movimentos desse tipo – talvez o mais relembrado pela comoção que provocou na jovem república brasileira e pela imortalização literária que lhe deu o próprio Euclides. Mas a história do Nordeste é perpassada por fenômenos análogos (como no caso do Caldeirão de Santa Cruz, que se deu justamente na região do Cariri), ainda que, com o tempo, a ênfase espiritual se perca e deixe espaço a reinvindicações por justiça social de caráter mais laico, como, anos depois, no caso do movimento das Ligas Camponesas, cuja repressão sangrenta pela ditatura militar é ainda objeto de certo silêncio na história oficial do país.

Contudo, a história de Canudos, do Caldeirão e das Ligas ainda teima em permanecer viva na região de nossa pesquisa, na forma de lembranças e reminiscências vagas e misteriosas, de alusões brincalhonas ou mesmo raivosas, dependendo de quem está falando e a partir de qual posição social. Os poderosos locais evidentemente temem, como já temeram e sempre temerão, qualquer forma de movimentação de trabalhadores na área rural dos sertões nordestinos.[1] Suas elites e seus funcionários ideológicos, laicos ou religiosos, sempre tentaram e tentarão evitar que fenômenos como Canudos e as Ligas se repitam. Assim fazendo, contudo, contribuem para a permanência do mito de tais movimentos. Esses mitos, tanto os laicos como os messiânicos, se tornam vivos de várias formas: nas músicas, nos adágios populares, na literatura de cordel ou até mesmo nas lendas relembradas em algumas festas e comemorações coletivas. Estão no ar como certos bandos de pássaros que passam e cantam de vez em quando, mas sempre passam. Não é por acaso que, na região, o MST, suas bandeiras, seus cantos, suas marchas, seus acampamentos são uma presença viva e forte, que serve para recordar que os trabalhadores rurais permanecem demandando justiça social. Demonstram que, por mais denso que seja o manto de silêncio sobre determinados fatos da história popular, sua lembrança nunca pode ser completamente apagada. As fagulhas de esperança que despertaram, dada a magnitude de seu

1 Certa vez, um almoço na casa de uma senhora de alta classe média na cidade de Maceió coincidiu com a ocorrência de uma grande manifestação do MST, que, naturalmente, muito atrapalhou o tráfego de automóveis e ônibus. A senhora estava furiosa, chamando os manifestantes de vagabundos, arruaceiros etc. De nossa parte ousamos contradizê-la fazendo-lhe uma questão sobre a luta secular dos pobres trabalhadores rurais por justiça. Ela nos olhou com olhos de fogo e respondeu: "Eles querem mesmo é bagunçar de novo com Ligas Camponesas, e quem sabe fazer outro Canudos no Nordeste brasileiro".

acontecimento, sobrevivem como faíscas que podem novamente explodir em incêndio (cf. Scott, 1985).

Nessa direção, é bom nos recordarmos da advertência de Walter Benjamin:

> Nada do que um dia aconteceu pode ser considerado perdido para a história. [...] Assim como as flores dirigem sua corola para o sol, o passado, graças a um misterioso heliotropismo, tenta dirigir-se para o sol que se levanta no céu da história. [...] Nenhum fato, meramente por ser causa, é só por isso um fato histórico. Ele se transforma em fato histórico postumamente, graças a acontecimentos que podem estar dele separados por milênios. (Benjamin, 1987, p.223s. e 232)

Dessa maneira, pode-se dizer que o solo sertanejo do Brasil, apesar da sequidão da superfície, é banhado nos seus subterrâneos por muitos lençóis de sangue coagulado, sangue de trabalhadores pobres barbaramente explorados e dominados. Os massacres policiais das lutas e dos movimentos reivindicatórios foram recorrentes, sucederam-se sempre que pessoas pobres e miseráveis se levantaram contra a secular opressão. Contudo, como diz Riobaldo: "Tudo é pacto. Todo caminho da gente é resvaloso. Mas, também cair não prejudica demais – a gente levanta, a gente sobe, a gente volta!" (Guimarães Rosa, 1956, p.237). Esta sabedoria ali é de todos, todos sabem disso, não é fantasia das elites: é um temor concreto que possui longas e profundas raízes. Por isso mesmo, nunca se sabe qual é a forma em que o protesto pode acontecer. Isto faz parte dos mistérios da história, das suas endiabradas ironias. Lembranças tomam formas diversas, sempre estão lá na memória, adquirindo variadas figuras, vestindo fantasias diversas, mas estão lá, em algum recôndito recanto.

O famoso proverbio profético pronunciado por Antônio Conselheiro: "o sertão vai virar mar e o mar virar sertão", representava – e representa ainda hoje, mas de outras maneiras – o intenso desejo do sertanejo pobre por justiça social, que se transfigura na vontade de possuir terras férteis. A utopia da reversão da aridez do sertão em lugar fértil, no qual se possa plantar e colher de tudo, e de que as terras inférteis se tornariam férteis, é muito antiga e povoa há muito tempo o imaginário dos sertanejos. São ainda frequentes as rezas, promessas e procissões, tanto como as festas ligadas a essa espera. O inverno, a estação de chuvas, é aguardado com muita ansiedade, ano após ano. A espera da água da chuva segue a vida dos sertanejos pobres há muito tempo. Fantasia metafórica, muito presente em vasta literatura de cordel, que ainda se ouve de modos diversos nas feiras nordestinas.

Uma testemunha dessa memória histórica encontra-se imortalizada por Glauber Rocha, em um momento sublime da arte cinematográfica brasileira, no filme *Deus e o Diabo na Terra do Sol* (1964). Na película, em uma das mais impressionantes cenas das falas do Beato Sebastião, o mito messiânico comparece com tremenda força dramática na fala utópica da fartura e da abundância que supõe a fertilidade da terra. Em um belo plano cênico, o beato aponta o dedo para o horizonte e diz com voz forte e vibrante que "do lado de lá, tudo é verde, os meninos bebem leite nos rios, e a poeira da terra vira farinha". Um modo de sonhar com o fim da pobreza e da miséria! Em certo sentido quase se encontra com a assertiva de Hegel citado por Benjamin, mesmo que pelo avesso: "Lutai primeiro pela alimentação e pelo vestuário, e em seguida o reino de Deus virá por si mesmo" (Benjamin, 1987, p.223).

Para entender melhor o contexto no qual se inserem as vidas das pessoas entrevistadas, cabe, portanto, ressaltar alguns momentos históricos centrais peculiares da região: o messianismo social, exemplificado pelo evento do Caldeirão de Santa Cruz e pela figura do padre Ibiapina, entre outros, e o movimento de luta social das Ligas Camponesas.

4.1 Religiosidade popular e messianismo social

Uma presença fundamental na região, que inspirou, em modos diferentes, o próprio Antônio Conselheiro e o padre Cícero, foi a do padre Ibiapina. José Antônio de Maria Ibiapina (1806-1883) nasceu na cidade de Sobral (CE) em 1806. Provinha de família revolucionária, pois seu pai morreu na luta republicana da

Confederação do Equador. Estudou Direito na Faculdade de Olinda, advogou, foi deputado e juiz de direito. Aos 47 anos, abandonou tudo para se tornar padre. Desempenhou por certo tempo cargos eclesiásticos e de docência; contudo, sua vocação verdadeira eram a peregrinação e a fundação de casas de caridade, escolas, igrejas, capelas, cemitérios, e até a criação de açudes e cacimbas para tentar amenizar a tragédia das frequentes secas. Peregrinou intensamente. Pronunciou sermões e falou fortemente de justiça. Possuía forte oratória e nela aludia com certa frequência às condições de pobreza e sofrimento de seus mais fiéis seguidores, que eram milhares de trabalhadores pobres e suas famílias. Eram multidões de famintos, destituídos de quaisquer direitos e, na maioria das vezes, vagantes andrajosos fugindo de mais um agravante de sua miséria, o flagelo da seca.

Sua voz ecoou profundamente em personagens como Antônio Conselheiro, Padre Cícero e tantos outros que fizeram de suas falas ocasiões para um potente reforço do catolicismo popular. Andou a pé e a cavalo por grande extensão territorial, da Paraíba ao Ceará, do Piauí a Pernambuco, alcançando em suas andanças também o Rio Grande do Norte. Sua atividade foi muito significativa em quantidade e em qualidade. Sua ação fundacional possuiu amplo espectro. Fundou instituições e municípios e, talvez pela primeira vez no Nordeste, criou casas de caridade para abrigar moças e meninas pobres. Suas missões mobilizavam as populações através dos rituais religiosos e dos mutirões de trabalho organizados para a execução das construções. Socorria os sertanejos através de atos de caridade e, ao mesmo tempo, desenvolvia atividades pedagógicas, nas quais eram presentes certas ideias cívicas republicanas.

A atual vasta bibliografia sobre sua vida e obra aponta muitas facetas do personagem, assim como a pluralidade de sua influência.[2] Contudo, causa grande perplexidade a denúncia sistemática que os inúmeros estudos fazem sobre o silenciamento que pairou durante quase cem anos sobre a vida do padre e, sobretudo, sobre

2 Ver, entre outros, Ribeiro, 2003, Carvalho, 2007, e Bezerra, 2010.

a sua personalidade política. O processo de emudecimento da voz do Padre Ibiapina foi realizado especialmente pela própria Igreja.[3]

A conexão de anelo por justiça social, por um lado, e fervor religioso e messiânico, por outro, se explica principalmente pela centralidade da religião na vida cotidiana dos expropriados (fossem eles escravos ou livres). Como observa Marli Auras em relação a outro fenômeno desse tipo, acontecido no sul do país, a saber, a chamada Guerra do Contestado:

> A concepção de mundo construída pelos caboclos era saturada de religiosidade. Esta era a representação historicamente possível de ser por eles trabalhada. Analfabetos, isolados do restante do país, vivendo da obtenção apenas dos "mínimos vitais", no interior de uma estrutura coronelista, inexistiam condições concretas que permitissem aos sertanejos o encaminhamento secular – e consequente politicamente – de sua rebeldia à marginalizadora ordem oficial vigente. (Auras, 2015, p.175)

Na trama das diversas e entrelaçadas tradições messiânicas, emergira a figura messiânica mais poderosa da história do século XX no Brasil: o Padre Cicero Romão Jorge. Sua vida e história, seus feitos, seus supostos milagres, enfim seu mito, povoam, com potência impressionante, o imaginário popular até hoje. Sobre sua figura existe uma imensa quantidade de trabalhos sociológicos e

3 O Instituto Padre Ibiapina funciona até os dias atuais como instituição particular ligada à Paróquia de São João Jorge do Assú. Anualmente, uma caravana de alunos parte de lá para visitar o Santuário de Santa Fé (PB), que reúne um complexo com a antiga Casa de Caridade de Santa Fé, a casa na qual o Padre Ibiapina morou em seus últimos anos de vida, uma igreja, um museu, uma pequena capela que guarda seus restos mortais, a casa que abrigava as beatas e outros prédios anexos. O Santuário do Padre Ibiapina recebe devotos vindos de cidades vizinhas e de vários estados do país. Os romeiros procuram o local também para agradecer pelas curas obtidas graças à fé no Padre Ibiapina. O santuário visa preservar o legado e a memória do beato e sua passagem pelos sertões do Nordeste brasileiro, marcada por missões evangelizadoras e ações socioeducativas.

antropológicos, bem como de reportagens, filmes e documentários (ver, por ex., Lira Neto, 2009). Isso nos dispensa de apresentá-lo. É referido frequentemente nas conversas com pessoas da região: o falante se lembra de um adágio pronunciado pelo "Padim" ou de uma façanha sua. Padre Cícero permanece muito vivo na memória popular, não importa em quais mudanças religiosas seu crente está imerso. Até nesta conjuntura de grande difusão do neopentecostalismo, frequentemente, seus seguidores não dispensam a tradição de fazer promessas ao padre Cícero, praticando assim no nível popular o antigo sincretismo religioso. Seu culto, em vários períodos do ano, mobiliza, como é ressabido, milhões de pessoas e milhões de reais. As romarias, realizadas na cidade de Juazeiro para cultuar de muitos modos o Padre, transforma-as em uma multidão de pessoas, carros e ônibus.[4]

Menos conhecido fora da região, mas ainda muito lembrado e venerado nela, é Frei Damião, um frade de origem italiana, nascido em 1898, na cidade toscana de Bozzano, da ordem dos Capuchinhos. Fez sua história clerical no Nordeste peregrinando pelas cidades e pelo interior. Confessava, celebrava missas, e, dizem, curava os doentes. Seus sermões eram carregados de messianismo. Proferia-os em verdadeiros palanques armados por ocasião de suas visitas às cidades (as ditas "santas missões"). Percorreu o Nordeste em uma espécie de cruzadas missionárias, que duravam alguns dias. Frei Damião também povoa o universo místico da região, mas é evidente que sua influência não ensombrece a de Padre Cícero.

O sertão do Cariri, contudo, abriga camadas e camadas de tradições messiânicas e de importantes movimentos sociais ligados à luta pela terra que vão além da ação das figuras mencionadas anteriormente. Basta lembrar um evento exemplar, a saber, a experiência do Caldeirão de Santa Cruz, que ocorreu na década de 1930, como movimento de trabalhadores rurais pobres liderados pelo beato Zé Lourenço, figura carismática muito ligada ao Padre Cícero. O experimento comunitário se realizou no sítio então chamado de Caldeirão de Santa Cruz, situado nas cercanias

---

4 Como nos disse um motorista de táxi, apontando para certa rua central de Juazeiro, "Isto aqui vira um mar de gente durante as festas ao Padre".

da cidade do Crato. Para aí se dirigiram grandes contingentes de pobres famintos, atingidos pela grande seca de 1932. Encontravam naquela comunidade acolhimento e garantia de sobrevivência com fartura alimentícia e vida digna. O experimento comunitário passou a ser temido pela cúpula da Igreja católica, que o criminalizou e excomungou seus membros, bem como pelos grandes proprietários de terra locais, que passaram a demandar sua extinção, pois seu exemplo era considerado muito perigoso. As práticas sociais solidárias e cooperativas ali desenvolvidas passaram a receber com sistemática frequência a acusação de serem constitutivas de uma experiência "comunista". Assim se gerou uma atmosfera propícia à repressão violenta – atmosfera, que, de qualquer maneira, já estava intoxicada pelo medo do comunismo, devido à ocorrência do movimento que os militares denominaram de "Intentona comunista" de 1935, e que teve como ponto culminante a chegada ao poder das forças comunistas no Rio Grande do Norte. O movimento foi mais amplo e se estendeu por outros estados do Nordeste, chegando até o Rio de Janeiro. A atmosfera histérica provocada pelo medo do perigo comunista tomou conta das mentes ligadas às diversas elites em cena. Foi a partir dela que se justificou a verdadeira chacina que se abateu sobre a comunidade do Caldeirão. O "Massacre do Caldeirão", realizado pelas forças policiais estaduais e federais, ocorreu em 1937, quando esta experiência de vida comunitária e de igualdade na produção e distribuição dos bens coletivamente produzidos foi destroçada com enorme brutalidade. Seus trabalhadores foram barbaramente assassinados, suas casas incendiadas. Repetiu-se aqui o massacre de Canudos. Repetiu-se mais uma vez, entre as muitas outras vezes em nossa sangrenta história agrária, a violência perpetrada pelas forças repressivas militares contra os pobres, cada vez que estes tentam inventar modos alternativos de viver e produzir condições melhores de vida.[5]

---

5 Sobre essas e outras experiências de lutas dos pobres contra a pobreza existe uma grande bibliografia. Ver especialmente o texto A *nação das utopias* (https://enapegs2018.ufca.edu.br/210-2/) de Rosemberg Cariry, cineasta e escritor, bem como seu brilhante documentário sobre o movimento *Caldeirão de Santa Cruz do Deserto* (1986).

4.2 As Ligas Camponesas

Capítulo trágico e belo da história nacional, as Ligas foram um movimento que foi massacrado fisicamente pela ditadura militar sob o eterno pretexto da luta contra o comunismo. Sobre essa repressão violenta, como sempre ocorre na história oficial, controlada pelos poderosos e pelos vencedores (os "superordinados"), se estendeu um pesado e denso silêncio. Apesar disso, não faltaram análises e estudos sobre este heroico movimento que permanece inspirando filmes e narrativas até os dias de hoje. Foi e ainda é uma lenda histórica no sentido forte do termo, ou seja, uma história exemplar de organização e coragem, cujos participantes tentaram desafiar instituições de domínio e exploração seculares, como a grande propriedade territorial, com seu cortejo de iniquidades sociais e políticas. Tal instituição, marcada por longa e profunda tradição escravista, permanece sólida, mesmo depois da abolição da escravidão, da modernização do país e da mudança de suas formas de domínio e funções econômicas, e segue abrigando relações de dominação e exploração social muito fortes.

A experiência das Ligas foi um grande acontecimento social e político, vivido e protagonizado por homens e mulheres, pequenos agricultores, trabalhadores rurais, moradores de fazendas e quilombolas, que lutaram por justiça social, pelo reconhecimento de sua dignidade e de seus direitos à terra e à cidadania nas décadas de 1950 e 1960 no Nordeste, em especial em localidades dos estados da Paraíba e de Pernambuco. O evento assombrou enormemente os poderosos locais, tanto quanto assombrou o Departamento de Estado estadunidense, que olhava qualquer movimentação de trabalhadores latino-americanos pelas lentes deformadoras da guerra fria. O incêndio político rural nordestino lhes dava a convicção de estarem enfrentando a ameaça de uma revolução comunista semelhante à cubana, agora em território brasileiro. Esta certeza obtusa é própria de quem não examina as origens sociais e históricas dos acontecimentos, mas os considera sempre de modo estereotipado e sempre pelo prisma da oposição amigo-inimigo – neste caso, amigo ou inimigo dos Estados Unidos. A fantasia delirante estadunidense se juntava à das elites brasileiras, cujo temor da perda de alguns privilégios chegou aos níveis de alucinantes visões da luta camponesa e das suas questões. Como sempre ocorre nessas ocasiões, a luta dos dominados por justiça social provoca e desemboca em terrível e violenta repressão. O mote da luta contra o comunismo forneceu às elites a munição sangrenta para a promoção de massacres, assassinatos, prisões e torturas das lideranças populares. Nesta cruel perseguição dos protagonistas, não houve pudor algum em atingir seus familiares, como aconteceu com a família de um dos líderes das Ligas, João Pedro Teixeira,[6] assassinado de tocaia em 1962, quando retornava à sua casa, trazendo livros para seus filhos. Os funerais foram seguidos por cinquenta mil trabalhadores. Eram mulheres e homens, adultos e crianças, que acompanharam por horas seu velório e sepultamento. Esse acontecimento é o objeto da obra-prima documental de Eduardo Coutinho *Cabra marcado para morrer*, realizada em 1965 (um ano depois do golpe de 1964) num clima de medo e ameaças a ele e sua equipe. Anos mais tarde, já na década de 1980, Coutinho retornou à região para finalizar seu trabalho e reencontrou Elizabete Teixeira, viúva de João Pedro, que estivera anos a fio escondida em outras cidades por ter sido ameaçada de morte, caso retornasse à sua antiga residência. Nesta ocasião, Dona Elizabete contou, com muita força dramática, a tragédia que se abateu sobre sua família, que foi destruída, pois seus membros foram obrigados a fugir. Alguns de seus filhos ela nunca mais encontrou. Ela teve que mudar seu nome, tornou-se professora de crianças e viveu amedrontada para sempre.

Coutinho, neste seu retorno, reencontrou alguns membros das Ligas que haviam sobrevivido e os entrevistou. Expondo cruamente suas experiências de dor e sofrimento, contam que vários deles foram presos e submetidos a torturas cruéis e insuportáveis. Alguns foram mortos apenas saídos das prisões e seus corpos desapareceram. A narrativa mais grotesca, se não fosse trágica, refere-se à certeza dos militares, endoidados pela propaganda tenebrosa da guerra fria, que ali, no Sertão, aqueles pobres camponeses tramavam, junto com os cubanos, outra revolução

6 João Pedro Teixeira foi o líder da Liga Camponesa de Sapé, no estado da Paraíba.

comunista. Os interrogatórios militares e policiais aos quais foram submetidos os prisioneiros pelas forças da repressão revelam o nível de alucinação das instituições e uma percepção da "realidade" inconcebível por qualquer sujeito dotado de um mínimo de razoabilidade ou de um elementar conhecimento da situação naquele espaço e naquele tempo. O fanatismo e a loucura trágica do macarthismo americano, temperos fundamentais da fantasia mórbida da guerra fria, abateram-se sobre aquelas populações de modo sistemático, mesmo muito tempo depois de terem deixado de assombrar os Estados Unidos. A histeria anticomunista segue servindo como padrão legitimador de ações violentas e leva ao assassínio de líderes camponeses até os dias de hoje.[7]

Na sequência trágica dos eventos se instalou, naquela região, enorme disseminação do medo, da intimidação e da imposição de um poderoso manto de silêncio sobre o acontecido. O silenciamento sobre as Ligas Camponesas impera até os nossos dias. Contudo, semelhante acontecimento deixa marcas e cicatrizes de feridas profundas no tecido social, pois, querendo ou não, um evento desta dimensão não tem como não se transformar em memória coletiva. Na maioria das vezes, as elites acreditam, em sua arrogância, que é possível destruir certos fatos da memória social, mas esquecem que a memória coletiva é um lugar aberto que pode orientar a formação de um *idem sentire* a partir das memórias individuais. Semelhante possibilidade explica em parte a insistente adoção pelos poderosos da sistemática feitura de políticas de esquecimento, de desmemorização dos sujeitos sociais, expropriando-os mais uma vez, e agora tolhendo-lhes o direito de saber de sua própria história e de respeitá-la. Contudo, um acontecimento social como a das Ligas Camponesas, vivido intensamente pelos sujeitos como experiência de espaço e de tempo, forra o chão da memória, tornando-se iniludível. Por essa razão, sua decifração exige uma

7 Até hoje, em 2023, segundo uma pesquisa do Ipec, 44% dos eleitores brasileiros ainda consideram o comunismo um perigo real e atual (disponível em <https://g1.globo.com/politica/noticia/2023/03/19/ipec-44percent-acreditam-que-brasil-corre-risco-de-virar-um-pais-comunista.ghtml>, acesso em 10 mar. 2025).

imersão na investigação dos fatos, que infelizmente não pudemos realizar plenamente no presente trabalho.

É difícil delimitar a origem precisa do nascimento e da morte de um movimento social, sobretudo daqueles que ganham grande amplitude espacial, como foram os movimentos pela reforma agrária e a luta pelo reconhecimento dos direitos trabalhistas no campo brasileiro. Hoje pode-se dizer, baseando-se em inúmeras pesquisas, memórias, depoimentos e documentos, que as rebeliões agrárias, mesmo episódicas e localizadas, possuem profundas raízes no solo do país (ver, entre outros, Queiroz, 1966, Bastos, 1984, Aguiar, 2014, Sauer, 2021). As lutas das Ligas Camponesas remetem às lutas da década de 1940. A Consolidação das Leis do Trabalho, de 1943, foi para muitos trabalhadores rurais uma fonte normativa importante de demanda reivindicatória de direitos, mesmo diante da imensa variedade de formas de trabalho e exploração às quais estavam submetidos país afora. A substância da reivindicação consistia na demanda por reconhecimento de seus direitos trabalhistas, como acontecia com os trabalhadores urbanos. O governo Vargas fez várias tentativas junto ao Congresso de estender esses direitos ao campo; contudo, nada nesse sentido foi aprovado pelos congressistas. As bancadas ligadas aos interesses dos grandes proprietários de terra eram muito fortes e possuíam poder de veto – situação esta que persiste até os dias atuais.[8]

A história das Ligas Camponesas no Nordeste se tornou assunto diário da imprensa brasileira da época, que salientava seu peculiar modo de organização da luta, em especial a orientação de permanecer dentro da mais pura legalidade, observando-se o Código Civil e a Constituição de 1946. Este procedimento, que não foi comum a todos os movimentos agrários do Brasil no período, foi devido a muitas razões, começando pelas diferenças de concepções político-organizacionais e de tradições culturais regionais. A orientação jurídica feita às ligas nordestinas pelo advogado socialista Francisco Julião ganhou tintas muito próprias (Julião, 1962). Julião ensinava a Constituição Brasileira aos camponeses

8 Sobre isto, ver o detalhado estudo Bercovici, 2020.

analfabetos e os fazia decorar artigos inteiros dela e do Código Civil da época. Esta maiêutica, porém, não se generalizou pelo país. Mas foi o caso da chamada "Liga Mãe" do Nordeste em 1955, liga fundacional de certo modo de organização do movimento, que se inspirava nas sociedades mutualistas.[9]

Um dos primeiros movimentos foi "pelos direitos dos mortos", como ficou conhecido. Pode parecer uma demanda inusitada, mas o direito a um pedaço de terra no qual ser sepultado e a ser enterrado num caixão e não num lençol possuía para os camponeses miseráveis um valor simbólico e se tornou uma questão de dignidade pelo menos na morte, já que não lhes foi possível viver uma vida digna. Em *Sete palmos de terra e um caixão*, Josué de Castro explica o que ele denomina de "a reivindicação dos mortos" (Castro, 1967). O livro, tantas vezes citado, inicia seu primeiro capítulo falando da criação das Ligas, que nos seus começos surgiram com o objetivo de defender os interesses e direitos dos mortos. Esta "desvairada aspiração" de ter o direito de dispor de sete palmos de terra onde descansar seus ossos e de fazer descer seu corpo à sepultura dentro de um caixão de madeira de sua propriedade, para com ele apodrecer lentamente pela eternidade, só pode parecer paradoxal, se não levarmos em conta a magnitude do sofrimento e da miséria dos envolvidos (Castro, 1967, p.23). Castro afirma que as reivindicações por um enterro digno tinham base cristã, fundada na esperança de que, sendo sepultados dignamente, se preparariam para sua apresentação ao Juízo Final em condições melhores do que se fossem enterrados em condições precárias. A indignidade presente na prática até então existente de serem sepultados num lençol aumentava sua humilhação, que consideravam a maior das humilhações que já passaram e passavam em vida. Significava estendê-la para o outro lado da vida, e que duraria então por toda a

9 Movimentos semelhantes já haviam ocorrido anteriormente em outros espaços do país, como no Triângulo Mineiro, no interior do estado de São Paulo e, claro, no próprio Nordeste. Nessas regiões, a partir do final de 1945, surgiram as primeiras ligas camponesas no país, como as de Dumont, em São Paulo, a da Iputinga, em Pernambuco, e a Liga Camponesa de Sapé, na Paraíba. Ver Garcia, 2012.

eternidade. João Cabral de Melo Neto em seu poema *Morte e Vida Severina* expõe com grande beleza e tragicidade a situação dessas pessoas e seu anseio por uma sepultura digna:

> Esta cova em que estás,
> com palmos medida
> é a conta menor
> que tiraste em vida.
> [...]
> Não é cova grande,
> é cova medida
> é a terra que querias
> ver dividida. (Melo Neto, 2003, p.183f.)

Neste ponto, torna-se inevitável e obrigatória uma referência um pouco mais apurada a esse poema, cuja matéria poética recobre a tragédia da injustiça social nos sertões nordestinos, que, para além da questão propriamente social e política, se dramatiza ainda mais pelo fato de que a região é vitimada periodicamente por grandes secas. Este recorrente fato da natureza em parte explicava a vida errante dos sertanejos pobres e sua emigração para o Sudeste, na condição de retirantes. No poema, a morte está implícita durante toda a narrativa, aparecendo de diversas formas durante o enredo, sendo muitas delas causadas principalmente pela seca, mas também por outros fatores, que, logo no início do poema, são apresentados: doença, fome, desigualdade, violência e injustiças sociais aberrantes.

Como observa Castro, a escravidão, que havia sido abolida em 1888, não necessariamente tornou livres os escravos. As formas de domínio e de exploração haviam se transformado em outras tantas formas mais opacas de dominação, que se consubstanciavam na quase ausência de salário, de trabalho livre e de liberdade pessoal (ver no Capítulo 10 a experiência da avó do seu Jorge). Na sua grande maioria apenas tinham acesso a moradias precaríssimas, em casas feitas de barro e sapé, e a um restrito pedaço de terra contigua e exígua para fazerem suas roças de cultivo de alimentos e para a criação de alguns animais domésticos. Suas vidas nesses ambientes se tornavam facilmente descartáveis e esquecidas, dada a sua quase invisibilidade em meio à imensidão de um país continental. Suas vidas errantes tornavam eternamente eles e suas famílias pessoas provisórias, pois tinham de obedecer, sem mais, qualquer ordem senhorial de despejo arbitrário.

No curso de sua história, o movimento das Ligas evolui para a contestação de injustiças seculares existentes no campo brasileiro, cuja face mais visível é a grande propriedade latifundiária. Isso equivale a dizer que o movimento passa a reivindicar a divisão da terra e o acesso aos direitos trabalhistas para seus trabalhadores. Sua reinvindicação original — dignidade para os corpos mortos – significava também que eram destituídos do direito de terem direitos em vida.

Esse sentimento de inutilidade dos esforços despendidos pelos camponeses e trabalhadores do campo se dava em grande parte pela natureza das estruturas agrárias, fundadas na grande propriedade territorial, e pelas suas formas de domínio e exploração quase imutáveis nos seus quatrocentos anos de história. Pesavam sobre os trabalhadores rurais todos os tipos de coerção, da econômica às ditas coerções extraeconômicas, especialmente aquelas que se realizam por meio da mais invisível das expropriações: a que se perpetra pela expropriação das subjetividades, dos sentimentos relativos a si próprio, das suas almas. O resultado disso só pode ser a modelação de almas mais dóceis, porque mais atemorizadas, invadidas, atravessadas que são pelo medo constante dos senhores do campo e da cidade e de seus aparatos de repressão, sempre ativados diante de qualquer rebelião, de qualquer "insubordinação". Da parte do Estado recebiam terror e violência permanentes.

Francisco Julião relata que outra demanda se referia à necessidade de instalação de escolas. Vale a pena recordar a questão concedendo voz ao próprio Julião:

> Em 1955, surge a Sociedade Agrícola e Pecuária dos Plantadores de Pernambuco, mais tarde chamada de "Liga Camponesa da Galileia". Essa iniciativa coube aos próprios camponeses do "Engenho Galileia", município de Vitória de Santo Antão, não muito longe de Recife. As autoridades negavam-lhes o direito de ter uma professora, e o dono do latifúndio, um absenteísta, apesar de ter filhos

> diplomados, graças ao foro arrancado anualmente daquela pobre gente, também não cumpria o artigo da Constituição Federal que obrigava todo o estabelecimento agrícola com mais de 100 trabalhadores a manter a escola gratuita para eles e os filhos. Na sua humildade, os camponeses da Galileia, depois de constituírem a diretoria da sociedade, com Presidente, Vice-Presidente, Tesoureiro e outros cargos, convidaram o próprio senhor de engenho para figurar como Presidente de Honra. Houve posse solene, saindo o dono da terra satisfeito porque era o único da região a receber essa homenagem dos foreiros explorados. (Julião, 1962, p.25ss.).

Contudo, a "máquina do mundo", como nos ensina a advertência drummondiana (Drummond de Andrade, 1988, p.242), não costuma brincar, sobretudo quando se trata de impedir a luta dos fracos. E a reação dos poderosos não podia tardar:

> Advertido, pouco depois, por outros latifundiários, de que acabara de instalar o comunismo em seus domínios, tomou imediata providência para impedir o funcionamento da escola. [...] Sem tardar, [vieram] as intimações, as chamadas à Delegacia de Polícia, à presença do Promotor, do Prefeito, do Juiz. (Julião, 1962, p.25ss.)

Os trabalhadores iniciaram ali mais umas de suas lutas, resistiram. Foram imediatamente ameaçados de despejo. Dividiram-se, mas parte significativa deles partiu para a resistência. Os líderes dos trabalhadores foram buscar a ajuda de um advogado. Assim conta Julião:

> Vão ter a nossa residência, informados de que, há muitos anos, vínhamos defendendo as suas causas. Aceitamos o patrocínio dessa causa. Fomos à "Galileia", onde uma grande maioria deles, trabalhadores rurais com suas mulheres e filhos, nos receberam sob pétalas de rosas e espocar de foguetes. (Ibid.)

Sensível ao seu sofrimento, tocado pelos ideais socialistas, vendo na estrutura capitalista e latifundiária a fonte de todos os males e injustiças contra os humildes, fácil foi dizer àquele primeiro núcleo de camponeses que a liberdade deles estava em suas próprias mãos. Naturalmente, também neste caso, a luta dos trabalhadores rurais pobres foi brutalmente reprimida. Como mencionamos anteriormente, a história das Ligas termina com o assassinato de João Pedro Teixeira e de muitos outros militantes pouco antes e durante a ditadura militar.

4.3 Memória histórica e memória individual

O fenômeno das Ligas Camponesas marcou a região nordestina rural de forma indelével, fundando uma experiência de memória coletiva, de certo modo, inapagável. A reivindicação por direitos dos trabalhadores rurais permaneceu viva e nela se envolveu profundamente, anos depois, uma das pessoas entrevistadas, o seu Jorge, como veremos (ver Capítulo 10). Nesta altura da história brasileira, torna-se relevante relembrar que o Brasil fez do esquecimento das lutas de classes anteriores a 1964 uma política de Estado. Dessa forma tornou ainda mais espessas as cortinas de trevas que se lançaram sistematicamente sobre certos episódios do nosso passado. Os tempos de políticas estruturantes de desmemorização e de imposição de tantos silêncios, como foram os longos tempos da ditadura militar brasileira, despertam ainda grande vontade de saber mais o que aconteceu na região das Ligas.

A memória, em seus diversos registros narrativos, possui diferentes camadas. Às vezes, estas se apresentam como simples alusão passageira a fatos acontecidos, mas sem comparecer como elemento de um relato coerente e organizado. Trata-se antes de um "ouvi dizer", expressado em frases como "Minha avó certa vez falou alguma coisa a respeito disso...". Como nos lembra Paul Ricoeur, o esquecimento faz parte da memória (Ricoeur, 2007, p.436ss.), assim como as formas diversas pelas quais os fatos acontecidos são recolhidos pela memória coletiva. Ainda, nesse sentido, o esquecimento não significa apenas uma forma de *damnatio memoriae* e de amnésia ou de apagamento do passado. Há, nele, uma dimensão de resistência dos vencidos, que podem, muitas vezes, transformar os fatos do passado, as histórias das experiências de lutas que não testemunharam, mas que ouviram relatar, em uma linguagem própria, em um "relato secreto" (Scott, 1990), acionado, muitas vezes, por sinais e gestos específicos. Esses sinais e gestos são difíceis de serem apreendidos, mas estão na memória, entendida como patrimônio de lembranças do vivido, de algo que não foi experimentado diretamente, mas que é constitutivo de certa cultura comum. Nesse sentido, pode ser comparável ao "tempo" benjaminiano: sua atualização solicita o ato do pensamento de falar com os mortos, para com eles tentar juntar os fragmentos da história vivida e sofrida de nossos personagens (Benjamin, 1987, p.222ss.). Trata-se da tentativa de atribuir sentido às derrotas e às violências sofridas num passado que pode ser distante ou mais recente.

A luta por direitos em nosso país possui uma história longa, dura, descontínua e marcada sempre pela repressão violenta que visa à supressão dos movimentos sociais e de seus líderes. Lembremo-nos da arguta observação de Antonio Gramsci (1977) sobre esta característica da história da luta dos dominados, das classes subalternas: suas irrupções na história se desenvolvem normalmente de forma episódica e descontínua, ao contrário das classes dirigentes. O controle dos aparatos de força, tanto no nível estatal com o monopólio da força bruta, como nas formas persuasivas penetrantes que se efetivam na dimensão simbólica do Estado e na força do discurso estatal, tem garantido às classes dominantes a eficácia de uma ação unitária e orgânica. É o contrário das forças dos subalternos, cuja condição também se cristaliza e se reafirma em muitas dificuldades para se agregar e agir coletivamente. Estão sujeitos a mais dispersão e mais diluição das suas linhas de ação. Gramsci se refere a essa descontinuidade das lutas populares afirmando que suas irrupções episódicas são às vezes similares aos "acampamentos ciganos e nômades da política" (Gramsci, 1999-2002, v.3, p.13ss). Uma das forças que podem se dissipar ou apenas permanecer como fragmento é a memória das próprias lutas sociais. Não é por acaso que se estende sobre elas o poderoso manto de muitas e variadas políticas de silenciamento. Remover e selecionar os fatos da memória pública constituem funções do poder estatal (cf. Battini, 2003; ver também Bodei, 2004). Nas palavras nada otimistas de Gramsci:

> A história dos grupos sociais subalternos é necessariamente desagregada e episódica. Os grupos subalternos sofrem sempre a iniciativa dos grupos dominantes, inclusive quando se revoltam e se levantam. Na realidade, inclusive quando parecem vitoriosos, os grupos subalternos se encontram num estado d'alma defensivo. (Apud Portantiero, 1977, p.359ss.)

Como veremos nos testemunhos recolhidos por nós, contudo, a memória histórica pode ser silenciada também pelas privações do dia a dia. Viver em situação continuada de pobreza significa viver numa espécie de eterno presente, no qual nada verdadeiramente novo ou diferente acontece. A cotidiana luta pela sobrevivência não deixa muito espaço para sonhar, quanto mais desejar algo diferente. Isso não afeta somente a relação com o próprio futuro, mas também a percepção do tempo passado.

Com isso, não queremos afirmar que as pessoas entrevistadas não possuam memória de sua vida. Ao contrário, tal memória é impregnada pelas lembranças de acontecimentos distantes no tempo, que, apesar disso, possuem atualidade para as pessoas, que as entrelaçam com suas experiências biográficas criando um tecido narrativo no qual memória individual e memória coletiva se confundem e não podem ser separadas. Veremos, por exemplo, como a memória da sorte trágica de mulheres que foram estupradas e mortas ou que morreram gritando durante um parto – fatos acontecidos, às vezes, muitas décadas antes de as mulheres entrevistadas terem nascido – é incorporada às recordações de sua própria vida: no medo da violência masculina, quando eram jovens, ou no pavor que a experiência dos partos doloridos suscita nelas. São suas lembranças pessoais e, ao mesmo tempo, são as lembranças coletivas de uma comunidade – e são estas que contribuem para dar um sentido, ainda que não confortante, ao seu sofrimento. Nisso também reside o poder da memória.

Nas *Confissões* de Agostinho de Hipona há uma exaltação de tal poder. Vale a pena referir-se a este que, talvez, seja um dos textos mais fortes sobre o tema na história do pensamento ocidental:

> Grande é o poder da memória, Senhor; tem algo de terrível, uma infinita e profunda complexidade. Mas isto é o espírito, isto, sou eu próprio. Chegarei assim ao campo e aos vastos palácios da memória, onde se encontram os inúmeros tesouros de imagens de todos os gêneros trazidas pela percepção. Aí é também depositada toda a atividade de nossa mente, que aumenta, diminui ou transforma, de modos diversos, o que os sentidos atingiram, e também tudo que foi guardado e ainda não foi absorvido e sepultado no esquecimento. Quando aí me encontro, posso convocar as imagens que quero. Algumas se apresentam imediatamente; outras se fazem esperar por mais tempo e parecem ser arrancadas de repositórios mais recônditos. Irrompem as outras em turbilhão no lugar daquela que procuro, pondo-se em evidência, como que a dizerem: "Não somos nós talvez o que procuras?" Afasto-as da memória com a mão de meu espírito: emerge então aquela que eu queria, surgindo das sombras. Outras sobrevêm dóceis em grupos ordenados, à medida que as conclamo, uma após outra, as primeiras cedendo lugar às seguintes, e desaparecendo para reaparecer quando quero. Eis o que sucede quando falo de memória. (Agostinho, 2020, p.274ss.)

Pode-se concluir que este é um dos tantos mistérios ou, como diz Ricoeur, dos enigmas da memória (bem como suas formas de encobrimento), cujas portas podem ser arrombadas inesperadamente. Suas camadas de sustentação podem ser destruídas, e, com isso, comportas podem ser derrubadas, liberando elementos da memória que podem desaguar em um rio caudaloso de protestos sociais. A história passada e a presente estão carregadas de exemplos dessa realidade. Sartre lembra, em *Reflexões sobre o racismo*, que os camponeses franceses de 1789 tinham em sua memória lembranças ainda vibrantes de fatos pertencentes à Guerra dos Cem Anos (Sartre, 1968). Riobaldo sabia disto muito bem. Advertia que: "A lembrança da vida da gente se guarda em trechos diversos, cada um com seu signo e sentimento. [...] Tem horas antigas que ficaram muito mais perto da gente do que outras, de recente data" (Guimarães Rosa, 1956, p.78).

Desse modo, pode-se afirmar que são muitas as dimensões da memória. Isto é, comparecem no seu palco muitas e diversificadas formas de encantamento, de ação e de projeção de homens e mulheres. Certas formas de espera estão contidas nela, como diz o poeta:

> Mudam-se os tempos, mudam-se as vontades,
> Muda-se o ser, muda-se a confiança;
> Todo o mundo é composto de mudança,
> Tomando sempre novas qualidades.
> Continuamente vemos novidades,
> Diferentes em tudo da esperança;
> Do mal ficam as mágoas na lembrança,
> E do bem, se algum houve, as saudades.[10]

10 Luís Vaz de Camões. "Mudam-se os tempos, mudam-se as vontades". Disponível em: <https://ensina.rtp.pt/artigo/mudam-se-os-tempos-mudam-se-as-vontades-de-luis-de-camoes/>, acesso em 12 mar. 2025.

SEGUNDA PARTE

AS ENTREVISTAS

CAPÍTULO 5

FÁTIMA E A SEDE (SERRA DO CARIRI, CE, 2016-2019)

[A sede] é mais imperiosa do que a fome: a fome obedece aos nervos, concede adiamento, pode ser temporariamente coberta por uma emoção, uma dor, um medo [...]; mas não a sede, que não dá trégua. A fome extenua, a sede enfurece.

Primo Levi[1]

[Existem] temporalidades distendidas que a própria criança descobre, ou inventa sozinha: longos períodos roubados ao tempo dos relógios, nos quais a criança se dedica às atividades criativas da brincadeira e do devaneio. Essas atividades infantis são experiências fundamentais para o exercício de uma potência criativa que há de valer, para o resto da vida, como recurso contra as disposições fatalistas, nas quais a realidade se apresenta inexorável a um sujeito que se vê incapaz de alterá-la em seu favor.

Maria Rita Kehl[2]

Mulher só nasceu no mundo pra sofrer.

Dona Fátima

1 Levi, 2022, p.62s.
2 Kehl, 2015, p.142.

No sertão semiárido do Ceará, a cidade do Crato está cravada em uma espécie de entremontes, embora mais situada no sopé da Chapada do Araripe. Esta é composta de fortes maciços, de esplêndidas chapadas que se afiguram quase uniformes em seus contornos suaves, em linhas retas e paralelas que às vezes se quebram formando superfícies pontiagudas, e, assim, abrindo grandes frestas que deixam entrever outra planície de pedra, às vezes cobertas de relva verde e de árvores. O conjunto possui grande beleza, especialmente no fim do dia, quando o céu assume um tom dourado avermelhado, um misto de cores cujas tonalidades intensas (vermelho, amarelo manga, alaranjado) aparecem entre os maciços da Chapada e tornam o crepúsculo um momento muito especial de luminosidade e beleza. A região faz parte da chamada Depressão Sertaneja e da grande Floresta Nacional, que, diga-se de passagem, foi a primeira floresta nacional estabelecida no Brasil já no ano de 1946. Desse modo, o clima é muito agradável e pode-se dizer bem ameno em relação a outras regiões do sertão.

O vale do Cariri ainda carrega as marcas das lutas políticas e espirituais que caracterizaram sua ascensão no cenário nacional no começo do século XX. Por um lado, Juazeiro do Norte, que de vilarejo com trinta e duas casas se transformou graças à presença de Padre Cícero na maior cidade e no coração econômico e político do Vale; por outro, as cidades derrotadas (literalmente) na luta contra o Padre e seus seguidores: Barbalha (uma das sete cidades brasileiras que podem exibir um gabinete de leitura da época imperial) e, sobretudo, o Crato. Apesar de ser a cidade natal do Padre, o Crato, por ter sido a grande adversária de Juazeiro nas convulsões religiosas e armadas das primeiras décadas de 1900, foi o lugar mais prejudicado pela derrota, deixando de ser o centro político e econômico do Vale e passando a viver à sombra da poderosa vizinha.

O Crato, que escolhemos como base de nossa pesquisa, é uma cidade tranquila, mas viva, que possui uma longa história e tradições culturais muito próprias. Suas origens são datadas ainda no final do século XVII, mas suas raízes culturais estão fincadas no mundo dos índios Cariri e no catolicismo com certa tradição messiânica trazida pelos padres capuchinhos italianos, que fundaram escolas e seminários. Nas últimas décadas, com a criação da URCA

(Universidade Regional do Cariri, estadual) e da UFCA (Universidade Federal do Cariri), o Crato voltou a ser uma cidade viva e ativa, com uma vida cultural marcante devido à presença das universidades. Ainda assim, escassas são as referências ao Padre Cícero na cidade, à diferença de Juazeiro, dominado pela gigantesca estátua do "Padim" posta no alto do Horto – em oposição à qual os cratenses erigiram no topo de um morro uma grande estátua de N. Sra. de Fátima que olha para a cidade e dá as costas a Juazeiro. A impressão é que as duas cidades são divididas por muito mais do que os quinze quilômetros que as separam.

Chegamos ao sertão do Cariri pela primeira vez no ano de 2016, logo após a sessão da Câmara dos Deputados, na qual foi votado o *impeachment* da presidenta Dilma. Ao contrário do clima político de São Paulo e de Florianópolis, sobretudo nos bairros de classe média, na cidade do Crato, pairava no ar, como uma bruma seca, um clima de grande tensão entre as pessoas. Conversamos com um motorista de táxi, uma pessoa alegre, falante, o Sr. Leonardo, que foi logo nos dizendo: "Aqui 'tá uma tristeza só". Não sabendo bem ao que ele se referia, indagamos-lhe o porquê. "Ah! Ontem, para os senhores terem uma ideia, levei uma mulher pros lados de Barbalha e a mulher só fazia era chorar. Perguntei a ela: 'Que tristeza, dona, a senhora tem no coração?' Ela me disse: 'O senhor tem ideia do que aconteceu ontem?' Não me dava conta do que ela falava e disse 'Uai! Não 'tou sabendo não. O que aconteceu?' 'Roubaram nosso voto, senhor, tiraram a presidente Dilma do governo, não 'tá sabendo não da desgraça que aconteceu?' Daí me abri também. 'Tou sabendo sim senhora e também 'tou muito triste'". A mudança de clima político era tamanha que chegava a desnortear as pessoas que provinham do Sul ou Sudeste. De fato, era possível sentir que a nação havia se partido ao meio. Euforia e choro pelo *impeachment* da presidenta estavam quase localizados geograficamente.

Nesse ano, nossa pesquisa estava começando e ainda estávamos explorando a região. Portanto, dirigimo-nos em primeiro lugar à Universidade, para encontrar pessoalmente as pesquisadoras com as quais tínhamos contato. Encontramos uma atmosfera muito acolhedora. As e os colegas, assim como o reitor Francisco do O' de Lima Júnior, se mostraram muito disponíveis para dar auxílio à nossa pesquisa. Tivemos com o reitor uma aula sobre a região e suas características climáticas, populacionais, sociais e políticas. Nossa intenção era a de concentrar nossa pesquisa na serra do Cariri, servindo-nos de contatos locais, membros do sindicato dos trabalhadores rurais.

A serra do Cariri, nos arredores do Crato, é bastante fértil, diferentemente do resto da região sertaneja, e consente o cultivo de algumas espécies vegetais, especialmente a mandioca, o feijão e o milho. O Governo Federal tinha implementado, com a cooperação de várias entidades regionais, um programa para construir cisternas capazes de garantir o abastecimento de água também durante os períodos de seca (falaremos dele mais adiante). Havia cisternas para uso familiar e outras, maiores, que serviam ao cultivo, às vezes compartilhadas por vários agricultores vizinhos, além de cisternas para abastecer as escolas (os três tipos de cisternas são chamados de primeira, segunda e terceira água, respectivamente). Portanto, as cisternas são construídas conforme o destino da água e com técnicas diversas. Desenvolveu-se, assim, uma *expertise* para a construção desse instrumento fundamental para enfrentar os meses da seca, inclusive, a ponto de permitir uma exportação da tecnologia para outras regiões. As cisternas permitem a existência, ao lado das casas, de pequenas hortas, que podem ser regadas e florescer o ano inteiro, devido à água desses reservatórios; principalmente, impedem que as famílias passem sede, que era e ainda é algo muito comum na região, como veremos. Com o governo Temer, o programa sofreu cortes dramáticos que, praticamente, pararam a construção e manutenção das cisternas, deixando inúmeras famílias sem este recurso. Sob o governo Bolsonaro, o programa ficou definitivamente sem recursos. A seca e a sede voltaram a assombrar a vida das pessoas. O discurso conservador gosta de citar o provérbio de que é melhor ensinar a pescar do que dar o peixe. Bom, no Nordeste estão matando o peixe tirando-lhe a água.

Depois de mais ou menos uma hora e meia de viagem de carro partindo do Crato, subindo a serra, chega-se ao bairro rural do Catolé, formado por núcleos de casas muito parecidas umas com as outras, frequentemente com as fachadas pintadas de cor pastel, com certa predominância de verde pálido. A vegetação é muito exuberante e é muito comum a presença de grandes árvores ao lado ou na frente da casa. Na estrada de chão batido, com curvas e buracos, deve-se viajar devagar e com cuidado. Nos bairros rurais dos sertões brasileiros não existem ruas e endereços nítidos e regulares. Esta é mais uma faceta da pobreza extrema e representa mais uma das dimensões da ausência do Estado. Ao pedir indicações, os moradores se referiam geralmente à vegetação local ("A casa de Fátima tem um oitizeiro na frente", "Vira à direita depois da casa que tem dois pés de ipê na frente" etc.). Depois de perguntar várias vezes a localização exata, chegamos à moradia de Dona Fátima, a mulher que íamos entrevistar. Na frente da casa há, de fato, uma grande e bela árvore muito frondosa, um oiti ou oitizeiro, como dizem na região, com grandes galhos pendentes até o chão, que projetam uma sombra grande e circular. A casa se encontra no centro de um terreno relativamente grande e tinha a parede lateral pintada de verde.

A parada de um carro e a chegada de pessoas diferentes chama logo a atenção dos vizinhos, que saem às janelas ou ficam espiando pelas frestas das portas o que está acontecendo. Não é somente a curiosidade que leva a essa atitude, mas também o medo, a saber, o medo de que se trate de funcionários públicos que vêm fiscalizar e podem cortar o benefício do Bolsa Família.[3] Dona Fátima apareceu

---

3 Um dia conseguimos, através de uma colega da Urca, a autorização para assistirmos a uma reunião com mulheres participantes do Programa Bolsa Família na sede da Secretaria Municipal de Assistência Social da cidade de Juazeiro do Norte. Na dita reunião, um funcionário, um jovem rapaz, muito simpático e educado, dava avisos e instruções às bolsistas do programa. Sentamo-nos no fundo da sala, que estava lotada. O funcionário, bem-intencionado, começou a explicar-lhes algumas mudanças recentes no programa e a repetir as antigas condicionalidades. O tom usado para enfatizar os perigos que as mulheres corriam se deixassem de cumprir algumas das condicionalidades era de absoluto terror. A voz do funcionário foi se alterando mais de uma vez, para enfatizar suas palavras, ameaçando as mulheres de perderem a bolsa, caso não cumprissem as condições. Depois de certo tempo, dava para ver com nitidez que as mulheres assumiam expressões faciais contraídas, amedrontadas mesmo. Na sala começou a reinar uma grande angústia, que se expressava nos rostos intimidados. Uma senhora chorava baixinho, outras

na soleira da porta, caminhando muito timidamente para nos encontrar, mas sem deixar de nos lançar um olhar desconfiado. Apesar de sermos acompanhados por um contato local, pessoa familiar das entrevistadas, sempre permanece uma atmosfera de desconfiança nas primeiras conversas, que só desaparece ao longo do tempo.

Fátima é uma mulher de 42 anos, mãe de seis filhos, mas que teve sete partos (no primeiro, perdeu o bebê). Adiante falaremos mais detidamente sobre essa experiência em sua vida. Neste primeiro dia de entrevista, no mês de junho de 2016, Fátima se mostrava bastante esquiva, falava, inicialmente, muito pouco e respondia quase que de maneira monossilábica às nossas perguntas. Contudo, conseguimos conversar por certo tempo. Afinal, aquela era a nossa primeira viagem de pesquisa na região e as conversas, os encontros, as entrevistas, ainda tinham certo caráter exploratório. Começávamos a conhecer certas características do Cariri e de sua população, certos hábitos culturais, suas falas, bem como as novidades importantes que os programas sociais tinham desempenhado entre 2003 e 2014, causando impactos importantes nas vidas das pessoas em situação de pobreza. Fátima e sua família estavam inseridas exatamente nesta configuração: a de terem conhecido certas melhorias por causa dos programas sociais governamentais.

---

se entreolhavam com olhos marejados, enquanto seu pavor aumentava, culminando no momento em que o funcionário disse que agora ninguém sabia ao certo o que aconteceria e que não se sabia sequer se as bolsas não seriam cortadas. Conversamos com ele na saída e lhe perguntamos as razões daquele tom. Respondeu: "Somente assim elas entendem os perigos que as ameaçam. Infelizmente, temos de agir assim". Estava convencido de que fazia aquilo exatamente para protegê-las e acreditava que aquele tom, marcado por paternalismo autoritário, fosse necessário para que não descuidassem das exigências do governo. Estava, em suma, fazendo aquele discurso aterrorizante para poupá-las de maiores infortúnios. Este é o clássico caso de um funcionário público que, de boa-fé, fala em nome de um Estado, secularmente autoritário, acostumado a tratar os pobres como crianças grandes. Crianças que precisam ser assombradas com as bruxas que virão um dia para cortar sua renda familiar caso não cumpram as exigências de uma determinada política pública. Sobre a humilhação por parte de funcionários públicos, ver Pinzani; Piroli (no prelo).

Feitas as apresentações, Fátima nos levou a um pequeno quintal rodeado de plantações e árvores, com um cachorro e galinhas que corriam para todos os lados. Como sempre nestas circunstâncias, as crianças da casa e dos vizinhos aparecem para espiar timidamente as visitas. Certas vezes entram nas conversas, mas também olham para os entrevistadores com olhares espertos e cismados, tais quais os adultos. Neste dia não adentramos no interior da casa de Fátima, coisa que só fizemos na terceira e quarta entrevista. Neste decurso de tempo fomos conhecendo um pouco mais da personalidade e da vida dela, mas na primeira experiência, a entrevista foi mais breve do que as posteriores. Diante desta mulher pequena, tímida, de olhos apertados e fala seca, por vezes, murmurante e entrecortada, possuidora de uma personalidade carregada, quase misteriosa, nossa impressão foi a de que as entrevistas não seriam nada fáceis. Fátima nos acomodou em algumas cadeiras e começamos a falar, enquanto a tarde corria mansa e quente. Lá na parte de altitude média da serra, no bairro do Catolé, o clima é bem mais agradável do que na baixada do Crato. Sopra um vento suave, quase uma brisa, que balança sutilmente as folhas das árvores causando um rumorejo delicado, doce, tornando o calor do sertão muito mais ameno. Assim, instalados neste clima quase montanhoso de silêncio e mansidão, dispusemos sobre uma cadeira o gravador para registrar a entrevista. Nesse dia tivemos a impressão de que Fátima se fechava muito, quando chegava a hora de falar mais de si. Abriu-se, contudo, quando começou a nos contar sobre sua infância de menina muito pobre em uma família muito grande.

Os pais

Sua mãe teve onze filhos e nove abortos espontâneos, ou seja, ficou grávida vinte vezes. Ainda vive e mora na cidade de Juazeiro do Norte, separada do marido (o pai de Fátima), devido à imensa violência dele, da qual a própria Fátima teve experiência quando criança. A memória dos abortos da mãe pertence às primeiras recordações de Fátima. Ela lembra que a mãe "saía daqui de casa, no braço do povo, toda enrolada assim de pano, porque eu era pequeninha, né, eu ficava chorando dizendo que minha mãe tinha morrido. Aí, me diziam, 'não, ela está só doente, ela foi pra o hospital, quando ficar melhor vem pra casa'. Aí, quando era dois, três dias ela vinha pra casa. [...] Foi porque dos abortos, dava hemorragia nela. Depois que eu cresci que eu entendi." Perguntamos se eram abortos espontâneos ou provocados pela mãe e Fátima responde: "Não, era raiva do marido, era susto, era alguma coisa que acontecia, desejo, alguma coisa. Que ela matou não, nenhum ela nunca matou." Finalmente, a mãe de Fátima fez laqueadura, para não ficar mais grávida.

O pai, como dito, era muito violento. Os olhos de Fátima se escurecem quando rememora. "Meu pai era muito carrasco conosco, judiou muito da mãe. Batia, mas tinha que andar na linha." Perguntamos o que ela entende com essa expressão. "Na linha era assim: quando ele desse um grito, nós tínhamos que fazer o que ele quisesse, se não ele batia. Ele não sabia bater de cipó, ele jogava o que tivesse na mão, era um pau, era uma pedra, era um tijolo, o que ele tivesse na mão. Apanhamos muito. Porque criança, já sabe como é criança, né?" Perguntamos se ela também bate nos filhos. "Já bati muito naqueles tempos. Agora não, agora eu só faço mais conversar e brigar. Eu brigo muito com eles e falo pra eles: 'não carece de eu 'tar batendo em vocês, vocês sabem do caminho certo e do caminho errado'". Confessa que bateu bastante no filho mais velho, quando era criança. "Bati demais nele. Bati que tem hora que eu me arrependo de ter batido. Outra hora eu digo assim: eu podia ter batido é mais, quando a raiva é grande. Botei ele muitas vezes de castigo, na mesinha do santo, porque ele falava palavrão feio com a professora, e eu ficava com uma vergonha, uma vergonha... Chegava em casa e dizia a ele: 'Se ajoelha aí reza tantos pai-nosso e tantas ave-maria'. Sentava perto dele e mandava ele rezar alto pra eu ouvir. E ele de joelhinho, rezando. Tinha que rezar: ou rezava ou apanhava. Mas não mudou não".

A infância 1

Cursou somente o primeiro ano de escola e sabe ler, mas "bem devagarzinho, soletrando". Conforme relata: "Tem coisas que eu sei desenrolar, outras eu não sei. Eu leio a Bíblia, mas nem toda palavra que tem na Bíblia, porque eu tenho que soletrar, né? Porque eu gosto de ler a Bíblia, porque ela incentiva a gente". Foi retirada da escola por seus pais aos sete anos para trabalhar na roça e desde então nunca parou. "Na roça, em casa, porque o trabalho aqui sempre é em casa também, rapando mandioca, peneirando a massa no viamento [onde se prepara a farinha de mandioca], sempre trabalhei, desde os sete anos, pequenininha como esse menino [aponta para o filho, sentado no quintal]. Eu ia pra roça mais minha mãe e meu pai". Cala-se de repente e olha para o nada, como se a lembrança disso a incomodasse.

Perguntamos se, depois de ter trabalhado na roça, tinha tempo para brincar um pouco com seus irmãos ou seus amigos. Emite um riso seco, quase um bufar. "Nós era danado, nós roubava tempo, mesmo assim. Pai bruto, pai ignorante, mas nós roubava tempo pra brincar. Nós não tinha boneca, nós inventava boneca de sabugo: pegava as roupas, rasgava e enrolava assim no sabugo. Fazia as casinhas lá dentro do mato, roubando umas horinhas de mãe e de pai, na hora que ele mandava dar água às cabras, com as cabras pastando. Todo meio-dia tinha que mudar as cabras, porque ele criava cabra nesse tempo. Aí, nós ia mudar as cabras, nós ia na carreira, pra gente mudar bem rápido; botava onde tivesse sombra, tirava elas desse canto aqui do sol e botava na sombra, dava água a elas e voltava nas carreiras pra brincar um pouquinho nas casinhas, quando dava por nós. Mãe já nos gritos chamando, e nós: 'Eita, mãe já tá chamando, vamos correndo'. Aí, corria pra casa nas carreiras, e quando chegar em casa, um ia buscar a água no barreiro[4] – porque nós botava água nos barreiros nesse tempo – ou da nascente, que é longe, tinha que ir de jumento, nas ancas pra roça. Porque tinha que ir pra roça, nós tinha que levar a cabaça de água, as enxadas pra limpar o mato e ia puxando um rebanho de cabra e um bisaco de farinha e rapadura. O que é um bisaco? É uma sacolona assim, com farinha e rapadura que era a merenda dos trabalhadores do pai, que 'tavam na roça com ele. Quando era nove horas, ele rapava assim a rapadura que 'tava na sacola, misturava

---

4 Nome que, na região, se dá a uma espécie de poço que armazena a água da chuva.

com farinha e bebia água... Esta era a merenda. O almoço? Era arroz e feijão ou feijão e farinha. Carne não tinha. Verdura nem sabia onde achar."

Perguntamos se chegou a passar fome. Acena com a cabeça. "Já... Tinha época que era feijão puro. Não tinha nem o óleo, que era mais fácil, imagina toucinho! Leite tinha, mas era para os pequeninhos. Tinha um monte de menino pequeninho. Aí, fazia um panelão desse tamanho de mingau pra dois, três meninos, com leite de cabra. Eu mesma fui criada com leite de cabra. Botava a farinha numa fralda, peneirava assim, aí ficava bem fininho, aí botava açúcar, o leite, mexia e fazia o mingau para os meninos. A maioria das pessoas criava cabra pra criar os filhos."

Perguntamos se o que eles produziam na roça era somente para o consumo familiar ou se vendia também algo no mercado. "Sim, pai vendia a farinha, a goma... Ele levava pra feira pra vender, pra fazer a feira da semana, pra comprar café, açúcar, o leite, o arroz, porque naquele tempo ninguém tinha arroz, né? No meu tempo, arroz era só pra os pequenos, de sete anos abaixo comia arroz, os maiorzinhos comiam feijão velho com farinha, andu com farinha, a gente comeu muito andu. O que é o andu? Andu é um feijão amarguinho, um pé de pau que a gente planta e ele cresce e bota as varginhas. Botava muito nesse tempo que eu era criança, plantava um pé e ficava grande, esse pé de pau, cheio de andu. Aí, colhia, botava no fogo e comia. E o povo dizia que é o feijão de pau que o Padre Cícero mandou o povo plantar naquele tempo".

A água

Como tinha mencionado a necessidade de carregar água, perguntamos como a família fazia naquela época. Suspira. "Era difícil a água. Botava da caixa quando tem água ou dum barreiro, que tinha água de barreiro, nesse tempo. Era longe o barreiro que tem aqui. Era aqui embaixo [aponta com o dedo para uma direção no mato], um barreiro bem longe, e tinha outro aqui em cima [aponta na direção oposta]. Tinha que ir até lá e pegar com o balde. Tinha que ir ou de bicicleta ou de jumento, porque era longe, acho que é bem uma légua [seis quilômetros e meio] daqui para o barreiro. Íamos juntos pegar, mas só de dois em dois, o mais grande ia com o mais pequeno, porque o jumento era danado. Ai de nós, se derrubasse a carga! Todo mundo tinha jumento, porque é longe pra botar na cabeça, mas quem não tinha ia buscar água na cabeça. Eu tenho uma comadre, que morava ali embaixo. Ela buscava na cabeça, porque, quando ela casou, nem um jumento tinha, ou tinha e a cobra matou. Só sei que aconteceu alguma coisa com o jumento. Aí, quando tinha os meninos pequenos, dois ou três meninos todos pequenos, ela ia buscar com a lata na cabeça água lá no barreiro pra cozinhar o feijão, o arroz, fazer um mingau pros meninos. Os pratos, a gente lavava num canequinho d'água assim, na bacia com bem pouquinha água. Os meninos, esses meus mesmos, eu cansei de banhar, do mais velho ao mais novo, numa água só. Botava um caneco de água quente na bacia, aí tirava aquele grosso, aí enxaguava, só com um canequinho d'água e tirava. Aí, lambuzava o outro nessa água suja, aí enxaguava com um canequinho d'água até chegar no derradeiro." Ri, agora de um riso aberto e divertido. "O meu menino mais velho diz que ele é moreno, encardido, 'porque mãe banhava eu com água dos outros', e eu digo: 'mas tu era o primeiro a banhar!'"

A rotina diária de buscar água no barreiro representa um momento importante na vida de Fátima e das mulheres da região. Aguardam na fila sua vez de encher as latas de água. Depois, têm que trazer sobre a cabeça aqueles vasilhames pesados de água suja, barrenta, escura, e, chegando em casa, fervê-la, peneirá-la e, com ela, cozer os alimentos e ainda dar banho nas crianças. Esse ritual naquela região é marcado por histórias, algumas terríveis, inclusive de estupros, sobretudo quando meninas iam sozinhas, muito cedo, ainda no escuro, buscar a água. Entre essas histórias, figura uma que é muito popular e carregada de mistério. Trata-se da tentativa de estupro e do assassinato de uma menina ocorrido ao lado de uma cacimba de água: Benigna Cardoso da Silva, conhecida hoje como "heroína da castidade", nascida em 1928 e assassinada em 1941. Resumidamente, a morte de Benigna está ligada ao estupro que teria sofrido por parte do ex-namorado, Raul Alves, também um menino de treze anos. Na tarde do dia 24 de outubro de 1941, nove dias após o seu aniversário, Benigna foi surpreendida por

Raul. Sabedor da sua rotina de ir buscar água na cacimba todas as tardes, a poucos metros da sua casa, Raul tentou seduzi-la, mas ela ofereceu-lhe forte resistência. Isso o enfureceu e ele agiu com grande violência. Estava munido de um facão e golpeou o corpo da menina várias vezes, provocando sua morte. Benigna hoje é objeto de culto (está em curso um processo de beatificação no Vaticano), e uma estátua dela adorna a entrada da pequena cidade de Inhumas, vizinha de Santana do Cariri. Benigna também habita o universo mítico da região. Existe uma romaria, que começa no dia 15 de outubro, aniversário dela, com novenas e missas que chegam a reunir, segundo se comenta na cidade do Crato, até trinta mil pessoas em procissões. As novenas duram até o dia 24, aniversário do assassinato.

A própria Fátima nos contou esta história muito rapidamente e sem muito entusiasmo. Apenas enfatizou que Benigna preferiu morrer a se entregar a um homem. Nesta região, o feminicídio é frequente ainda hoje. Em duas ocasiões de nossas viagens haviam acontecido ali dois crimes cruéis. O primeiro fora praticado por um jovem contra a namorada, também adolescente. No outro, a vítima foi uma professora da Universidade morta pelo marido na frente do filho de cinco anos em um parque infantil da cidade do Crato. Hoje, esses crimes provocam passeatas de estudantes das Universidades locais. Contudo, entre as mulheres entrevistadas, o tema não rendeu muito. Pareceu-nos que mal suportavam falar no assunto, inclusive na história de Benigna.

A falta de água ainda persiste. Isso significa que Fátima passou sede, quando criança, e do mesmo modo a sua família, até pouco tempo atrás. Pedimos que nos contasse a experiência da sede. "Às vezes, nós, de noite..." Interrompe-se e aperta os lábios, olhando para o vazio. Depois recomeça a falar. "À boquinha [no início da noite] as crianças falavam: 'mãe, eu 'tou com sede'. Aí, eu respondia: 'Ah, não tem água não'. Depois, ia lá e fazia rummmmm [faz o gesto de raspar com uma caneca o fundo de uma vasilha] com o caneco no fundo do pote, pra ver se vinha ao menos uma gotinha, mas não vinha nada. 'Mãe, não tem água? Como é que nós vai fazer pra dormir com sede?' Aí, nós pegava e ia pra casa das vizinhas pedir. 'Ei, Dona Maria, dá um caneco d'água pra eu beber, porque eu 'tou com sede'. Aí, quando não tinha água na Dona Maria, ia na comadre Luzia, nós ia nas casas todinhas, até achar um caneco d'água, com a garganta seca, com aquela vontade de beber água. Porque quando a gente 'tá com sede a gente chega a sentir o gosto da água. Ai, que vontade de beber um caneco d'água! Que nem nós, que mora num sítio, trabalha longe, anda de pé... Aí, quando você vem de lá pra cá, nessas estradas da roça, com sede, cansado, chega e já sente o gosto da água, não vê a hora de chegar em casa pra beber um caneco de água fresca. Aí, nesse tempo, quando nós era pequeno, aconteceu isso com nós. Agora não, porque tem essas cisternas [acena para a cisterna ao lado da casa, construída pelo programa das cisternas]. Quando o inverno é bom, isso enche, a cisterna fica cheia. Aí dá pra ficar até junho, julho com água na cisterna. Vai poupando, poupando, aí dá pra beber e cozinhar até o mês de junho. Aí, de junho por diante é que seca, aí o carro-pipa vem botar água na cisterna. Antes da cisterna, ia pegar na bicicleta, porque nós não tinha jumento; desde quando nós viemos morar aqui, que nós não tinha animal. Aí ia pegar de manhã com o tambor, na bicicleta, pra passar o dia todinho. Aí, de noite, quando chegava da roça, ia buscar outro caminho de água. Era todo o tempo o pote seco, toda hora ia procurar água para o pote seco. Nunca tinha água... que nem hoje em dia, a gente chega... a cisterna de beber 'tá seca, a chuva não encheu não. Ai, eu fico reclamando: 'Ave Maria, mas e essa cisterna seca?!'. Mas se a de beber está seca, a grandona daqui [acena para a cisterna grande, no meio do terreno, a segunda água] tem água".

Voltamos à casa de Fátima mais vezes nos anos seguintes. Foram sempre conversas longas, agora sentados no cômodo que serve de entrada e de sala, mobiliado com um pequeno sofá velho e duas cadeiras. As paredes são decoradas com representações de santos. Fátima agora se sente mais à vontade e sua fala se torna mais solta.

A infância 2

Voltamos a falar da sua infância e das horas "roubadas" ao trabalho para brincar. Perguntamos como se divertia. Sua resposta foi imediata, quase brutal. "Nunca me diverti. Meu divertimento era em casa, trabalhando. Quando eu era criança, com meu irmão, nós ia pra roça. Aí, nós roubava as horas pra brincar, escondido de pai e de mãe." "Roubava horas?", perguntamos. "É, roubava umas horinhas, porque quando eles percebia que nós não 'tava lá na roça, eles dava uns grito por nós. Aí, nós já corria, nós já sabia o que era." Solta um riso nervoso. "Nós não se divertia muito não. Eu nem gosto, acredita que eu não gosto? Se eu fosse pra uma festa hoje em dia, eu acho que morria era mais depressa de nervoso; qualquer coisa eu fico nervosa. Eu morria era logo de medo se eu visse aquele monte de gente."

Nunca foi a um baile, quando jovem, porque o pai não deixava que ela e os irmãos frequentassem festas. Só dançou no casamento do cunhado e aprendeu a dançar sozinha, às escondidas do pai. Do mesmo jeito, aprendeu às escondidas a andar de bicicleta, que, nesta região, é frequentemente o único meio de transporte além do jumento e da moto. "Aprendi a andar de bicicleta só, escondida do pai, pois ele dizia que mulher não andava de bicicleta. Aí, quando ele chegava em casa ao meio-dia pra almoçar, eu já sabia das manhas do meu pai, eu botava o almoço dele na mesa e esperava ele comer. Aí, ele comia e balançava assim o prato, pra eu vir botar caldo. Eu botava o caldo de feijão. Em seguida, ele bebia a garrafa de café. Eu deixava tudo fervido, sabe? Eu botava a garrafa de café em cima da mesa, ele bebia o café e se deitava num banco que tinha aqui na janela, no soninho do meio-dia. Enquanto ele 'tava deitado no banco, eu pegava a bicicleta e saía na pontinha do pé, trepando na barreira, porque eu era pequena. Passava a perna na bicicleta e saia, olhando aqui e acolá, de cabeça baixa. Só levei uma queda, quando eu 'tava aprendendo. Aí um dia, ele viu eu andando de bicicleta. 'Ô, Fátima!' 'Senhor?' Assustada, né? 'Onde foi que tu aprendeu a andar de bicicleta, Fátima?'" Fátima começa a falar muito rapidamente, de tal modo que é difícil distinguir todas as palavras, como se ainda sentisse o susto que deve ter experimentado ouvindo o pai dirigir-se a ela naquele tom. Contudo, daquela vez, o medo dela era injustificado. Em vez de bater nela, o pai pediu que fosse de bicicleta pegar umas favas que ele tinha comprado e deixado na casa de um vizinho. Agora Fátima sorri, lembrando do susto e de suas andanças de bicicleta pela vizinhança. "Era bom andar de bicicleta, bem miudinha. Era tão miúda que não alcançava o pedal, tinha que ir em pé assim, olha, pedalando pra um lado e pra outro." Dá uma risada e repete com ar travesso: "Aprendi escondido dele".

Casamento e vida sexual

Os momentos mais complicados das conversas foram sobre sua vida de mulher casada e de mãe de seis filhos. Na hora de falar sobre essas questões, Walquiria ficava sozinha com ela e Alessandro saía, para não criar constrangimento.

Fátima teve seis filhos. Ao falar disso, comentou: "É tudo um atrás do outro. Tive um em 93, aí outro em 94 outro em 96. É tudo assim um atrás do outro" e começou a rir. Uma das filhas mais velhas, de 19 anos, já tem um filho, mas está desempregada. O filho mais novo de Fátima tem 8 anos. Aliás, na hora de dizer-nos qual é a idade dos filhos, se confunde bastante, demonstrando não lembrar o ano exato do nascimento deles. Alguns moram com ela, ou melhor: moram esporadicamente com ela, provavelmente nos momentos de maior dificuldade econômica. Diferentemente da mãe, Fátima não fez laqueadura, mas toma a pílula anticoncepcional.

Conheceu seu futuro marido quando tinha 17 anos e ele, 21. Foi o primeiro namorado dela, já que, como vimos, o pai lhe impedia de sair para ir a festas ou a outras atividades onde ela poderia ter conhecido um homem (inclusive a festividades religiosas, tão comuns e numerosas na região). Conheceram-se porque o futuro marido trabalhava "no viamento", isto é, "rapando mandioca, fazendo massa [de goma], torrando farinha" numa casa de farinha perto da casa dela, onde ela também de vez em quando trabalhava com amigas e irmãs. O namoro foi sem intimidades, sempre com as famílias ao redor dos namorados.

A experiência de ver o pai bater na mãe tinha feito com que Fátima não quisesse se casar. Relata como era a situação em casa, quando era menina. "Quando ele vinha da roça, quando ele dava uma tossida bem grande, quando ele 'tava chegando bem pertinho de casa, eu saía de casa tirando meus irmãozinhos do caminho dele. Botava um num braço, outro no outro braço e tirava do meio." Pois sabia que, quando o pai chegava tossindo daquele jeito, estava mal-humorado e poderia bater nos filhos. Conta que quando voltava de fazer a feira, depois de ter bebido, xingava a família gritando: "Bando de vagabundo!" Entrando em casa, jogava as compras na mesa com tanta violência que as compras caíam do outro lado da mesa. "Aquilo me dava uma raiva, um desgosto, que ele fazia aquilo. É tanto que eu dizia à minha mãe: 'Eu não vou casar nunca, pra casar e viver uma vida dessa, mãe. Eu prefiro não casar!' Mais aí, moça, não sei o que é que vê. Quando chega o tempo de casar, casa". Ela mesma recomendou à filha mais velha, que queria estudar e trabalhar, que demorasse a se casar, mas não deu certo. "Ela arrumou um namorado. Eu falei: 'Pra que arrumar um namorado? Os homens de hoje em dia não namoram, já vão direto ao ponto! Aí, tu fica namorando, em vez de fazer a tua faculdade, mas se tu namora, vai jogar a tua fortuna pela janela. Por que o homem não aceita [que tu estudes], ele disse que deixa, mas na verdade eles não deixam'. Deixa só se a mulher for muito insistente. Se for uma mulher corajosa, que insista. Mas se for uma mulher fraca, ela joga também sua felicidade pela janela. Que nem ela mesmo..." Fala isso já que, ao final, a filha engravidou e o namorado a obrigou a demitir-se de seu emprego para cuidar do bebê e a convenceu a ir morar com ele e a mãe dele. "Não sei por que ela fez isso, eu não entendo. Falei pra ela: 'Não dê as costas pra sua mãe, que é quem te ajuda', mas ela teve já outro menino". Seu tom de voz fica triste. "Eu sei lá o que passa na cabeça desses jovens de hoje. Não entendo não. Eu bem que queria ter estudado. Meu sonho era ter estudado. Eu dizia: 'Vou estudar pra ser uma professora'. Que eu achava que ser professora era uma coisa tão boa." Ri nervosamente dessa ideia que deve lhe parecer tão absurda hoje. "Aí, não tive chance nem de ser professora da creche, imagina..."

Não mede palavras ao falar de sua decisão de casar-se: "Eu casei por besteira. Fui nessa de moça mesmo, de criança, sei lá. Eu nunca imaginava que um casamento é o que é. Um casamento é dor de cabeça. So-fri-men-to. Principalmente pra mulher". Sua vida sexual parece não lhe dar muito prazer. Rindo nervosamente afirma: "Eu durmo [com o marido], porque eu casei né? Aí eu assumo minha vida de casado, mas dizer que... que..." Luta para encontrar o termo, mas deixa a frase morrer assim. Na hora de casar-se, diz que não sabia "o que tinha entre um homem e uma mulher", pois "ninguém dizia nada". A única coisa que os pais falaram para ela foi para não aceitar nada de estranhos. Quando era criança circulava uma história cruenta e lendária de um homem que "tirava o fígado das crianças", uma espécie de bicho-papão em forma humana. Não se falava nos riscos de estupro ou de abuso sexual, provavelmente pela mesma razão pela qual não se falava de sexo em geral: era considerado pecado, cosa "suja", inadequada para uma moça.

Fátima relata o seu pavor da gravidez e seu desejo de não ter mais filhos, que só conseguiu realizar depois de muita insistência com o marido. Quando perguntamos se ela queria "ter meninos", ela respondeu imediatamente: "Não, eu nem imaginava". Diz que nunca quis engravidar, que cada vez esperava não estar grávida. E que quando percebia que estava, era tarde demais: "Eu ia fazer o quê, matar o filho? Eu nem sabia matar." Solta um riso breve e nervoso. "Como era que ia matar sem saber?" De novo ri nervosamente. Diz que o marido queria sempre fazer sexo, mas que ela não gostava. Depois de ter tido o primeiro filho, com uma gravidez complicada, tentou recusar-se a ter mais relações sexuais, sem sucesso: "Como é casado, o marido não aceita e a mulher é obrigada".

Partos

> *O parto, o sofrimento, um sofrimento horrendo, aquele último minuto... depois, a amamentação, as noites sem dormir, as dores terríveis... [...] E tudo isso para quê? No que vai dar tudo isso? Vai dar em que eu, sem ter um só minuto de tranquilidade, ora grávida, ora amamentando, sempre irritada, rabugenta, um peso para mim mesma e um tormento para os outros, e também repulsiva para o meu marido, vou consumindo a minha vida e criando filhos infelizes, mal-educados e indigentes.*
>
> Liev Tolstói, *Anna Kariênina*[5]

Seus partos foram complicados e a deixaram traumatizada. "Meu parto é seco. Dá muito trabalho a criança nascer." Por isso

5 Tolstói, 2005, p.597.

afirma ter medo do parto. Conta que ouviu uma conhecida se queixar do marido e de suas gravidezes frequentes. "Aí eu fiquei só imaginando, que eu mesmo tive esse horror de ter um menino, porque no meu tempo não tinha essas oportunidades [de métodos contraceptivos] que tem hoje. A moça tá sofrendo tanto como eu sofri na minha vida!"

A história da primeira gravidez é particularmente trágica. "Eu sofri. Porque o meu primeiro menino nasceu morto. Passei oito dias internada num hospital esperando esse menino nascer e nada... Comecei a chorar sem parar, chora, chora, chora, chora, não tinha quem calasse. Aí foi ligeiro que eles fizeram meu menino nascer, tiraram na ponta de ferro [com o fórceps]. Eu nem cheguei a ver esse menino, já tinha sete meses. O doutor, lá no Crato, falou: 'Você tem que evitar engravidar por um ano. É só depois de um ano que você vai poder ter um outro filho, pois você está muito infeccionada'. Então, não era pra eu engravidar naquele período. Quando eu cheguei em casa, naqueles tempos não tinha esse negócio de ajuda de ninguém, né? Cheguei em casa, falei pra mãe, falei pra minha sogra; todas elas pularam fora, porque tomar remédio era pecado. Diziam que dava um câncer, não deixavam. E eu precisava delas para comprar [a pílula anticoncepcional], porque eu mesma não tinha dinheiro. Aí, eu só passei o mês da dieta, só um mês, e no outro mês eu já 'tava grávida de outro menino, do primeiro que tá vivo. O mais velho no caso. Com um mês eu já estava esperando outro menino. Aí, não tem como. Aí eu fiquei nervosa, eu chorava, porque imaginava que ia ser do mesmo jeito, né? Ia ficar lá no hospital um monte de dias esperando aquele menino nascer. Esperando que ia ser a mesma coisa... Ninguém explicava nada a ninguém. Aí quando foi a hora do menino nascer, na hora que comecei sentir aquela dorzona, aquela dorzona quente arrastando aqui, aí eu gritei 'ai meu Deus do céu, vamos pro hospital! Minha barriga 'tá queimando'. Aí ainda desci de onde eu morava lá na ladeira sozinha, desci de lá, passei no hospital de Santana numa bicicleta. Tem uma ladeirona aqui, que o povo chama de Ladeira da Pedra Branca. Quando cheguei lá na ladeira, achei melhor descer da bicicleta, porque pulava muito. Aí desci me arrastando mesmo. Arrastando sem aguentar. Quando dava aquela dorzona queimando a barriga, ficava lá parada. Quando passava caminhava e estancava de novo, toda tandida de dor [cheia de dor]. Sei que nessa nós chegamos na pista lá embaixo. Aí quando chegamos embaixo na pista, montei na bicicleta de novo e nos arrastemos pro hospital. 'Tava chegando no hospital às quatro e meia da manhã pra ganhar o segundo menino, desde casa sentindo dor. Quando cheguei lá, sofri, sofri, não morri porque toda vida eu fui assim, meia doida da cabeça. Quando eu vi que ia morrer mesmo, que já 'tava esmorecendo, a enfermeira começou me xingar, falando assim: 'Vamos, mãe, que na hora de fazer o amor teve força, e agora, pra botar fora esse menino, não tem!'. Quem casa é obrigado a passar por essas coisas. Aí que pensei: 'Eu não vou morrer aqui neste hospital. Não vou morrer não'." Mas a enfermeira seguiu xingando Fátima. "Se eu não queria fazer o menino nascer, dizia que eu ia morrer e que era culpa minha. E dizia que ia jogar eu no meio da rua, pra eu morrer lá no meio da rua. Não deixava eu morrer dentro do hospital não. Aí ela ficou dizendo coisas como: 'Vamo, vamo, teu marido tá ali fora, te esperando. Vamo, bota pra fora, não vem morrer aqui dentro não'. Aí, outra que 'tava com ela, e que era uma estagiária, disse: 'não, espera, ela tá passando mal mesmo, vamo chamar o médico'. Aí foi que o doutor chegou, cortou, aplicou a injeção e fez o menino nascer, mas nasceu preto que nem carvão. Por isso que ele é encardido", e solta uma risada.

Agora Fátima toma a pílula anticoncepcional, "porque tem no posto e porque eu tenho o meu Bolsa Família e faço dele o que eu quero". Na realidade, "a doutora" do hospital "brigava muito" com ela, porque cada gravidez era uma gravidez de risco em função do fato de Fátima ter "o útero baixo" e não poder engravidar com tanta frequência. Contudo, no hospital se recusavam a fazer laqueadura, diz ela. Diz que pediu que fizessem, quando nasceu seu último filho, mas que eles "enrolaram, enrolaram e não fizeram". Os médicos do hospital davam para ela uma receita para o anticoncepcional, mas ela nunca o conseguia nos postos de saúde da região. "Quando eu ia lá no postinho de Nova Olinda ou de Santana, as mulheres que trabalhava lá falava assim: "Tá faltando'. Nunca tinha, sempre 'tava faltando. Aí ficava pensando: E agora, vou comprar com o que, se não tenho nem um centavo? Aí não comprava." Está convencida que o fato de engravidar tantas vezes depende da vontade de Deus ou é algo genético, ou melhor, na expressão usada por ela, algo que "pega pelo sangue da mulher". De si, ela diz: "eu sou familieira. Triscou, engravidou" (o verbo *triscar*, no Ceará, significa "tocar"). Cita o exemplo de uma prima que tomava "o remédio" e engravidou mesmo assim. Por isso, ela ainda tem medo de ficar grávida: "Eu não quero ter outro menino mais não. Chega de sofrer, sofri demais tendo um menino. Eu sofro de outro jeito agora, né? Sofro com a preocupação com os meninos que já tenho".

Durante uma gravidez, Fátima teve dores de dente o tempo inteiro e acabou perdendo alguns, por perda de cálcio. Os dentes se quebraram e o dentista disse que precisava fazer um raio X para poder tirar a raiz, mas Fátima não tinha dinheiro para o exame, naturalmente (o programa do governo federal "Brasil sorridente" não chegou ao local onde ela mora), e ainda hoje ela tem dificuldades de mastigação. Em geral, relata a dificuldade de ter acesso a serviços de saúde do SUS por falta de infraestrutura. O posto de saúde que era perto de sua casa foi fechado pela Prefeitura. Agora, o posto mais próximo é bem distante da sua casa e quase nunca há medicos lá. Ela conta que uma filha dela foi fazer uma obturação nesse posto, mas "não terminou a obturação, porque o dentista não 'tá vindo mais, não 'tá vindo doutor, não 'tá vindo a enfermeira, que é que dá os comprimidos contra a dor". Farmácia Popular só há em Santana, que fica longe para quem não tem carro ou moto, como Fátima. Assim, ela é obrigada a usar o dinheiro do Bolsa Família para comprar remédios, ou se valer de remédios caseiros, feitos com ervas ou flores.

Violência masculina

> *A força da ordem masculina se evidencia no fato de que ela dispensa justificação.*
>
> Pierre Bourdieu[6]

> *Quem casa é obrigado a passar por essas coisas.*
>
> Dona Fátima

6 Bourdieu, 2017, p.18.

Fátima relata que há muitos casos de maridos violentos que batem nas esposas. Segundo ela, não batem porque bebem, mas "porque é costume". Diz ainda que "a mulher tem medo, baixa o cangote para o marido. Tem medo da família e pensa: 'minha família vai dizer isso, minha cunhada vai dizer aquilo'. Aí vai se acomodando e vai vivendo." Durante esta conversa, fica claro que Fátima experimenta um grande sofrimento, uma forte amargura. "E a mulher não separa, não separa. Ou quando separa, é quando os filhos já estão todos grandes, como é que aconteceu com minha mãe. Aconteceu também com uma comadre minha, aqui bem pertinho. O marido batia nela desde o primeiro filho, e ela foi tendo filho e foi sofrendo, foi sofrendo... e criou tudo no sofrimento, trabalhando e apanhando do marido. Todo final de semana, quando ele ia para as bodegas, voltava bêbado, batia nela e batia nos filhos. Aconteceu muito isso aqui..."

O marido de Fátima também bebia, quando ia jogar bola com os amigos, antigamente. "Chegava em casa se queixando que o de comer não prestava, disso e daquilo. Aí quando era no outro dia, eu pegava e dizia a ele: 'Olha, quando você for jogar bola no domingo e encher o tanque de cachaça, quando vier pra casa, não venha xingar o de comer, porque eu faço o que tem dentro de casa. Se você quer o de comer bom, bote coisa boa de comer dentro de casa. Como é que a gente vai fazer o de comer, se é só arroz, feijão, água e sal? Aí fica bom o feijão cozinhado com água e sal, sem nada dentro?' Não tinha um alho para botar dentro, nem uma gota de óleo." Afinal, teve que ameaçar o marido, para que ele parasse de xingá-la pela comida. "Falei: 'Da próxima vez, eu pego a panela de comer e atiro na sua cabeça'". Mas o marido dela nunca tentou bater nela, pois ela não "se acomodou". "Ele nunca tentou bater em mim, porque eu nunca fiquei calada. A minha sogra não gostava d'eu, porque eu era desaforada, porque eu não ficava calada, eu era desaforada. Era não, ainda sou".

A vida como esposa e como mãe não foi fácil. Se ela tivesse tido a possibilidade, não teria tido tantos filhos. "Eu não me arrependo de ter tido meus filhos. Mas o tanto que já sofri, o tanto que já corri pra dar de conta, pra deixar almoço na roça e deixar eles na escola, ali naquela escola abandonada que vocês passaram, ali em cima... Eu ia deixar esse, que tá aí, e um outro. Íamos três numa bicicleta. Eu empurrando, botava os dois, um no varão [na barra da bicicleta] e um no bagageiro [na garupa]. Subindo, empurrando aqui e deixava o outro em casa. Porque aqui é subida, não tinha como pegar ônibus com três meninos, né? Ia deixar na escola, voltava pra trás com toda velocidade. Chegava em casa, pra cozinhar feijão, se tivesse água fazer um arroz, pra ir deixar na roça, que não era perto. Tinha que levar o almoço na roça, e já ficava na roça ajudando. Quando era três, quatro hora, vinha pra casa todos dois, eu e ele [o marido]. Ele para ir buscar água lá na caixa d'água num tambor na bicicleta e eu pra banhar os meninos, fazer arroz, dar de comer aos bichos. Então, era às vezes sete horas, ainda não tinha terminado de banhar tudinho."

O marido nunca a ajudou em nada. "Nunca deu de comer a esses meninos, só dava no dia em que eu ia lavar roupa na nascente porque é longe daqui. Agora, eu lavo em casa", graças à cisterna. "De tardezinha, quando eu chegava cansada, passava o dia de cócoras, lavando aquele monte de roupa, porque passava oito dia juntando roupa, a roupa de seis meninos... Quando chegava em casa, cansada, com aquele saco de roupa molhada, estendia por aí e entrava pra dentro de casa. Ficava sem coragem". E tudo, sempre, sem ajuda alguma do marido, nem das vizinhas, que, conforme ela relata, "nunca se ajudam uma com a outra", na região onde ela mora.

Levantando as mãos, afirma, peremptória: "Mulher só nasce no mundo pra sofrer". Faz um breve balanço da sua vida. "Eu não tive infância, não tive tempo nem de brincar. Não tive infância, pra mim deu no mesmo. Já pra minhas filhas, eu falo a elas para não se envolver com casamento logo. Digo: 'Vão estudar. Vão trabalhar, não se envolvam com homem agora não, porque vocês estão novas. Família só dá muito trabalho'. Eu passo isso pra minhas filhas. Eu não sei se estou pecando, se eu estou pregando uma coisa errada, né? Mas é uma coisa que vem na minha cabeça. É uma impressão que eu tenho. Porque um filho é uma preocupação para o resto da vida da gente. E os filhos hoje em dia estão dando muito trabalho, muito trabalho..."

A política e a sociedade

Como muitas pessoas das áreas rurais, a principal fonte de informação de Fátima é o rádio, em particular as emissoras locais. Comenta que, para ela, "o presidente é a Dilma" (no momento de realizar esta entrevista, já tinham se passado vários meses do golpe parlamentar que levou ao impeachment da presidenta Dilma), "mas agora tem um cabra [Temer] que está lá de esvador" (*esvadar*, nos explica, significa invadir uma propriedade alheia e ocupá-la indevidamente). Sua voz freme de raiva. "Esse Michel veio pra acabar com os pobres", afirma categoricamente. "Ninguém votou nele, como ele está lá? O povo votou em Dilma, não nele". Repete isso várias vezes, como se ainda não se conformasse. Denuncia também o machismo que levou a esta situação: "Tem uma propaganda na televisão para as mulheres se envolver na política. Eu digo: pra quê, pra ser barrada como foi com a Dilma? Eu digo mesmo: se eu fosse uma mulher e tivesse que pensar em se candidatar pra alguma coisa, eu já 'tava fora, depois de Dilma. Ser barrada que nem uma miserável. E só porque ela é mulher, porque ela é mulher mesmo. Não estavam dizendo que ela não administrava, que quem administrava era o Lula no lugar dela? Não disseram isso na televisão? Os homens têm muito preconceito. Não todos, mas os homens têm muito preconceito com as mulheres. Dizem que as mulheres não sabem administrar. Aqui tem uma prefeita em *** e o povo diz que ela não faz nada, que é o marido dela que manda ela fazer. Que ela só faz o que o marido quer. Eu mesma, se fosse uma mulher na frente, uma vereadora, uma prefeita, já tinha pulado fora, com tanta crítica. Lutar com gente é complicado. A gente já quebra a cabeça só com a família. Já é uma preocupação, um quebra-cabeça pesado. Aí imagina como fica com toda uma população para uma mãe, uma prefeita. Dilma era uma mãe, 'tava ali como uma mãe, administrando o Brasil; é uma mãe, tem um monte de filho pra cuidar. É um monte de filhos pra ela cuidar, pra administrar. É muita coisa. É um cargo pesado". Esta revolta contra o machismo da sociedade é uma atitude que Fátima desenvolveu ao longo dos anos, como veremos.

Em geral, Fátima denota consciência política. Diz que, falando com suas comadres, tem a impressão de que "a maioria acha que todo mundo é ladrão e que ninguém presta". Afirma que "a maioria diz que não votará mais no presidente Lula, porque dizem que ele é um corrupto." Balança a cabeça, como a expressar sua discordância. Pensa que as pessoas votariam de novo nos partidos tradicionais. "A gente vê que se esse povo aí do PMDB e do PFL se candidatar, eles já 'tão do lado deles, porque não se lembra do que sofreram aqui antes. A gente não tinha direito de comer um feijão, comer um arroz, não tinha direito de comer uma carninha. Hoje todo mundo pode comer. Pelo menos no dia que você vai tirar o seu Bolsa Família, você compra de tudo um pouquinho pra comer em casa. Não dá pra comer o mês todo, na casa de muita gente não dá. Mas pelo menos a gente compra de tudo um pouquinho. Eu compro de tudo um pouquinho, no dia que eu vou tirar o meu Bolsa Família".

Falando sobre sua vida, que passou trabalhando desde a mais tenra infância, Fátima expressa sua indignação. "Tem vez que eu me revolto. Tem vez que eu fico falando sozinha: 'Ah, não vou trabalhar mais nada. Trabalho o diabo, e mesmo assim, comer o que é bom, eu não tenho. Eu vou é pra casa'. Às vezes, eu fico falando isso na roça, eu me revolto por lá e fico falando isso, sozinha, na roça." Esta indignação, contudo, tem vida breve e cede o passo a uma triste resignação perante o fato de que a vida dela obedece a um destino já marcado desde o nascimento. "Outras horas, eu fico pensando: quem tem que nascer rico, já nasce em berço de ouro, já vem dos avós. O avô é rico, aí o pai vai ser rico, aí o neto vai ser rico, os bisnetos daquele vão ser ricos também, porque já nasceram ricos. Mas nós que somos filhos de pobre, vamos ter que correr... Meu avô era pobre, pobre, pobre. O pai de minha mãe e o pai de meu pai, todos os dois era pobre. O pai de meu pai trabalhava no sertão aqui perto. Comia pão de milho com fava. Era comida grosseira, né? Comia do que plantava e do que colhia ali. Toda vida foi trabalhando pra poder dar o que comer. O outro avô, que é da minha mãe, morava aqui no Zabelê. Vivia de mandioca, plantando mandioca, andu... Quer dizer, é assim: nós é uma família pobre, já vem dos nossos avós: todo mundo sofrido, trabalha na roça. Aí, não tem como a gente ser rico não, tem que se conformar com o que tem mesmo". Fica um momento em silêncio, refletindo. "Não sei por que é assim, que uns têm tanto e outros desejam só ter o mínimo para comer, para viver de barriga cheia, mas não conseguem."

Conta como a falta de dinheiro a levou a passar vergonha em várias ocasiões. "Teve um tempo que meu menino do meio caiu de um cavalo e quebrou o braço. Foi para o hospital e fazia vergonha: não tinha uma roupa, uma chinela. Parecia um daqueles meninos que pedem esmola, 'tava descalço mesmo. Meu cunhado foi do hospital para a nossa casa e disse: 'Eu vim buscar uma roupa pro Márcio e uma chinela'. Eu disse: 'A roupa que ele tem e a chinela que ele tem são aquelas. Não tem outra roupa melhor do que aquela não.' Meu cunhado não acreditou. Pegou a caixa de roupa dos meninos – porque nem guarda-roupa tinha. Olhou, olhou, botou a mão assim no queixo e ficou olhando. Depois disse: 'Vou mandar teu marido criar vergonha e comprar uma chinela para o menino'. Mas o dinheiro não dava nem pra comprar uma chinela para meus filhos. Chinelinha veia, toda emendada, toda cheia de cordão pra segurar o cabresto. Aí, hoje em dia nem eu uso chinela emendada. Quando o cabresto se quebrar, boto fora e compro outra. Mas, por quê? Porque eu tenho o meu Bolsa Família, se não fosse isso, eu nem comprava". Mas o Bolsa Família de muitos na região estava sendo cortado. "De todo o mundo tirou um pouquinho". E até o Benefício de Prestação Continuada estava sendo cortado, ela relatou. O culpado é prontamente identificado. "Foi esse tal de Michel [Temer]. Foi ele."

Vida e trabalho: a última entrevista

No mundo de Fátima, o trabalho na roça e as atividades ligadas à lida com a mandioca (a produção da farinha e da goma) são constituintes profundos de suas referências de vida. Perto de sua casa atual há a Casa da Farinha. Nesse espaço, normalmente uma casa aberta para um pátio, com um pequeno salão sem janelas, se reúnem principalmente mulheres, que lidam com a produção de goma de farinha. As trabalhadoras fazem um círculo e ali permanecem sentadas, por horas, sobre as pernas dobradas no chão de terra batida. São mulheres muito envelhecidas, que aparentam ter bem mais idade do que têm, também porque, na maioria das vezes, perderam os dentes em razão da ausência de assistência odontológica, como é o caso de Fátima. A posição do corpo no trabalho de raspagem da mandioca lhes causa muita dor na coluna vertebral e nas pernas, depois das longas jornadas de trabalho. Neste duro arranjo corporal raspam com facas os pés de mandiocas, depois os lavam com água, escorrem-nos e os ralam para obter uma espécie de massa esbranquiçada, que uma vez seca sobre uma superfície aquecida em forno a lenha aberto, ou seca ao sol em uma espécie de tanques abertos, é moída para conseguir a farinha, de muitos usos culinários (beiju, farofa, tapioca etc.). No caso, o trabalho visa à produção da goma, produto que o marido de Fátima vende nas feiras locais de Santana do Cariri ou Nova Olinda, e às vezes no mercado municipal do Crato.

Foi nesta Casa de Farinha que encontramos Fátima da última vez que a entrevistamos, em novembro de 2019. Alguns dias antes, estivemos à procura dela em sua residência, e nos disseram que não se encontrava porque viajara e que só voltaria dali a três dias. Perguntamos para onde tinha viajado e ouvimos com surpresa que tinha ido para o Recife com sua mãe. Depois de três dias, retornamos para entrevistá-la. Batemos à porta da sua residência e alguém informou que Fátima estava na Casa de Farinha trabalhando. Dirigimo-nos ao local. Quando adentramos no salão abafado, encontramos a velha cena: a roda de mulheres sentadas, munidas de suas facas e vergadas sobre as mandiocas a serem raspadas. Chamamos alto o nome de Fátima. Então ela disse baixinho: "Tou aqui, trabalhando". Levantou-se e se dirigiu a nós, que estávamos parados na porta de entrada. Estava carrancuda, quase mal-humorada. Tinha a fisionomia muito mudada: cortara mais o cabelo, colocara brincos e tinha os lábios finos pintados de batom. A primeira questão foi feita sobre a viagem, que acreditávamos ser um grande feito de sua vida. Logo, foi se justificando e nos dizendo que sua mãe a convidara e pagara as despesas da viagem. Perguntada sobre o motivo do passeio nos respondeu que tinha ido pagar uma promessa ao Frei Damião. "Nosso passeio foi ir ao seu túmulo e ali rezar em agradecimento".

Voltamos à sua casa. Na sala, fotografias de seu casamento e dos filhos, com destaque para o retrato de formatura escolar da filha, moça bonita, de grandes olhos verdes. A fotografia exibia um rosto sorridente emoldurado pelo capelo. Encostada na outra parede, adornada pelo quadro do Sagrado Coração de Jesus, havia uma pequena mesa, sobre a qual estavam dispostos um volume da Bíblia e um vaso com algumas flores artificiais, que davam a este recanto a aparência de um pequeno altar. Ao lado da mesinha, o sofá, velho e gasto, que disse ter ganhado de presente de um dos filhos que trabalha em Juazeiro. Na sala contígua, havia uma pequena copa com a mesa quadrada, de aquisição recente, na qual a família faz suas refeições. Sobre o gaveteiro se encontrava a televisão, perpetuamente ligada. Cada entrevista com Fátima era acompanhada pelo som das vozes dos apresentadores televisivos ou dos desenhos animados que Maxwell, seu filho menor, assistia.

Fátima, nesse dia, apesar de se apresentar mais arrumada, mantinha um olhar muito vago e triste, ostentando um rosto angustiado, que expressava a presença de alguma dor profunda que lhe roía a alma. Voltamos a falar de sua viagem a Recife em tom festivo, dizendo que aquele acontecimento nos parecia muito auspicioso em sua vida. Pôde viajar sem filhos, passear, pagar sua promessa. Ela riu e disse muito timidamente: "É, foi bom sim". Então, veio outra surpresa. Entrelaçou as mãos, retorceu os braços como se fossem estalar os dedos, e, em tom muito brejeiro, disse bem alto: "Ah! Outro dia fui à Marcha das Margaridas em Fortaleza. Dessa marcha, eu gostei muito", afirmou, com a cabeça meio inclinada de lado. Nesse instante se instalou nela um ar de menina travessa, que apagou um pouco o semblante sombrio que exibira até então. "Fátima, conte o que achou da experiência". Respondeu sempre sorridente: "Ah! Eu nunca tinha visto tantas mulheres juntas. Deus meu, que multidão! Gritavam juntas. No começo, fiquei até com medo. Depois, fui entendendo: elas gritavam pelos seus direitos! Ah! Isto foi bom demais." Percebemos que Fátima, em certo sentido, não repetiria mais sua mãe, sua avó, como é comum neste mundo marcado por pobreza extrema. A continuidade da vida e do destino de nascer em condições sociais precárias, ser criança-trabalhadora, com escolaridade baixa e insuficiente, sem direito à alegria dos folguedos infantis, sendo obrigada a "roubar tempo", no dizer de Fátima, para poder retirar da áspera rotina da roça alguns instantes de fantasia e criancice; depois, ainda quase adolescente, ter que se casar com o primeiro e único namorado, um homem igualmente pobre, de vida também plena de privações. E é sempre o homem que decide que quer se casar, que escolhe a noiva, que pede consentimento ao pai dela. Ainda nos anos de juventude de Fátima, na década de 1990, vigiam esses costumes patriarcais, aliás, ainda muito vivos naquelas plagas. A mulher pode aceitar ou não o noivo, mas o consentimento do pai à relação entre a filha e o candidato a genro é inescapável.

Aos seus 45 anos, Fátima começou algo novo em sua vida, participou de um ato político, foi ouvir vozes insurgentes de outras mulheres e se impressionou com o que viu e ouviu. Às nossas ansiosas perguntas, ávidas por saber o que Fátima sentira, o que pensara da experiência, ela nos respondeu com gestos até então surpreendentes para nós, tais como levantar-se da cadeira e falar em tom mais alto e forte. Espantamo-nos com esses gestos e atitudes naquela mulher, sempre recolhida em suas expressões e muito comedida nos gestos e na fala.[7] Naquele momento quase mágico, retirava palavras de dentro de si, dos seus próprios sentimentos, talvez marcados por novas emoções, como a de se reconhecer uma mulher junto de outras tantas, em uma grande passeata, e de ter ouvido a palavra "direitos", que repetiu para nós várias vezes. Estes sentimentos, estas emoções, provavelmente novas e inéditas para ela, pareciam conter uma grande dose de alegria, de satisfação, de animação mesmo. Talvez a alegria que se sentia na voz de Fátima ao falar da sua ida a esse ato político tenha algo relacionado ao modo de a Marcha das Margaridas acontecer, ao seu caráter de grande festa feminina, rica de música, cantos, cores, cheiros, dotada de uma luminosidade própria: um evento que se configura em espaço

7 Uma bela expressão literária desta convivência, na mesma pessoa, de duas individualidades, se encontra no romance *A vida invisível de Eurídice Gusmão*, de Martha Batalha (2006), cuja protagonista oscila entre ser uma mulher submissa, que aceita como uma sina inevitável o seu destino de mulher casada num contexto de patriarcado institucional, e uma mulher que não quer sacrificar à sua vida de dona de casa suas aspirações artísticas e seus talentos criativos.

de sentimentos. Sentimentos que ainda estavam muito frescos e tenros no coração de Fátima e se manifestavam como recordação de um fato que lhe proporcionou prazer, contentamento, e lhe causou impacto emocional. Enfim, surgira uma novidade no seu viver cercado de uniformidades. Poderia esta breve fulguração abrir uma frestazinha luminosa no corredor estreito e escuro que tivera que percorrer desde que nasceu?

Naquele mês de novembro de 2019, a entrevista com Fátima foi longa, mas, como dito antes, ela estava um tanto esquiva e nos pareceu muito tensa. Afora os momentos nos quais se descontraiu, falando das viagens para o Recife e Fortaleza, manteve sempre a fisionomia sombria. Ouvíamos desde o início o som costumeiro da televisão ligada. Em algum momento perguntamos se o Maxwell estava assistindo à televisão. Neste instante, seu rosto se anuviou, suas mãos se crisparam e então nos disse com voz embargada: "Não, é o meu mais velho que está aqui, separado da mulher, e ainda trouxe a criança dele para nós cuidar!" Dito isso, emudeceu, abaixou a cabeça e chorou baixinho tentando esconder sua emoção. Contou-nos da dor que sentia, porque o filho, agora desempregado há meses e meses, se entregara ao álcool e se tornara muito violento. Tentava convencê-lo ir ao médico em busca de remédio para conter o impulso da bebida. Pedia que pensasse na criança, mas o rapaz, desesperado, respondia assim: "Mãe, agora, a única coisa que tenho na vida é a bebida. Gosto só dela e de mais nada no mundo." Neste momento, Fátima explodiu em um choro forte, soluçando. A explosão do pranto de Fátima revelava alguma das razões profundas de sua fisionomia amargurada, que segurava uma aflição que lhe apertava o coração. Foi neste clima melancólico e triste que terminamos a entrevista, nossa última com ela. Despedimo-nos desta vez com Fátima em lágrimas, pedindo desculpas pelo seu choro, situação que tentou refrear quase o tempo todo.

***

A vida de Fátima é uma vida roubada. Ela foi e ainda é obrigada a roubar um tempo e um espaço para suas necessidades, seus desejos, seus sonhos. Tem que roubar tempo e espaço às condições externas, que lhe impõem constrições e formas de dominação tendencialmente absolutas, já que não lhe deixam este tempo e este espaço. Na sua infância não estava previsto que houvesse tempo para a escola ou para os jogos. Educar-se e brincar eram atividades que diziam respeito a ela e ao seu desenvolvimento como pessoa (ver a epígrafe de Maria Rita Kehl no início deste capítulo); mas para os pais, Fátima sempre foi somente um instrumento de trabalho destinado a contribuir para o sustento da família, não uma pessoa com aspirações e necessidades próprias. A atitude deles foi o resultado de condições objetivas que os levaram quase que inevitavelmente a tomar certa postura e a se tornarem cruéis com ela e os irmãos. Como foi evidenciado por muitos estudos empíricos,[8] no caso de famílias em estado de pobreza, os pais tendem a não ser "bons pais" por razões que frequentemente não têm nada a ver com seu caráter ou sua personalidade, mas com circunstâncias objetivas. A primeira delas é o fato de que eles mesmos foram criados em um ambiente desfavorável. O pai abusivo de Fátima, por sua vez, provavelmente foi criado por um pai violento e levado a pensar que violência e abuso fossem a relação natural entre pais e filhos. A própria Fátima relata ter sido violenta com seus filhos, no passado, até perceber que isso era inútil. A segunda circunstância externa é a falta de tempo e energias. A vida de Fátima e, em geral, das pessoas que vivem em situação de pobreza extrema, é marcada pela necessidade de dedicar todo o tempo disponível para realizar atividades essenciais à sobrevivência da família. No caso de Fátima e da sua família isso significa: trabalhar na roça ou em outras atividades que geram renda (por exemplo, vender produtos da roça no mercado), buscar água longe de casa, levar as crianças para a escola de bicicleta, lavar a roupa da família, cuidar da casa, preparar as refeições da família etc. A menina Fátima conseguia roubar tempo a essas atividades (nas palavras dela: aos seus pais); a mulher Fátima não tem esta possibilidade. Nestas condições não sobra tempo, nem energia física, psicológica e intelectual para cuidar dos filhos da maneira que nossa sociedade considera

8 Para uma visão geral do assunto e para uma bibliografia ver Mullainathan; Shafir, 2014, em particular p.152ss.

adequada, isto é, ajudá-los nos deveres de casa, brincar com eles, levá-los para atividades de lazer, esportivas ou culturais. Outra circunstância objetiva consiste na falta de recursos financeiros, que, como vimos pelos relatos dela, pode significar: não poder comprar roupa para os filhos, não poder comprar remédios, inclusive métodos contraceptivos, não poder pagar um tratamento médico ou odontológico urgente, não poder dar aos filhos comida adequada às suas exigências nutricionais. Nesse aspecto, seria não somente injusto, mas também objetivamente errado, culpar pais que vivem em situação de pobreza extrema por não cuidarem adequadamente de seus filhos.

Fátima cresce sob o controle de um pai-patrão,[9] que não admite que ela dedique a brincar ou a andar de bicicleta parte daquele tempo que, para ele, deveria ser integralmente dedicado ao trabalho familiar. Exige dela o que exige de todos os outros membros da família e de si, a saber, uma dedicação exclusiva a um trabalho exaustivo que é mera luta pela sobrevivência. Com seus irmãos, Fátima compartilhou o medo, o verdadeiro pavor da violência do pai, das brutais surras com pedaço de pau, com cipó dobrado, normalmente por motivos fúteis. O sofrimento infantil é muito específico, no seu sentir, pois é diverso dos sofrimentos corriqueiros, em especial dos sofrimentos coletivos ligados a todas as carências da pobreza. Graciliano Ramos, em seu livro de memorias *Infância*, nos adverte sobre esta singularidade do sofrer das crianças, destacando como elas percebem a injustiça praticada contra elas nas sentenças condenatórias que os pais arbitrariamente lhes infligem. Os acessos de cólera dos pais ou parentes estão muito mais ligados a problemas que eles próprios não conseguem resolver do que às travessuras infantis eventualmente praticadas. Nas palavras de Graciliano, neste contexto de violência doméstica, as crianças estão submetidas ao que chama de "pena estranha, infligida sem processo." No decurso da tortura, que eram as cruéis

9 Uma bela e triste expressão literária da relação entre uma criança e um pai-patrão num contexto de pobreza quase absoluta se encontra em *Pai patrão*, o romance autobiográfico de Gavino Ledda, no qual o autor relata sua infância como guardador de rebanhos no interior da Sardenha (Ledda, 1998).

coças com paus e cintas de couro, não havia defesa. Para nosso autor, estas foram suas "primeiras relações com a justiça" e foram todas "dolorosas" (Ramos, 1961, p.31). Num capítulo do livro, "O cinturão", o escritor descreve um episódio no qual a fúria do pai se abate com particular violência sobre ele:

> Havia uma neblina e não percebi direito os movimentos de meu pai. Não o vi aproximar-se do torno e pegar o chicote. A mão cabeluda prendeu-me, arrastou-me para o meio da sala, a folha de couro fustigou-me as costas. Uivos, alarido inútil, estertor. Já então eu devia saber que rogos e adulações exasperavam o algoz. Nenhum socorro. [...] Achava-me num deserto. A casa escura, triste; as pessoas tristes. [...] Junto de mim, um homem furioso, segurando-me um braço, açoitando-me. (Ibid., p.34)

As crianças permaneciam sozinhas no seu longo suplício da violência, do terror, e, depois, com as dores resultantes das sovas, as costas lanhadas e fustigadas pelos açoites, os braços feridos, as pernas bambas. Permaneciam, após as sovas, em um canto do terreno ou da casa, chorando baixinho e engolindo os soluços, pois a vida tinha de continuar daquele jeito mesmo. As crianças, sem direito à criancice, viviam assim em um mundo desprovido de carinho, banhadas por uma desconfiança por parte dos adultos mais próximos e que se traduzia em um tratamento ríspido, repleto de asperezas, de gestos bruscos, de ameaças; como se fossem elas as culpadas pela rudeza geral de suas vidas. Seus corpos se transformavam em objetos, em coisas disponíveis à mão para o descarrego das adversidades vividas pelos pais (mais um caso, dramático, de reificação).

Nesses mundos, existe uma grande teia na qual tudo se toca, passado e presente, coisas, animais, natureza, humanidade e muita desumanidade. Os ciclos da vida das pessoas se repetem em infortúnios e privações como em círculo fechado. A força do destino na sua existência parece possuir a força das fases da lua sobre as marés. A repetição no viver, do casamento, da maternidade obrigatória, do sofrimento de ter filhos e, depois, as aflições perenes ligadas aos cuidados da prole. O casamento e as inúmeras dificuldades vividas nele constituem um grande fardo a ser suportado. A separação conjugal nestas regiões de forte familismo patriarcal ainda é uma façanha rara. Começam a existir mais casos, mas ainda é excepcional. Contudo, há de se levar em conta o papel das religiões, como cultura[10] da opressão feminina, aquela que manipula desejos e vontades, na manutenção da família numerosa e do casamento indissolúvel (veja-se a equiparação, típica da doutrina cristã, do aborto ao homicídio que Fátima faz quando se refere aos abortos espontâneos da mãe e quando diz que não fez abortos porque não sabia "matar o filho"). Estas mulheres estão submetidas a um jogo de forças, objetivo e subjetivo, muito difícil de ser desfeito. Foi assim com a mãe e é assim com ela, num sofrimento contínuo. Do nascimento até os dias correntes, a vida transcorre em um fluxo permanente de tristezas, dores e carências. Contudo, as crianças conseguem inventar e criar momentos e espaços lúdicos neste ambiente fechado, quase impermeável. Momentos, estes, inesquecíveis na memória de Fátima, que até hoje lhe fazem descontrair os músculos do rosto, sempre bastante retesados, e rir divertidamente ao recordá-los.

Sai da dominação paterna só para entrar sob a autoridade do marido. Uma forma de dominação masculina é substituída por outra. O tempo de Fátima, aliás, sua vida inteira, passa a ser marcada pela alternância de gravidez, cuidado das crianças, trabalho na roça e trabalho doméstico. Como já se disse, se a menina Fátima ainda conseguia roubar tempo do pai-patrão, a mulher Fátima não consegue sair do emaranhado de responsabilidades que a sufoca e prende cada vez mais – até o momento em que resolve dizer "não" ao marido que ameaça bater nela, em que diz à filha que estude em vez de se casar, em que resolve usar o dinheiro do Bolsa Família para comprar o anticoncepcional. A sua participação na Marcha das Margaridas marca de forma indelével esta afirmação de si, que soa, se não como uma emancipação completa, como

10 Usamos o conceito em seu sentido amplo e mais geral, isto é, como um modo de vida tecido em um conjunto de significações, de práticas sociais, de hábitos cristalizados nas condutas. Portanto, no sentido aludido por Williams, 2000, p.44.

um gosto dela. A condenação do machismo, do qual foi vítima a presidenta Dilma, aliás, do qual, segundo Fátima, é vítima qualquer mulher que entre ativamente na política, é expressão de uma crescente independência do seu ambiente social, não somente do mais direto, mas também do mais amplo, já que o machismo, que suscita sua revolta, se revela como um problema que afeta o Brasil inteiro. Significa uma libertação crescente do rígido casulo no qual estava presa – um casulo criado pelas suas vivências de sofrimento social como mulher e como mulher pobre, pelas ideias e atitudes dominantes no seu âmbito social (local e nacional), pela falta de oportunidades educacionais e formativas em geral.

Há, contudo, limites para essa tomada de consciência de Fátima. Ela está convencida do fato de que as mulheres estão fadadas a sofrer, de que seu sofrimento é inevitável. Esta naturalização da dominação masculina vem acompanhada da naturalização da sua situação de pobreza e, em geral, da existência da pobreza. Pelo menos, Fátima tem consciência da importância da situação familiar na definição das posições sociais. Seguindo uma intuição que foi, recentemente, confirmada por pesquisas empíricas (por ex. Piketty, 2014 e Souza, 2018), aponta para o fato de que riqueza gera riqueza e de que os grandes patrimônios tendem a permanecer nas mãos das mesmas famílias ao longo do tempo. Não aceita, em suma, a narrativa neoliberal do indivíduo empreendedor de si mesmo, capaz de superar graças à sua força de vontade e a seus esforços pessoais todas as dificuldades e limitações objetivas impostas pela situação socioeconômica determinada pelo seu nascimento em uma família de renda baixa ou nula. Veremos, analisando os relatos de outras mulheres entrevistadas, que essa narrativa ainda está forte entre pessoas que vivem em situação de pobreza extrema. Ainda assim, Fátima não questiona a distribuição desigual de riqueza e de oportunidades. Do mesmo modo, aceita como algo "natural" o fato de ser tratada de forma humilhante por causa da sua pobreza. Quando é xingada pela enfermeira, na hora do parto no hospital de Santana, não reage à crueldade da mulher. Mesmo anos depois, na hora de contar-nos o episódio, comenta o fato dizendo que "quem casa é *obrigado* a passar por essas coisas", como se estas formas de humilhação fossem parte do destino inevitável e imutável de ser mulher, ou, pelo menos, de ser uma mulher como ela se vê, ou seja, pobre, ignorante, impossibilitada a decidir livremente sobre sua vida sexual ou sobre suas gravidezes.

Chama a atenção a socialização restrita de Fátima, característica compartilhada com as demais mulheres entrevistadas. Desde seu nascimento, seus contatos com o mundo externo foram mínimos. Ao isolamento físico da casa dos pais, acrescenta-se o fato de ter abandonado a escola depois do primeiro ano, não tendo assim a possibilidade de criar amizades com coleguinhas e, principalmente, de dispor de um espaço de encontro e socialização importantíssimo para crianças e adolescentes. Isso resulta no mencionado encolhimento do horizonte psicológico (ver tópico 2.2): não tendo tido a chance de confrontar-se com outras formas de vida, com outras visões de mundo, com outras experiências biográficas, nem sequer imagina que seja possível outro tipo de existência que não aquele ao qual se considera fadada, como já sua mãe antes dela. Desenvolve certo medo de lugares onde haja muitas pessoas, como festas ou até romarias. Aparentemente, não tem ninguém com quem conversar sobre suas dores, desabafar e buscar conforto. Somente no último ano de entrevistas, é possível perceber uma mudança, com as viagens para Fortaleza e Recife, sobre as quais, contudo, prefere não dar muitas explicações. Pode ser, como observamos acima, que isso represente uma fresta aberta no casulo do seu mundo restrito, uma ampliação do horizonte psicológico que pode lhe trazer alívio e entusiasmo para repetir semelhantes formas de encontro. A situação de alcoolismo do filho, contudo, pode empurrá-la novamente para o mundo fechado da família restrita, confinando-a em sua casa, sozinha com sua dor e sua angústia pela sorte dos familiares.

Outro aspecto do sofrimento de Fátima que merece destaque está ligado ao pouco ou nenhum acesso a um bem básico e necessário para a vida humana, como a água. O fato de que no Brasil haja pessoas passando sede em pleno século XXI, bem como o fato de nosso país ter voltado para o mapa da fome desde quando Temer assumiu a presidência deveriam ser considerados inaceitáveis; mas, infelizmente, não suscitam o escândalo e a indignação que seriam necessários para uma mudança radical nas políticas sociais.

A abolição do Programa Bolsa Família em 2021 pelo governo Bolsonaro e sua substituição pelo programa Auxílio Brasil, muito mais limitado (inclusive temporalmente, já que seu fim estava previsto, inicialmente, para novembro de 2022) foi somente a última e mais grave etapa de um processo de desmontagem das políticas sociais introduzidas nas últimas décadas pelos governos petistas. Tal desmontagem obedece a razões puramente ideológicas e traz consigo a consequência de deixar pessoas não somente em situação de vulnerabilidade alimentar, mas diretamente em situação de fome (cf. Leão Rego, 2021b).

Chama a atenção também a menção à "escola abandonada" e ao fechamento ou péssimo funcionamento dos postos de saúde, testemunha do descaso do poder público para com a educação das crianças e a saúde da população nas áreas rurais. Isso contrasta, naturalmente, com a retórica oficial que exalta a importância da educação como instrumento principal para a saída da pobreza. Mais uma vez, o provérbio segundo o qual se deveria ensinar a pescar em vez de dar o peixe soa como uma zombaria em face dos prejuízos dos afetados.

CAPÍTULO 6

NÍOBE ENTRE AS COBRAS (JUAZEIRO DO NORTE, CE, 2017)

Porque será que o pobre não tem dó do outro pobre?

Carolina de Jesus[1]

Porque cobra engole cobra.

Dona Níobe

Juazeiro é a cidade de Padre Cícero, mas também de Frei Damião. A figura sorridente deste último é reproduzida em estátuas e pinturas, inferiores em número somente às do "Padim". Invariavelmente a imagem representa um franciscano gorducho, com a cabeça inclinada para o lado, longa barba branca e bochechas cheias. Em nítido contraste com essa figura de bonachão, o bairro que traz seu nome é um dos mais pobres e violentos da cidade. Encontra-se na periferia, ao lado da estrada que leva ao Crato: um conjunto de ruas, quase todas sem asfalto, e de casas baixas que parecem estender-se até o horizonte do vale, encerrado pela serra.

1 Jesus, 2014, p.81.

Graças aos nossos contatos no Cras local, conseguimos ter uma conversa com uma antiga moradora do bairro.

Dona Níobe tem exatamente 50 anos ("vou fazer agora em junho"), mas, como acontece frequentemente com as mulheres com as quais falamos, aparenta ter ao menos dez anos mais. Fala com voz tranquila, as mãos juntas apoiadas no colo. De vez em quando faz gestos com uma delas como para salientar uma afirmação, mas, em geral, permanece calma o tempo inteiro, inclusive quando relata os momentos mais difíceis da sua vida. Perguntamos se tem filhos. "Eu tenho três anjinhos no céu, que Deus levou, e tenho dois vivos, e um foi matado em São Paulo. Aí, no caso foi... três, quatro, cinco... seis. Mataram um em São Paulo, que era o meu mais velho, e tem uma menina lá, que mora com o pai dela." Tem marido? "Meu ex-marido mora em São Paulo, a gente é desquitado. E os outros três anjinhos que faleceu é filho dele também, aí ficou cinco, né, e um que morava com ele lá em São Paulo, eles mataram. Tem o mundo das drogas, da bandidagem, não tem? Aí foi e mataram ele lá."

Perguntamos do que morreram os outros três filhos. "De pneumonia e de *desilatação*" Desidratação? "Isso. O primeiro morreu com oito meses, o outro morreu com seis e o outro morreu com seis dias de nascido." Não levaram eles para um hospital? "Não, eu morava no sítio..." Não tinha remédio? "Tomava chazinho, chazinho de marcela, sabe... Eu morava longe, bem longe..." e faz um gesto como a indicar que o lugar onde morava era lá, no fim do mundo. "Era muito difícil lá, não dava pra ir pra hospital não. O negócio era só chazinho, porque esse pessoal do sítio, assim, vive mais de chazinho."

Casou-se com 16 anos, grávida do seu primeiro namorado. "Ah, a gente namorou, lá no sítio, e logo aconteceu, aí já fiquei grávida. Não tinha muita experiência. Morava com uma tia minha que ela não conversava essas coisas, de amizade, de... Não era essa facilidade que tem hoje, né? Agora, as crianças sabem tudo. E eu fui criada já com uma senhora e a senhora era muito virgem, sabe. Católica." Então, não foi criada pelos pais? "Não. Fui criada por uma tia minha, uma senhora já, que Deus já levou também. Minha mãe legítima também já morreu, do coração, e a minha tia, que foi minha mãe, minha tudo, Deus já levou também, já na velhice, de velhinha. Era tia da minha mãe." Por que os pais não criaram a senhora? "Não conheci, não sei a história, porque eles não comunicavam nada comigo sobre ela. Aí, já casada, mãe de família, foi que eu soube de algumas coisas. Minha mãe já tinha morrido, já vivia com outra pessoa, já tinha filho de outra pessoa, que eu não conheço, irmão meu de sangue. Eu não conheço não". Era a única menina que morava com a tia? Níobe parece não ter entendido a questão e responde como se tivéssemos perguntado se havia irmãs ou irmãos dos pais naturais. "Tinha muitos. Ela disse, essa minha tia, que tinha muitos, tinha uns oito filhos. Só trouxe eu, que era a mais pequeninha. Eu tinha quatro anos quando eu vim pra cá. Ela [a mãe, evidentemente] morava no Maranhão, mas não sei a cidade, só que era para o lado do Maranhão. E ela já veio fugida do meu pai, porque dizem que ele era ruim pra ela, batia nela, judiava dela. Aí ela [a tia] veio e trouxe eu que era a mais pequena, mas já tinha outros mais velho lá...".

Reformulamos a pergunta: A tia vivia sozinha? "Tinha os outros filhos dela, mas já era casado, e só tinha dois dentro de casa. Mas era homem já, rapazão. A mais pequeninha era eu". Então foi a tia que criou? Faz um gesto com a mão. "Criou. Criou do jeito dela..." Ou seja? "Batia. Ela criava eu e mais dois netos dela, né? Só que eu apanhava mais, porque eu era danada. Eu judiava dos outros meninos dela, eu batia neles e ela me batia. Não batia nos netos dela não, só em mim. Os netos dela tinham mãe e pai e eu não tinha ninguém, só ela. Eu fui uma criança muito judiada, muito sofrida. Apanhei muito e casei com esse homem, casei só no civil com ele. Ele me batia que nem criança, que nem que eu fosse uma filha dele, por qualquer motivo, por qualquer motivo ele me batia." Não tentou buscar ajuda, por exemplo, ir à polícia? "Não, nesse tempo eu nem sabia sair de casa pra canto nenhum, eu não sabia resolver nada, porque ele me ameaçava. Ele disse que se eu falasse alguma coisa pra alguém, ele me matava. Aí já tinha o cintão lá, aquele chicote de bater em burro, que era pra ele bater em mim." Mas isso era porque bebia? "Não, nem bebia, nem usava droga. Era dele mesmo, era de ruindade." Trabalhava? "Trabalhava de roça, lá no sítio". Volta a falar da violência sofrida. "Apanhei, meu lombo era preto, quando 'tava limpando, aí já 'tava outro [quando um roxo estava desaparecendo, aparecia outro]. Isso aqui era preto, preto. Aí, quando 'tava limpando e ficava verde, aí dava outra [surra]. Só bastava eu responder a ele. Se ele falava alguma coisa e eu respondesse. Meu olho tinha o sangue pisado assim. Era aquele sangue pisado, vermelho. Eu ainda sinto problema de vista, eu acho que era dos murros que eu levava."

Perguntamos, instintiva e ingenuamente, por que não abandonou o marido. Responde com tom de quem fala uma obviedade: "Mulher, porque na época eu era tão bestinha, pra mim era normal aquilo ali. Agora... Agora... Eu comecei a viver de um tempo desse pra cá. O povo disse que o mundo ensina. O mundo ensina a pessoa a viver. Se fosse hoje, eu não aguentava o que eu aguentei naquela época, viu. Não aguentava. Tem mulher que ainda aguenta. Fica com dó, faz B. O. contra o marido e vai retirar no outro dia. Por isso que tem muita morte, porque elas deixam eles fazer delas o que quer. Muitos maridos não têm emprego, bebem, usam droga, muitos deles... e batem nelas." Isso é muito comum? Para nossa surpresa, responde: "Não, é não. Na época que eu aguentava isso, era porque eu era bestinha demais. Não sabia resolver nada. Aquilo ali era o normal. Tinha que passar por aquilo ali. Agora, eu sei mais ou menos. Eu ainda não sei tudo. Mas eu sei muitas coisas, eu aprendi. Viver com um homem, fazendo as compras e tudo e apanhar, que nem eu apanhava daquele homem. Tu é doido? Muita mulher aguenta porque quer, porque tem medo de sair da vida deles e eles matar, porque a maioria fica ameaçando elas. Aí muitas delas vivem obrigadas, com medo de reagir, de mandar um infeliz daquele embora. Aí não tem como..." Como explica toda essa violência? "De ruim que eles são. A maioria é muito ruim. Aí usa droga, aí fala as coisas às vezes e nem vê..."

Homens são ruins? "Não é todos não. Mas tem uns que é ruim de natureza mesmo. Esse meu que eu vivia com ele. Ele não era carinhoso. Ele não me dava carinho. Quando eu não aceitava, ele ia à força. Aí, já buchava [engravidava] e era um menino. Quando menos espera, eu 'tou buchuda. À força! Isso é normal?", pergunta indignada. "Se fosse hoje, eu sabia reagir. Naquele tempo, eu não sabia não, eu era criança, eu não fui criada com uma mãe, ninguém me orientava em nada. Eu pensei que era normal um negócio daquele, fazer as coisas à força." Você teria preferido ter menos filhos? "Eu queria ter tido menos, porque esses três que nasceu doentinho, que morreu, foi à força, foi tipo um estupro, foi. Porque eu não queria e nem 'tava preparada pra ter menino naquele tempo. Aí era coisa que deixava. Não ia tomar remédio. Ninguém falava nada. Aí nascia o bebezinho. Aí nascia doente. Porque ele batia em mim, eu já grávida, no dia de ganhar nenê, ele me batia." Você não contava para ninguém? "Não. Contava não. Não comentava nada, mas o povo ouvia, os vizinhos". Repete isso outra vez. "O povo ouvia, os vizinhos. O povo sabia. Mas ninguém falava não, porque tinha medo dele e eu com medo dele, caladinha ali, caladinha ali, não era pra eu falar com ninguém, não era pra eu ter amizade com mulher, com ninguém. Era só pra ele, dentro de casa. Era só eu e ele. Era só eu e ele. Era só eu e ele e pronto." Permanece calada, os olhos fixos no nada, segurando os lábios como para não chorar.

Perguntamos se foi para a escola, para mudar de assunto e tentar acalmá-la. "Fui, eu estudava. Eu fiz só até a quarta série. Naquele tempo as escolas dos sítios era nas casas, na residência do pessoal, né? Aí tinha uma senhora que ensinava, filha da casa mesmo, que ensinava. Mobral, cartilha do ABC, essas coisas. O pouquinho que eu sei, sei assinar o meu nome, sei ler alguma coisa, só não sei muito fazer conta. Sei ler um pouco, sei escrever, sei ler...". Ao mesmo tempo, porém, trabalhava na roça. "Aí quando dava pra eu ir [à escola], eu ia. Quando não dava, não ia."

E quando era criança, brincava com outras crianças? "Tinha minhas primas, meus primos, a gente brincava, de domingo a gente brincava debaixo do pé de manga, fazia de batizado de boneca. As bonecas eram de sabugo. Nunca tive uma boneca de verdade. Uma boneca assim. Eu tinha vontade muito de possuir uma boneca. Eu ainda tenho vontade de ter aquele bebezão daquele tamanho. Ainda tenho vontade de ter uma boneca daquela, de brincar. Tenho ainda. A minha era de sabugo." E como se faz uma boneca de sabugo? "Nós fazia era assim: pega o sabugo, enrola e faz que seja uma boneca, né? Amarrava uns paninhos na cabeça, pra ver que era os cabelos e botava uns pauzinhos assim, enrolado, pra ver que era os braços e colocava um vestidinho e pronto. E depois nós ia batizar, tinha os padrinhos, fazia o guisado, que era a comida da festa do batizado. Era tripa de galinha, com arrozinho, xerém de arroz que minha mãe comprava e nós tirava escondido pra fazer o guisado. Aí tinha os meninos e fazia que era a festa. Nós dançando, botava as bonecas pra dançar, fazendo as bonecas dançar uma com a outra." Isso, porém, só aos domingos, pois durante a semana Níobe e as outras crianças trabalhavam na roça. Perguntamos o que faziam. "Eu limpava mato, plantava feijão. Os meninos cavavam as carreirinhas, as covinhas e plantavam feijão, limpavam, ajudavam muito a limpar o mato." Era perigoso? Tinha cobra? "Às vezes, tinha. As cobrinhas verdes." Não tinha medo das cobras? "Tinha. Você ia pegar, assim, uma touceira de mato e aí 'tava a bichinha enrolada assim no braço, mas não mordia não. Mas o susto era grande, né?"

Como foram seus partos? O hospital ficava longe? "Foram no sítio, lá em casa. Parto normal em casa". Sentiu muita dor? "Foi. Muita. O primeiro filho foi três dias de dor. Já a menina, a segunda, foi bem rapidinho." Nunca foi no médico durante a gravidez. "Acho que é por isso que os bebês nasciam doente e morriam. Morava no sítio, pra ir para o centro da cidade era muito difícil." O marido dela, o pai dos filhos, por exemplo, tinha que ir à cidade de jumento.

Diz que a morte dos filhos a abalava muito. "Ah, foi triste, muito ruim. Peguei assim tipo uma depressão, fiquei desorientada, ainda hoje eu sou meio perturbada assim e com a morte desse meu filho mais velho, matado em São Paulo, foi que foi, viu. Eu não saía de casa, só dentro de casa, trancada. Quando gente batia na porta, era com medo de abrir a porta. Minha comida era esse pacotinho de suco com pão seco." Perguntamos como soube da morte do filho em São Paulo. "Eu soube, porque minha família mora em Caririaçu e eu soube pela boca dos outros. Na época não tinha os telefones, na época não sabia de nada, aí foi pela boca dos outros. Eu nem acreditei. Tem hora que eu nem acredito, que pra mim ele vai chegar, que ele 'tá vivo. Aí depois que eu entrei em contato com a minha filha [que mora em São Paulo], foi que ela esclareceu tudo, como foi e tudo." Começa a contar da vida do filho. "Ele estudou até os 14 anos. Aí nos 14 anos ele já saiu de casa, foi morar com aquele pessoal de rua, né? Aí o pai foi atrás, ainda. Mas o pai dele criou ele mentindo muito, dizendo a ele que eu não era viva, que eu já tinha morrido, que ele não tinha mãe, que a mãe dele tinha morrido. Ele já criou o filho dele mentindo desde criança." Repentinamente fica calada, olhando de novo para o vazio.

Depois de alguns momentos de silêncio embaraçado, perguntamos quando se mudou para Juazeiro. Não se lembra direito, mas deve ter sido por volta de 1995. Inicialmente morou no centro, depois se mudou para Frei Damião sozinha. "E os filhos?", perguntamos. "Comecei assim: eu trabalhava aqui em Juazeiro, aí de quinze em quinze dias, eu mandava dinheiro para os meus filhos, um dinheirinho. Era o que eu podia fazer, o que eu podia fazer, eu fazia por eles." Os filhos tinham ficado no sítio morando com a tia, a irmã do pai deles, enquanto Níobe trabalhava em Juazeiro de empregada doméstica. Depois conheceu um homem, "uma pessoa pra morar comigo". Mas este homem "bebia, bebia... Aí eu trabalhava o dia e passava a noite acordada, com ele me perturbando". Nunca chegou a bater nela, porém. Está ainda com ele? Agita-se na cadeira. "A gente está assim porque eu 'tou me saindo dele, porque ele arrumou outra pessoa, aqui no bairro mesmo, sabe. Aí, por um monte de problema, que a pessoa não aceita essa escolha, né? Ele tá andando lá em casa e tudo, mas nós não... eu não 'tou mais com ele mesmo, não. 'Tou só. Só que esse homem vem de vez em quando lá em casa."

Muda repentinamente de assunto e começa a falar rapidamente. "Aí, apareceu um negócio em mim, problema de artrite reumática. Eu passei treze dias internada no hospital regional de Juazeiro. Do jeito que me botaram lá, eu fiquei na cama, dessa largura, inchada. Não podia fazer nada, tudo precisava da mão dos outros: fralda, banho na cama, por causa do problema que eu tenho. Tem tempo que eu 'tou mais melhor, mas tem tempo que eu não consigo pegar um prato pra lavar com as juntas inchadas. Olha aqui, ó", e estende a mão para nós, mostrando como não consegue fechar os dedos. "Não fecho não. E dor. Onde tem juntas dói. Tem tempo que pra mim levantar da cama, tem que ter uma pessoa me ajudando, uma vizinha. Tem uma vizinha aqui, minha, que me ajuda bastante. Trabalhar eu não posso, porque quando dá essa crise, eu não posso trabalhar." Além disso, ela tem pressão alta e diabetes. "É um monte de problema que eu tenho", diz, fazendo um gesto com o braço como a dizer "uhhh".

Recebia o Bolsa Família no valor mínimo de R$ 77, mas foi cortado. Explica o que aconteceu da seguinte maneira: "Na época era assim. Quando eu fui fazer [o cadastro], o comentário era que não fazia de uma pessoa só; aí eu incluí meu filho, que morava mais eu. Meu menino morava mais eu, aí eu incluí ele, né? Aí foi o tempo que ele arrumou emprego, carteira assinada e tudo. Aí eu fui receber [o dinheiro do Bolsa Família no caixa automático] e saiu aquele papelzinho, dizendo que minha renda 'tava alta, né, porque o salário era pra duas pessoas. Aí pronto, aí foi cortado. Cortou em janeiro ou fevereiro, fez dois anos que foi cortado. Eu não fui mais atrás."

Coloca as mãos no colo, dedos cruzados, como a dizer: é isso e ponto final. Mudou muito sua vida, por causa disso? "Mudou, porque todo mês eu ia buscar os meus 77 reais e eu vinha e comprava arroz, comprava café, comprava açúcar, comprava sabão pra lavar as roupas e dava certo." Agora vive lavando roupa para fora (com artrite reumática!) ou vendendo mercadorias que outras pessoas conseguem para ela: "sandalinha barata, travesseiro, mantimento de plástico, uns negocinhos... O que o povo me dá pra vender, eu vendo. Aí, eu vivo assim".

Perguntamos se nunca passou fome na vida. A resposta sai imediata, como um tiro. "Passei! Passei muita fome, quando era criança". Na casa da tia? "Sim, na casa da tia. Tinha aquele feijão furado, eu não como até hoje, porque meu estômago não aceita aquele gosto de feijão furado dentro. Era pra comer com farinha, aí ela batia em mim pra eu comer. E ele não descia não. Então, eu passava fome." A tia "era bem pobrezinha também. Na época, ela não era aposentada" e não recebia do INSS. Perguntamos se passou fome também depois de casada. De novo a resposta é imediata. "Passei! Passei com o pai dos meus filhos, porque não tinha vez. Ele trabalhava de roça, agricultor, né? Aí não tinha. Às vezes matava rolinha pra gente comer com farinha torrada. Vê? Aí meus meninos, a mamadeirinha deles era de garapa, de chá. Era assim. Meus filhos passaram fome também." Em compensação, nunca passou sede, como passaram muitas das pessoas com as quais falamos na região.

É católica e participa muito da vida da paróquia, das missas, dos cafés comunitários, das romarias no Horto, onde se encontra o Santuário de Padre Cícero. Perguntamos: Quando você se encontra com as outras mulheres da paróquia, vocês falam de quê? "Da crise, que a coisa 'tá pesada, que vai melhorar, se Deus quiser." Então, falam de política? "Não. A gente fala quando está faltando remédio nos postos, que é a gente que fala. Mas, às vezes, o coitado do prefeito nem sabe que está faltando. É problema de quem trabalha aí, porque falta o medicamento e ele não comunica lá [na Prefeitura]. Mas tem gente que fala, tem umas mulheres aqui, umas mulherzinhas aqui que é brava, medonha. Porque eu sou assim mesmo, o meu jeito é esse, tranquila. Minha vizinha, que é tão sofredora, ri direto. 'E eu vou estar chorando, mulher? Tem que rir. E ser feliz com a vida, do jeito que ela é', diz ela." E você é feliz com a vida do jeito que ela é? "Eu sou do jeito que eu sou, eu sou. Não tem outro jeito. Eu sou feliz, sou sim, do jeito que a vida é, do jeito que a gente vive... eu sou feliz. Eu sou muito feliz." Seu tom de voz, contudo, não transmite felicidade nenhuma.

Níobe assiste à TV, mas quase exclusivamente a programas religiosos. "Ultimamente só passa coisa ruim na televisão, então, eu já... A pessoa já tem uma vida meio chafurdada, então, só assiste coisa ruim. Aí, tem hora que eu assisto o Padre Marcelo, o Padre Reginaldo.... Se não, passa mesmo só coisa ruim, que nem a morte desse meu filho", e, de novo, volta espontaneamente a falar da morte do filho em São Paulo. "Eu não esqueço nunca a morte do meu filho..." Conta que não sabia que estava envolvido com droga, porque não se comunicava com ele, como já havia explicado. Fica em silêncio por um tempo.

Perguntamos se vota. Vota. Como escolhe o candidato? Permanece em silêncio. Por exemplo, se tivesse agora eleição para prefeito, como escolheria em quem votar? "Sim. Ah, sim." O rosto se ilumina, como se tivesse então entendido a pergunta. "Se ele já foi eleito e se ele já fez coisas boas para a cidade, eu vou votar naquele. E se for o caso de escolher outras pessoas, se ele vai fazer coisas boas para as pessoas, para a cidade. É assim".

Começa a falar da situação atual do país. "Uma bagunça que tá aí, né? Meu presidente, sempre se eu fosse escolher, eu escolheria o Lula, porque no tempo que ele era político, as coisas eram mais fácil, eu achava. Agora, com esse Temer, não 'tou achando essa coisa não. Tá um chafurdo medonho aí..." Ela votou na Dilma? "Votei nela. Porque o Lula não foi candidato. O candidato dele era ela. Lá em casa nós tudo votou em Dilma". E por que a Dilma saiu? Fica hesitante. "Porque ela estava se envolvendo em coisas erradas. Essa ladroagem que tá, essa roubalheira danada, enorme." A Dilma roubava? "Não!" exclama. "Mas foi o que o pessoal falou, né? O pessoal, os grandões de lá mesmo..." Quem são os grandões? "Os grandões são os que vive lá, a panelinha lá fora, que vive lá, em Brasília. Em Brasília, aqui, em todo canto tem." Os ricos? "Os ricos! Porque é rico, faz os trabalhos dele pra lá e pensa que não é descoberto, né?" É isso que aconteceu com a Dilma? Fica pensando um momento e depois começa a falar rápido: "Eu falo isso porque eu já vejo os comentários do povo, eu também não entendo muito dessas coisas não, mas vejo a carestia subindo e agora nesse negócio dos aposentados, diz que agora vai ser – uns vai ser cortado, outros que recebe duas pensões vai receber só uma, né? É isso aí, mas não entendo muito dessas coisas não." E por que tem grandões e tem pobres? A réplica é imediata. "Porque a nação é essa mesmo. Não pode ser todos iguais não, tem que ser uns mais ou menos, outros mais fracos, porque se for todo mundo num nível só, aí as coisas não dá certo, né? É, não dá certo não. Tem que ser uns mais humildes, outros mais ou menos, vai rodeando." Por que não dá certo? "Porque cobra engole cobra. Uns tem que ser mais fraco, outros mais alto e os que tem mais as coisas quer pisar em cima de quem não tem." Mas isso é justo? A fala de Níobe agora se torna um rio impetuoso. "É não. Justo é não. Mas é assim mesmo e ninguém pode fazer nada, porque hoje em dia, quem tem uma coisinha a mais de quem não tem, quer humilhar, quer pisar em cima, quer ser maior do que todo mundo, só que a pessoa não... Pra Deus nenhum é maior que o outro, pra Deus é uma coisa só, quando morre vai tudo pra um canto só. Ninguém tem carta escolhida. A não ser o que o povo diz que tem céu e inferno, não sei: quem morreu nunca vai dizer a ninguém. Por isso que eu não posso dizer por que tem gente assim: ah, fulano é bom demais, quando morrer vai para o céu. Ah, que conversa é essa? Eu não sei disso não. Quem morre,

morre. Minha mãe já morreu, tia já morreu, ninguém nunca veio dizer: minha filha é bom, venha, que é bom. Eu nem quero saber também não. Cada um, cada um."

Para um momento, como para retomar o fôlego. Insistimos: mas então é justo que tenha rico e que tenha pobre? "Eu prefiro assim, porque tem tanta gente que é podre de rico, que tem dinheiro, que tem luxo, pra onde quer ir vai e tudo e não pode andar só, tem que ser arrodeado de segurança. Às vezes, Deus... Ali vem uma doença, o dinheiro que tem não dá pra comprar saúde e a gente humildezinho, pobrezinho vai pra todo canto." Respira fundo e recomeça a falar. "Muitos é porque trabalhou, já veio de berço, começou pelas coisas e a gente, meu Deus do céu, começou coisa fraquinha mesmo. Já é de família, uns já têm, porque já vêm de família, e a gente é porque já nasceu pobre mesmo e assim vai. Mas se Deus quiser, muda a vida da pessoa também, né? A pessoa trabalha, consegue o que quer, porque o que vale é a boa vontade de uma pessoa. Se ela trabalhar e dizer: eu vou conseguir, eu vou comprar essa televisão, com o meu suor, eu vou trabalhar e vou comprar. Vai, Deus ajuda, que o Senhor consegue. E tem gente que só consegue as coisas com trabalho. Muita gente que consegue as coisas fácil demais também, é coisa toda que vai, é roubo, é droga, essas coisas. Quando você vê uma pessoa enricar do dia para a noite, não tem nada e aí vai crescendo, crescendo, muitas vezes é presepada que faz, é vendendo droga, é roubando, matando gente pra roubar..." Pensamos que voltaria a falar do filho morto, mas, em vez disso, fica em silêncio. Provocamos: "Você disse que a pessoa fica rica trabalhando. Mas o seu marido, lá na roça, trabalhava o dia inteiro e ainda assim não tinha..." Interrompe nossa fala. "Mas é porque trabalhava pra si próprio, né? Se trabalhasse um dia de ganho, é bem pouquinho dinheiro que ganha." Então, tem que trabalhar para outra pessoa? "É, de pouquinho em pouquinho mesmo. Agricultura é assim porque quando tem inverno, tira legume, que dá pra comer e não tem que comprar. O feijão esse ano foi é dinheiro. O feijão foi o mais caro do que a carne, né? Aí, graças a Deus, esse ano teve um inverninho e o pouco que o pessoal tira dá pra sobreviver. Mas é porque é assim mesmo." Por que é assim mesmo? Insistimos. "É assim mesmo." E, de novo, cruza as mãos como a dizer "ponto final".

***

O mundo de Níobe é assombrado por cobras. As cobrinhas verdes que a espantavam na roça, na qual trabalhava quando era criança – símbolo de mais uma infância roubada –, e as cobras humanas que se devoram nesta verdadeira selva que é uma sociedade marcada pela desigualdade e pela ausência de mecanismos de seguridade social. Sua visão, aparentemente tão crua, das relações sociais é o espelho de suas experiências pessoais desde a mais tenra idade: uma vida passada apanhando de pessoas que deveriam tê-la amado e protegido (a tia-avó, o marido), uma infância marcada pela dureza do trabalho na roça, uma juventude marcada pela violência do marido, pelos repetidos estupros que resultaram em gravidez indesejada, pela morte de três crianças e de um filho adulto, vítima da droga e da violência urbana. Não há espaço para uma narrativa mais positiva sobre a vida, no mundo de Níobe, apesar daquele "eu sou feliz" repetido três vezes como um mantra, no qual, provavelmente, nem ela acredita realmente.

Níobe nasce numa família pobre, tão pobre que os pais, vendo-se na impossibilidade de criar mais um filho, deixam-na com a tia-avó. Na nova família ela se sente uma estranha e, de fato, é tratada como tal. Talvez por essa razão ela batesse nos primos, sendo por sua vez vítima de violência física como punição. Desde o início de sua vida, a violência se torna um elemento constituinte de suas experiências cotidianas, naturalizando-se. Cabe lembrar que a naturalização do recurso à violência representa mais uma herança maldita da escravidão, como observado por vários autores.[2] Uma

2 Kowarick chama a atenção para o fato de que "a violência constituía a tônica dominante nas fazendas" e era "constante no cotidiano da população livre", não somente da população escrava. Isso porque "os senhores utilizaram o homem livre para serviços de defesa, coação ou morte, enfim, para toda espécie de violência, necessária para reproduzir uma forma de dominação cujo arbítrio podia se manifestar de maneira desenfreada" (Kowarick,

sociedade que trata uma parcela relevante de seus membros como peças descartáveis, aos quais inflige uma violência cega e impiedosa, não pode não naturalizar o uso da brutalidade e não pode não dar lugar a relações humanas e sociais marcadas pela crueldade e/ou pela indiferença.

A vida de Níobe é marcada não somente pela violência da tia-avó, do marido sádico, mas também pela violência das mortes precoces de seus bebês e, sobretudo, pela morte violenta do seu filho mais velho. Esta última experiência ainda a assombra e paira na entrevista inteira ("Eu não esqueço nunca a morte do meu filho."). Níobe volta a mencioná-la várias vezes, ora com resignação, ora com incredulidade, como se não pudesse ou não quisesse aceitar que esse fato terrível realmente aconteceu ("Tem hora que eu nem acredito, que pra mim ele vai chegar, que ele 'tá vivo."). O filho lhe foi tirado três vezes: a primeira, quando ele saiu de casa; a segunda, quando o marido, em mais um ato sádico, contou para ele que sua mãe tinha morrido e o levou consigo para a cidade grande; e a terceira, quando foi morto em São Paulo. É quase impossível dar um sentido a todas essas dores repetidas, a esse sofrimento que acompanha sua vida desde o início, desde o abandono por parte dos pais.

Como no caso das outras mulheres entrevistadas, Níobe teve que ir trabalhar na roça desde pequena, recebendo uma educação escolar muito precária e insuficiente. Como as outras mulheres, não recebeu nenhum tipo de educação sexual, o que resultou na sua gravidez precoce, já no primeiro namoro, tendo sido obrigada a

---

2019, p.38ss.). Carvalho Franco dedica parte relevante de seu estudo a este aspecto, constatando como há quase sempre "uma desproporção entre os motivos imediatos que configuraram um determinado contexto de relações e seu decurso violento" e que "os ajustes violentos não são esporádicos, nem relacionados a situações [de] caráter excepcional", mas, "pelo contrário, eles aparecem associados a circunstâncias banais imersas na corrente do cotidiano" (Carvalho Franco, 1997, p.26). Essas formas de violência são bem conhecidas pelas inúmeras descrições ficcionais presentes na literatura e no cinema brasileiro, de *Grande Sertão: Veredas* aos filmes de Glauber Rocha e *Torto arado* de Itamar Vieira Jr (2018).

se casar com um homem violento, que a tratou como uma escrava doméstica e sexual. Faltou-lhe a liberdade de dispor do seu corpo, da sua sexualidade e das suas capacidades reprodutivas – liberdade que provém somente do conhecimento sobre as questões sexuais. Vale lembrar algo que deveria ser óbvio, mas parece não o ser no Brasil atual: educação sexual é educação para a liberdade, não para a "safadeza" ou para o "pecado".

Essa visão grosseira, intolerante, marcada por uma religiosidade fanática, que gostaria de silenciar toda e qualquer questão ligada ao sexo, fundamenta também a ideia de que uma mulher deve permanecer submissa ao marido e aceitar pacientemente os abusos aos quais ele a submete. Como no caso de outras mulheres entrevistadas, por muito tempo (praticamente durante todo o período do casamento) Níobe encarou a violência conjugal como algo inevitável, como um destino inescapável que ela tinha que enfrentar enquanto mulher.

Esta experiência é resumida no pensamento de Belonisia, uma das protagonistas de *Torto arado*, que reflete que seu marido não era diferente de "muitos homens que levaram mulheres da casa de seus pais para lhes servirem de escravas. Para depois infernizarem seus dias, baterem até tirar sangue ou a vida, deixando rastro de ódio em seus corpos. Para reclamarem da comida, da limpeza, dos filhos malcriados, do tempo, da casa de paredes que se desfaziam. Para nos apresentarem ao inferno que pode ser a vida de uma mulher" (Vieira Jr., 2018, p.136). No caso de Níobe, a esta violência típica, expressão das relações de gênero que marcam seu mundo (mas também o da classe média e, em geral, a sociedade brasileira), se acrescenta o sadismo do marido, que evidentemente trazia prazer do ato de bater nela até deixar marcas, que queria que não se apagassem, como a lembrar continuamente a Níobe sua condição de submissão a ele. Mais uma vez nos deparamos com formas de sofrimento interseccional, nas quais às asperezas da pobreza se junta à dor física e psicológica de uma mulher vítima da violência doméstica.

Apesar de ela e o marido terem passado a vida inteira trabalhando, eles e os filhos passaram fome. Mais uma vez, fica claro que a pobreza não é provocada somente pelo desemprego, mas também pela falta de condições materiais para desempenhar uma atividade digna, ou seja, um trabalho que garanta que, no mínimo, as pessoas não passem necessidades – e muito menos fome![3] O destino dos inúmeros pequenos agricultores que tentam sobreviver trabalhando em suas roças está ligado a uma série de fatores sobre os quais eles não têm controle, mas que poderiam ser modificados por políticas públicas — e, em alguma medida, foram modificados por programas como o Bolsa Família, o Seguro Safra, ou o programa de construção de cisternas. As causas da impossibilidade de garantirem o mínimo necessário para sua sobrevivência são estruturais, começando pela maneira em que as terras foram distribuídas no Brasil colonial, imperial e republicano.[4] A Lei de Terras de 1850 impediu que pequenos agricultores pudessem tornar-se proprietários de terras e os condenou a viver como arrendatários (ficando à mercê dos latifundiários que podiam oferecer-lhes contratos exploratórios) ou a ocupar terras ilegalmente – quase sempre terras estéreis ou pouco fecundas, que não suscitavam o interesse dos grandes proprietários, de modo que ninguém iria reclamar dos ocupantes ilegais.[5] A distribuição das terras nos países, de modo geral, e no Brasil em particular, nunca é fruto do acaso, mas é sempre o resultado de determinados arranjos jurídicos estabelecidos pelos grupos que controlam a agenda política e que detêm o poder legislativo. Historicamente, os pobres camponeses do interior nunca pertenceram a tais grupos. A Lei de Terras foi feita pelas elites para as elites e com a clara finalidade de excluir da posse da terra os pequenos agricultores e, principalmente, os antigos escravos, como ficou patente depois da abolição da escravatura. Ora, camponeses obrigados a contentar-se com pequenas parcelas de terrenos baldios e pouco fecundos se veem diante de duas opções. A primeira, tomada por muitos, é emigrarem para outros lugares, habitualmente para áreas

---

3 Para uma "história inatural" da fome ver Russell, 2005. Sobre o tema ver também o impressionante Caparrós, 2016.

4 Entre as muitas obras sobre o assunto vejam-se os clássicos Prado Jr., 1957, Furtado, 1972, Andrade, 1973 e Suarez, 1977.

5 Sobre o surgimento deste grupo social já na época da escravidão, ver Carvalho Franco, 1969 e Gorender, 1978.

urbanas, onde se tornarão mão de obra não qualificada e, portanto, barata.[6] A segunda é permanecerem no local, cultivando a duras penas suas roças em busca da mera sobrevivência, na certeza de que haverá momentos nos quais eles e suas famílias passarão fome.[7] Tudo isso, naturalmente, se não houver intervenções governamentais materializadas em políticas que visem modificar a situação dos pequenos agricultores, principalmente por meio de uma reforma agrária, ou que favoreçam a criação de cooperativas agrícolas. Esta última estratégia é dificultada pelo fato de as parcelas de terra em questão serem dispersas e, de qualquer maneira, pouco férteis. Já a primeira sempre foi contrastada pela elite econômica e política (o golpe de 1964 foi provocado, entre outras coisas, pela convicção de que João Goulart estaria prestes a realizar uma reforma agrária).

Além disso, deve-se levar em conta a dificuldade de trabalhar terrenos áridos, quase inférteis e que só permitem o cultivo de umas poucas plantas. Há muitas regiões do interior do Brasil, em particular no sertão, com as quais condiz a expressão de Carlo Levi: "uma terra que nunca é campo" (Levi, 1986).[8] Uma terra ingrata, que compensa com extrema avareza os esforços estafantes de quem teima em lavrá-la, quase nunca por livre escolha, quase sempre por grande necessidade, desespero e falta de alternativa. Uma terra árida e seca, que condena à sede plantas e pessoas, animais e humanos,

---

6 As consequências negativas da migração da área rural para as áreas urbanas foram extensamente estudadas. Estão bem resumidas por Maria Teresa de Melo Suarez (1977, p.13): "as migrações internas, das quais a rural-urbana é considerada a mais significativa, acarretariam consequências desastrosas no âmbito da sociedade urbana, tais como a marginalização de alguns contingentes da população ou a inchação de alguns ramos do setor terciário de baixa produtividade (biscates, serviços domésticos, etc.)", dando lugar ao fenômeno denominado de "sobreterciarização".

7 "Esses pequenos cultivadores independentes, cujo número se avolumou nos séculos XVIII e XIX, ocupavam ínfimos tratos de terra em áreas impróprias à plantagem ou precediam seu avanço, sendo depois expulsos dela" (Gorender, 1978, p.298).

8 Levi a utilizou para descrever a região do Sul da Itália onde foi exilado como dissidente político durante o fascismo.

com crueldade equânime e implacável. Contudo, existem, no sertão, amplas regiões verdes, nas quais uma vegetação insiste teimosamente em crescer apesar das secas e do terreno avarento, do qual suga toda a umidade que consegue. As nascentes se tornam objeto de cobiça e de disputa entre proprietários, que as utilizam como fontes inesgotáveis de lucro, cobrando preços exorbitantes pelo seu uso por parte dos moradores da região, obrigados, muitas vezes, a percorrer longos caminhos para chegar a elas, partindo de suas moradias espalhadas pelo sertão, como vimos no caso de Fátima.

Trabalhar duro e, mesmo assim, passar fome: talvez não haja maior escárnio para uma pessoa. O resultante sentimento de impotência e de frustração representa de per si mais uma forma de sofrimento. Principalmente, torna mais difícil acreditar na narrativa, tão frequente na esfera pública, de que o principal ingrediente para o sucesso consiste em trabalhar duro ou, vice-versa, de que o sucesso é o resultado inevitável do esforço individual. Quando o esforço é incessante e continuado (uma vida inteira de trabalho duro) e o resultado é nulo, pode-se ou negar todo e qualquer valor à narrativa em questão ou negar todo e qualquer valor a si próprio. Não são poucas as pessoas que percorrem este segundo caminho, chegando a uma perda irreparável de autoestima.

Níobe parece tomar o primeiro caminho, mas não no sentido de denunciar o caráter ideológico da narrativa; ao contrário, ela recorre, inicialmente, a uma narração alternativa que oscila entre darwinismo social e cinismo. "Cobra engole cobra": a vida é uma competição impiedosa com os perdedores, que acabam engolidos pelos vencedores; mas estes podem vir a ser os perdedores de amanhã. Níobe vê uma espécie de necessidade nesse mecanismo: "uns tem que ser mais fraco, outros mais alto". Apesar de não considerar isso justo, pensa que "é assim mesmo e ninguém pode fazer nada". O curso do mundo é fixo e imutável: quem está acima (não importa se isso significa encontrar-se quase no fim da escala social) gosta de pisar em quem está abaixo. Encontraremos uma postura semelhante em Edineide (ver Capítulo 7), que, contudo, recorre diretamente à religião para encontrar uma consolação e até mesmo uma justificativa para as injustiças do mundo. Níobe parece, em um primeiro momento, recorrer à mesma estratégia:

para Deus somos todos iguais. O dinheiro não garante felicidade e saúde. Mas, logo em seguida, abandona a narrativa religiosa tradicional, segundo a qual no Além as pessoas vão receber o prêmio por seus sofrimentos e a pena por suas maldades. Níobe é cética: "não sei", quem morreu nunca voltou para contar se as coisas são mesmo assim, se existem inferno e paraíso, ou se é tudo uma mentira. "Quem morre, morre", afirma lapidar. Não há espaço para a esperança numa recompensa futura, numa vida após a morte na qual se possa encontrar consolação pelos sofrimentos enfrentados nesta. Isso significa que tais sofrimentos foram e são sem sentido.

A posição de Níobe beira o niilismo mais radical. Daí vem nova guinada: a origem da riqueza está na família, vem "do berço", e o pobre é pobre porque nasceu assim. Porém, é possível mudar as coisas pelo trabalho e pelo esforço pessoal. Somos surpresos numa mesma oração com duas narrativas opostas, ainda que não necessariamente excludentes: a riqueza vem de berço e a riqueza vem do esforço individual. Quando provocada em relação a esta segunda explicação, que contradiz evidentemente sua experiência pessoal de uma vida, Níobe recua. Isso não se aplica aos pequenos agricultores como ela foi, antes de mudar-se para a cidade. Demasiados fatores incontroláveis, começando pelo clima (no sertão é preciso um bom inverno para se ter uma boa colheita).

Não é fácil colocar todos essas considerações numa narrativa coerente. Isso não deve surpreender – aliás, é muito comum que as pessoas não tenham uma visão coerente e coesa das relações sociais e econômicas, independentemente de seu nível de escolaridade. Até mesmo pessoas com formação superior podem defender visões contraditórias, sem dar-se conta disso. No caso de Níobe, chama a atenção o fato de ela não aceitar passivamente narrativas tradicionais (a religiosa que promete consolação na vida futura ou a dominante que assegura que quem trabalha duro alcançará o sucesso), mas de opor-lhes visões alternativas nascidas de sua experiência biográfica: para o agricultor, não é suficiente o esforço individual; não há certeza de que haja outra vida na qual os bons serão premiados e os maus punidos; a vida é uma luta entre indivíduos que gostam de pisar em cima dos outros. Nenhuma dessas visões alternativas a leva a condenar o *status quo*, apesar de ela concordar que tudo isso não é justo. Está convencida de que "ninguém pode fazer nada" contra este estado de coisas. Níobe não chega a pensar na possibilidade de mudar algo através de uma ação coletiva ou política. Nem sequer imagina que uma mudança possa vir da política, apesar de reconhecer que com Lula "as coisas eram mais fácil" do que "com esse Temer".

Estamos diante de mais um exemplo de reificação das relações sociais e econômicas: "é assim mesmo e ninguém pode fazer nada". Os seres humanos estão presos num mecanismo impessoal de luta recíproca ("cobre engole cobra"), queiram ou não. Não há espaço para um agir humano que produza mudanças. No máximo, o indivíduo pode, por meio de seus esforços, obter algum melhoramento material mínimo, como "comprar uma televisão com o seu suor". De certo ponto de vista, contudo, Níobe está certa: nas condições históricas e atuais da sociedade brasileira, não há muita esperança que as coisas mudem significativamente para ela e as pessoas como ela. O aparente cinismo de Níobe pode ser visto como realismo, na hora de formular um diagnóstico da conjuntura brasileira. As transformações sociais necessárias para mudar algo substantivo na sua vida são tamanhas que parecem impossíveis de serem realizadas. Com certeza, os governos Lula e Dilma tinham iniciado um importante processo de mudança social, mas os avanços estavam sendo rapidamente desmontados já desde o governo Temer, como a própria Níobe salienta várias vezes. Talvez o limite mais importante das políticas sociais dos governos petistas tenha sido precisamente o fato de não ter sequer tentado conscientizar e mobilizar os participantes dos programas sociais, de mostrar-lhes e explicar-lhes o contexto social mais amplo no qual e do qual surge a sua situação de pobreza. Faltou oferecer uma explicação alternativa não somente às tradicionais, mas também à explicação cínica e desiludida aceita por Níobe. Faltou exorcizar as cobras que assombram a vida de Níobe desde sua infância na roça e entre as quais ela continua vivendo.

CAPÍTULO 7

EDINEIDE E O RISO DOS VIZINHOS (SERRA DO CATOLÉ, CE, 2018)

O barro havia cedido, deixando à mostra o trançado de madeira que sustentava a parede da frente. Era como um corpo corroído que nos permitia ver os ossos. Que nos permitia ver a intimidade de uma casa, porque buracos e frestas já não cobriam o seu interior. E o interior de uma casa era tudo que tínhamos. Guardava segredos que nunca seriam revelados. Guardava segredos que eram parte do que todos nós éramos naquelas paragens.

Itamar Vieira Jr.[1]

Quando consegui aquela casinha sem paredes, aí tinha vez que me acordava de madrugada e o povo lá embaixo, olhando-nos do lado de cá, pra cima, dizendo 'Eh, eu 'tava vendo vocês dormindo'. Aí eu dizia: 'Graças a Deus que estava vendo dormindo, que não era mortos'. Aí eu só dizia assim, sabe? Eu... eu... eu chorava e ficava pensando: 'Ah, meu Deus quando é que vou conseguir levantar esta parede aqui desta casa?

Dona Edineide

---

1 Vieira Jr., 2018, 159.

A Casa de Farinha é muito mais do que o lugar onde as famílias de pequenos agricultores locais trazem a mandioca para transformá-la em farinha e goma, que serão vendidas nos mercados da região. É também um ponto de agregação e confraternização nos dias em que o moinho entra em funcionamento: as famílias contratam os vizinhos para ajudarem no trabalho de preparar a mandioca para a moedura. Sentados num pórtico aberto para o amplo quintal, ao redor de uma grande pilha de raízes, homens e mulheres, munidos de facas e facões, limpam a mandioca. A conversa é marcada pela batida dos golpes de facão e pelo barulho das máquinas moedoras que provém do interior da casa.

Fomos convidados a assistir ao processo de preparação da farinha e agora estamos conversando com as pessoas. Algumas ficam meio intimidadas, apesar de nosso contato ter-lhes explicado que somos "professores de São Paulo" e não funcionários do governo. Outras, pelo contrário, parecem felizes de terem novos interlocutores aos quais contar seus casos, em vez de trocarem histórias com os vizinhos de sempre. Algumas mulheres começam a se queixar dos cortes feitos em seu Bolsa Família; há até casos de cancelamento sem que qualquer justificativa fosse apresentada. Evitamos gravar as conversas, por entender que não é possível realizar entrevistas nestas condições: muita gente, muito barulho, crianças brincando no quintal, cachorros correndo atrás das crianças e latindo, um rádio tocando...

Contudo, aos poucos, a voz de uma mulher acaba se impondo. Não pelo volume, nem pelo tom imperioso; ao contrário: a voz é calma, o andamento de sua fala regular como os golpes de facão que a mulher dá às raízes para limpá-las. É que, quase sem perceber, começou a contar a história da sua vida. Por isso, quase como uma reação automática, sentamo-nos ao lado dela, pedimos permissão para ligar o gravador e começamos a registrar seu depoimento.

Edineide nasceu em casa, como todos seus doze irmãos e irmãs. Naquele tempo era muito difícil ir ao hospital, diz. A família morava na Pedra Branca, numa região isolada lá pelas bandas de Nova Olinda. Tinha parteiras, isso sim. Ela teve seus filhos no hospital, mas a Jassira não, nasceu na rua. "Como na rua?" perguntamos. "É assim. Meu marido tinha ido trabalhar lá no Paraná, para a temporada. Eu tinha ficado sozinha em casa com minha mãe. Estava grávida da menina e quando começou os trabalhos [de parto], nós foi a pé até o hospital, mas eles nos mandou voltar pra casa. Daí, nem tinha dado quanto daqui até lá [indica a casa da Fátima, a uns duzentos metros] a Jassira nasceu. Foi na rua mesmo. Minha mãe botou na saia e levamos pra casa. Mas os outros nasceram no hospital, graças a Deus!" Foram cinco partos normais, mas teve muita dor. A primeira gravidez foi com dezesseis anos. Levanta um braço, como a indicar o tempo passado. "Naquele tempo, nunca se sabia o que ia passar depois..." e nos lança um olhar expressivo, como a dizer "vocês entendem depois do que, não é?". Sorri. "Naquele tempo, não se sabia que tinha remédio, estas coisas para evitar..." E mais uma vez deixa a frase em suspenso. Perguntamos como soube da existência da pílula anticoncepcional. "Depois que deixei de morar no sítio, uma mulher falou." Quando ela soube, tomou "remédio", como diz ela, por oito anos; depois parou de tomar e teve o Zé, o filho mais jovem.

Pertence à Congregação Cristã do Brasil, "graças a Deus" (repete com muita frequência essa expressão, em todos os contextos e com muita convicção, com a clara intenção de, sinceramente, agradecer a Deus). "Toda sexta-feira vou no culto, adoro." Tem amigos lá? "O primeiro amigo meu é Deus. Depois, graças a Deus, tem amiguinhas, coleguinhas para conversar... também só das coisas de Deus, que outras coisas... eu não sou muito chegada a conversar de besteira". Perguntamos se frequentou a escola. "Não, nós ia pra roça. A gente pedia pra mãe, 'mãe, matricula', mas ela dizia 'não, não vai dar certo', e daí eu não fui pra escola." Começou a trabalhar na roça com dez anos. Antes, ficava em casa cuidando dos irmãos pequenos, moendo milho e, sobretudo, pegando água numa nascente, longe da casa. "Íamos com as cabaças, esperando aquela água minar, naquela fila de baldes toda. Uma vez quebrei a cabaça e o pai quase me matou. Era muito longe, tinha que subir e descer uma ladeira. Saía quatro horas da manhã, às vezes ao meio-dia, pois tinha menos gente. Às vezes, nós ia de madrugada, morrendo de medo. Ia eu, umas irmãs minhas, umas amigas. Nós ia pela mata morrendo de medo." Medo de encontrar alguém? "Não, nunca tive medo de homem; tinha era medo de bicho, de cachorro, de cobra. Tinha muito cachorro." Quando terminava de trabalhar em casa, ia para a roça e ficava ajudando os pais, voltando para casa às cinco e meia. "'Tava quase escuro, e ainda tinha que ir e esperar a água." Dava tempo para brincar? "Dava nada, nós não tinha tempo nem pra ir pra escola! A gente não tivemos esta oportunidade. Hoje quero que meus filhos vão para a escola. Quero eles ter esta chance" (diz assim mesmo, "esta chance" – palavra que talvez tenha ouvido do pastor ou na TV).

Perguntamos se já havia passado fome. "Lá em casa não tinha café da manhã. Tinha chá de ervas para enganar a fome. Por isso, agora, o que tenho em casa, eu divido. A gente sabe pelo que passou, eu me lembro, eu me lembro", repete enfaticamente várias vezes. "Eu dou para quem passa fome. Era da roça que nós vivia. Vendia um bocado daquele milho e comprava arroz, comprava mistura. Antigamente, quando tinha o Bolsa Família, era bom. Agora está difícil." Perguntamos se o Bolsa Família dela foi cortado. "Foi. Não era para cortar, pois tenho ainda um filho na escola. Disseram que tinha uma renda. Aí eu disse: 'Eu pago uma moto [um mototáxi] pra vocês ir lá em casa pra ver qual é a renda que tenho para não ter o Bolsa Família', mas eles não foram. A assistente social disse 'Daqui a um ano pode ser que volte'. Ela falou assim: 'pode ser'. Eu disse: 'Não é a vontade sua, nem a minha, é a vontade de Deus'". E permanece em silêncio alguns segundos, como perdida em seus pensamentos.

Seu marido trabalha? Volta de suas reflexões. "Trabalhava como talhador de pedra e enfartou. Tive que brigar no hospital, pois, quando chegamos lá, o médico estava no quarto, de repouso. Aí dei um chute na porta, peguei pela gola e perguntei 'vai atender meu marido ou vai deixar ele morrer?' O médico mandou para o Crato, mas não tinha vaga lá. A gente foi num hospital de Barbalha, que é particular. Pediram 540 reais para uma cama. Naquele momento eu tinha 800 reais na conta e consegui pagar. Foi por isso que ele escapou, senão tinha morrido". Depois de ter passado quinze dias no hospital, o marido saiu, mas teve que abandonar seu emprego. Ainda "faz serviços", diz Edineide, ainda cortando pedra, mas é um trabalho precário, ocasional, e que ameaça seriamente sua saúde. Perguntamos se ele não recebe auxílio saúde. Recebeu, mas depois de seis anos cortaram ("Foi esse Michel aí") e nunca mais deram. Por isso, é obrigado a trabalhar, quando der, embora isso lhe provoque problemas físicos. "Aí tem dia que trabalha, que ele chega [em casa] que não vai poder nem dormir, afadigado, sentindo dor... é um sufoco. Mas ele vai porque, de qualquer maneira, se ele não for, não tem o que comer." A voz fica quase raivosa. "No mês que ganha, a gente compra coisa para comer. No mês que não trabalha, a gente vende um pouco de goma, de farinha e compra o que precisar. Não passamos fome, não, graças a Deus. Crio umas galinhas, também. Comemos arroz e feijão todo dia, mas não passamos fome, graças a Deus. Agora, água que é difícil. Tem que comprar. Tem uma cisterna pequena lá em casa, mas não tem água encanada. Tem que comprar do dono da nascente e pôr na cisterna". Gastam 190 reais de água por mês, pois "são muitas pessoas lá em casa". Pela primeira vez, a cara dela se fecha. "É muito caro. Quando tinha o Bolsa Família era mais fácil. Quando meu marido não ganhava, pelo menos, tinha um pouquinho cada mês, mas agora...". Faz um gesto indicando genericamente ao seu redor e exclama "Aqui na Serra, se você não tiver uma tarefa[2] de macaxeira, você passa precisão. Aí, vendo um saco de farinha, vendo barato, mas dá pra comprar algo". O problema é que isso, o negócio com "a mandioca, a macaxeira", funciona só quando chove. "Se não chover, você não tem nada não".

Ela diz que trabalhou por oito anos como merendeira numa escola de uma prefeitura da região. Ganhava menos de meio salário-mínimo por mês e saiu "sem direitos". Perguntamos por que saiu do trabalho. A resposta é seca: quando entrou no cargo um novo prefeito, foi demitida. Perguntamos como conseguiu o emprego: "Foi por sorte. Fui pedir ao prefeito, o A., e o prefeito mandou pedir na secretaria que arrumasse um trabalho para mim na escola. Quando o R. entrou, botou a gente pra fora, com quase dez anos já que estava trabalhando". Lembra-se dos primeiros nomes dos prefeitos, mas não dos seus partidos, quando perguntamos. Fica

2 Uma tarefa equivale a uma extensão de terra de 4.356 metros quadrados. Neste caso, Edineide usa o termo de forma genérica, para indicar um pedaço de terra suficientemente grande para cultivar mandioca.

impaciente. "Não entendo muito bem de política, até porque também não gosto de política. Quando dizia pra votar no prefeito que colocou você trabalhar, aí eu fazia." Repete várias vezes que não gosta de política. "Tem gente que até briga por causa de política, mas não adianta." Afirma que votou no Lula, votou na Dilma, porque o Lula disse que era para votar nela, mas insiste em dizer que não gosta de política. Critica Michel Temer, que na época ocupava o cargo de presidente, dizendo que "não presta". Diz que está só "tirando dinheiro dos pobres, do pessoal que não pode trabalhar, tirando o INSS do povo." Quando perguntamos se ela sabe como Temer virou presidente, responde "Não sei, não entendo", não obstante os noticiários tenham falado do impeachment da presidenta Dilma por meses. Em relação às eleições de 2018 (a conversa aconteceu no mês de agosto daquele ano) afirma: "Sei lá, sei de nada".

Conheceu o marido na roça, pois o pai dele tinha um pequeno terreno perto do terreno do pai dela. Era muito jovem, tinha uns 15 anos. "Nós casemos e saímos da casa do pai e fizemos um quartinho de taipa no terreno da casa da minha irmã." O cunhado, que era pedreiro, os ajudou a construir aos poucos esse quarto de taipa. Demorou, pois por um tempo ficou sem uma parede externa. "Só tínhamos um prato de prástico[3] para mim e um prato de prástico pra ele e uma colher para um e para o outro", lembra, rindo. "Comecemos viver assim" e abre as mãos, sorrindo. Quando o marido arrumou o emprego de cortador de pedras, as coisas ficaram melhores. Mas a relação com a irmã e o cunhado não ia muito bem. "Eles iam falando que a gente estava acabando com a casa

3 Reproduzimos o "erro" de pronúncia não porque procuramos garantir o caráter verídico do relato através de meios questionáveis, mas na convicção de que a variante linguística das pessoas entrevistadas possui plena legitimidade. Citamos Lélia Gonzalez (2020, p.90), quando observa que os membros da elite branca "gozam a gente quando a gente diz que é Framengo. Chamam a gente de ignorante dizendo que a gente fala errado. E de repente ignoram que a presença desse r no lugar do l nada mais é do que a marca linguística de um idioma africano, no qual o l inexiste." Além disso, no português já se observava a tendência a transformar o grupo latino pl em pr, como em "prazer", do latim "placere", entre muitos outros exemplos.

deles, estas piadas. Aí ficava tão desgostosa, tão desgostosa, que pensei 'um dia eu vou sair desta casa, custe o que custar'". Conta que trocou uma moto e "cinco metros de chão" (coisas que tinha herdado do pai) por uma casa, ou, como explica, "quase uma casa, que não era bem uma casa", que pertencia a uma mulher. Narra as dificuldades enfrentadas para obter um documento de propriedade da casa: teve que ir atrás do proprietário originário, pois a atual proprietária nunca tinha regularizado a compra. Relata a angústia e a emoção de tornar-se finalmente proprietária de uma casa toda dela e do marido. "Comprei madeirinha e comecei a construir a casa. E meu cunhado levantou [a casa] para mim". Agora está mais sossegada, com sua casa. "Eu sou feliz porque tenho minha casa pra morar", repete várias vezes durante o diálogo.

A conversa parece encerrada. Edineide nos deixa seu número de celular, para o caso de querermos contatá-la na nossa próxima vinda ao Catolé. Já estamos com o gravador na mão para desligá-lo, quando, de repente, ela sussurra em voz baixa: "Ah, já passei coisa pior, muito pior...". Perguntamos quais foram essas coisas piores, e parece que ela só estava aguardando esta pergunta. Ajeita-se em cima do banco de madeira e começa a contar com voz que se torna cada vez mais emotiva. "Quando consegui aquela casinha sem paredes, aí tinha vez que me acordava de madrugada e o povo lá embaixo, olhando-nos do lado de cá, pra cima, dizendo 'Ei, eu 'tava vendo vocês dormindo'. Aí eu dizia: 'Graças a Deus que estava vendo dormindo, que não era mortos'. Aí eu só dizia assim, sabe? Eu... eu... eu chorava e ficava pensando: 'Ah, meu Deus, quando é que vou conseguir levantar esta parede aqui desta casa?' O povo chateava, sabe? As pessoas ficam ramangando [provocando]. E meu marido, neste tempo, ele bebia. Aí ficava enchendo muito o saco, porque, sabe, a pessoa que bebe... eu sofria... ele bebia e ficava dizendo coisas para o povo ramangando a gente. Eu só dizia 'Bom, fica em paz... a gente tem que passar por tudo nesta vida... mas a gente tem que passar em paz, porque um dia, quem sabe, se um dia a gente não tem uma vitória'. Isso eu dizia. Eu vi meus filhos chorando com fome e não tenho o que dar. Eu chorava, era muito. Não vou mentir, não gosto nem de pensar". Sua voz começa a entrecortar-se. "Aí eu pedia... esta menina minha [aponta para a filha, sentada com as amigas conversando no quintal], a Jassira, era ela que pedia." Os olhos se enchem de lágrimas, a voz treme. "Eu sofria, não vou mentir... Só o tempo que eu... que eu passava mais triste era esse tempo aí... Mas aí, graças a Deus, quando eu consegui o Bolsa Família, aí parou o sofrimento meu" (e na palavra "parou", sua voz deixa de tremer e se reafirma). "A vida é assim, mas hoje eu sou a pessoa mais feliz do mundo, porque eu tenho onde ficar". Volta a falar em Deus: "Só tem Deus para nós. Deus pode fazer alguma coisa na nossa vida". Imediatamente se corrige "Aliás, tudo". Conta que pouco tempo depois de ter chegado ao Catolé, um dos filhos ficou doente. "Uma tosse, uma tosse... tossia direto. Não deixava você dormir, comer, nem nada". Realizaram muitos exames, em Nova Olinda, no Crato, em Barbalha, mas sem resultados. Pegou dinheiro emprestado para realizar exames mais sofisticados, mas esses também não esclareceram qual era o problema. "Aí uma médica do Crato arrumou uma vaga no hospital regional para mim. Acho que ela teve pena de mim. Uma médica rica!". Enfatiza a palavra "rica" e faz um gesto com a mão, como a salientar que era rica mesmo. O menino ficou quinze dias na clínica. "Aí fui pedir a Deus: dá cura no meu filho! Liberta meu filho deste problema que ninguém sabe, que só tu sabe! Meus Deus, faz esta obra, que, se tu fizer, eu tenho certeza que eu vou ser a pessoa mais feliz do mundo, se meu filho ficar bom." E o filho ficou bom "graças a Deus!" Hoje também o filho é evangélico. Volta a elogiar a médica. Na primeira consulta cobrou R$ 300,00, depois nunca mais nada. "É muito difícil uma pessoa rica pegar um telefone, se preocupar assim, ligar para a clínica, não é? Eu acho difícil. Mas para Deus nada é impossível". Perguntamos por que ela acha que tem gente rica. "A pessoa rica que eu lhe digo não é porque tem muito dinheiro ou porque é chique, nada disso. É porque tem gente – disso eu tenho certeza – que, porque é mais melhorzinho do que eu, pisa na gente, não liga pra gente. Digo isso porque sei que chega naquela prefeitura: 'O prefeito está aí?' 'Não sei...' Eu fico até com vergonha de perguntar. Eu sei que todos são iguais", afirma escandindo as palavras, "mas... nos recursos tem gente melhor do que os outros. E se mostra. Tem gente que só porque tem uma roupa melhor que você, que passa por você parece que está passando por um... não sei nem por quem." Insistimos: Mas por que é assim? "Ah, a diferença [entre rico e pobre] é muito grande, tem que entender que é. Você vê a gente mais carente, não quer ser pobre." As pessoas pobres têm vergonha de ir à rua ou à casa das pessoas sem roupa adequada, afirma, ecoando – sem sabê-lo – uma célebre passagem de Adam Smith.[4] "Não tem uma roupinha melhor, não tem um calçado melhor". Mas ela não sabe dizer por que tem a diferença. "Tem vezes que penso que é porque a pessoa tem um estudo bom, aí sabe das coisas melhor do que a gente. Se eu fosse uma pessoa que tivesse estudo, eu acho que era alguém. Preguiça de trabalhar não tenho. Vergonha de conversar com vocês não tenho. Eu sei que tem estas classes todas, mas eu não tenho medo, eu enfrento. Eu não tenho medo não. Vou dizer que não vou falar com Fulano porque é rico, é chique?". Insiste que ela não é pobre. "Pobre é o diabo, que é a pior coisa. Mas eu não sou pobre. Porque eu tenho Deus na minha vida. Posso não ter dinheiro, mas eu tenho Deus, que é melhor do que o dinheiro. O dinheiro ajuda muito, mas primeiramente Deus. Você pode ter milhões, mas se não tem Deus, então este seu dinheiro não vai valer nada! Se você tem muito dinheiro, mas não tem saúde, você não tem nada! É por isso que nós tem que ajudar quem está necessitado, quem precisa, quem está doente, porque o que importa, gente, é Deus no coração, é saúde". As últimas frases foram pronunciadas em verdadeiro tom de pregação. Depois volta a um tom mais coloquial. "Eu conheço uma mulher que tem ódio da vida dela, porque é pobre. É muito ruim uma pessoa ser assim. Eu não, eu sou feliz, pois tenho Deus. Tiraram o meu Bolsa Família. Era muito bom. Tiraram, mas pode ser que Deus toque no coração deste povo, e volte. Quem sabe? As coisas podem voltar, né? Nem tudo está perdido." Sorri e depois começa a chorar desesperadamente.

***

---

4 "Os costumes sociais fizeram dos sapatos de couro uma necessidade da vida na Inglaterra. Uma pessoa estimável, muito pobre, de ambos os sexos, sentiria vergonha se se apresentasse em público sem um par normal de sapatos de couro" (Smith, 1983, v.II, p.409).

O choro incontrolável de Edineide pode surpreender, depois de ela ter assegurado tantas vezes que era feliz por ter Deus no coração e que não se considerava pobre. Na realidade, esse choro revela a "verdade" que se esconde atrás do discurso de Edineide: uma vida de sofrimento que não pode ser apagado, nem sequer pela convicção de que Deus está ao seu lado. A religião aparece no discurso dela na sua dupla função consoladora e motivadora. Por um lado, ajuda a aguentar firmemente as desventuras (sem, contudo, incitar a uma busca pelas suas causas profundas); por outro, fomenta a esperança de uma "vitória" futura. Este termo, usado por Edineide na fala ao marido que xingava os vizinhos molestadores pertence à linguagem das igrejas evangélicas, particularmente das neopentecostais (quiçá se trate de uma inserção posterior de Edineide, ausente no discurso original). Do mesmo modo, o trecho do seu depoimento, no qual afirma que Deus é mais importante do que o dinheiro, parece retirado literalmente da pregação de um pastor e, com certeza, ecoa passos da Bíblia como o hino à caridade de Paulo de Tarso (1 Coríntios, 13). Edineide fez da sua fé em Deus uma couraça para se proteger dos golpes de sua vida sofrida, mas esta defesa é mais frágil do que parece a um observador externo e do que ela própria pensa. A dor removida com tanto ardor, quase recalcada, irrompe violentamente e explode de dentro a couraça, levando Edineide a chorar convulsivamente. A consolação oferecida pela fé não pode anular os sofrimentos de uma vida.

Podemos afirmar que, deste ponto de vista, a religião representa um mecanismo de reificação do sofrimento de Edineide, que leva ao surgimento de um sofrimento de segunda ordem? É inegável que ela produz esse efeito, como fica claro na sua resposta à questão sobre as razões da existência de tamanha diferença entre ricos e pobres. Há dois elementos nessa resposta, que representam dois pontos de vista distintos, ainda que não contraditórios. Prevalece, no discurso de Edineide, o elemento religioso, que, em vez de explicar ou justificar a existência da riqueza ao lado da pobreza, minimiza a diferença apelando para a presença de Deus no coração das pessoas ou até para a maior relevância de outros fatores, não monetários, como a saúde. Aqui o discurso religioso faz um desvio, deslocando o foco da questão da desigualdade para a questão da inutilidade do dinheiro quando não haja outras coisas para dar um sentido à vida das pessoas (a fé em Deus, a saúde). É como se alguém perguntasse a um rico "Por que você tem tanto dinheiro?", e ele respondesse "O dinheiro não é tudo". Esta resposta não é falsa, em si, mas não é a resposta correta à questão que foi posta, pois o que se perguntou é como se chega à acumulação da riqueza, não se a riqueza leva à felicidade. O segundo elemento presente no discurso de Edineide sobre a riqueza é o mérito individual: há pessoas que estudaram e, por isso, se deram bem na vida. Isso também pode provir do pastor de Edineide, se ele defende posições próximas à Teologia da Prosperidade. Ao mesmo tempo, é significativo que ela indique como fator diferencial o fato de ter estudado e não, por exemplo, o fato de ter trabalhado mais ou com mais determinação, como no caso de Níobe. Ao longo da narração de Edineide, a circunstância de não ter ido para a escola aparece mais de uma vez como causa de profunda lástima: ela lamenta muito não ter tido essa "chance". Pode ser, portanto, que, ao indicar o fato de ter estudado como possível explicação da riqueza, Edineide tenha simplesmente aplicado um raciocínio no qual a correlação é confundida com a causação: eu sou pobre, eu não estudei; quem é rico, estudou; então, eu sou pobre porque não estudei (e quem é rico deve sua riqueza ao fato de ter estudado). Também neste caso há um fundo de verdade — pelo menos na constatação da correlação entre pobreza e falta de escolaridade; falta, contudo, ser demonstrado que o acesso a um nível superior de escolaridade (ou à escolaridade em geral) signifique necessariamente a saída da pobreza. Quando muito, poder-se-ia afirmar que um nível mínimo de escolaridade representa uma condição necessária, mas não suficiente, para sair da pobreza. Os próprios filhos de Edineide que estudaram não ficaram, por isso, imunes à pobreza e vivem de trabalhos precários e mal pagos. Houve, com certeza, uma melhora em relação aos pais, mas isto não significou a saída da pobreza – no máximo, a saída da miséria ou da extrema pobreza. Seus únicos filhos e parentes que se deram bem foram os que emigraram para outras regiões (São Paulo, Paraná). Como já defendemos em *Vozes do Bolsa Família*, oferecer educação básica ou até mesmo treinamento profissional não é suficiente se as pessoas que saem das escolas não encontram trabalhos adequados com salários compatíveis com sua formação. Se as filhas de Edineide e de suas vizinhas, quando terminarem o ensino obrigatório, tiverem que trabalhar lavando roupa para fora ou ajudando na roça, sua educação não teria resultado em nenhuma melhora em relação à sua situação econômica e social atual. Por outro lado, aos olhos de Edineide, estudar representa a saída da pobreza e é por isso que quer que seus filhos estudem e tenham as "chances" que ela não teve. Se o estudo é a chave, se não para a riqueza, pelo menos para uma vida sem necessidade (ou sem "passar precisão", para usar seus termos), o fato de seus filhos estudarem lhe permite esperar para eles um futuro melhor do que o seu presente e passado. Sua confiança no estudo possui certa lógica e não é mera crença – assim como a convicção de que ter Deus no coração é melhor do que qualquer riqueza material faz sentido, quando se considere que também os ricos podem ser infelizes ou sofrer por falta de algo (por ex. da saúde). Como dizia o título de uma celebérrima novela mexicana, *Los ricos también lloran*.

Voltando à relevância da religião para Edineide, cabe salientar que o discurso centrado na importância de ter Deus no coração lhe permite construir uma narrativa que atribui um sentido ao seu sofrimento. Desse ponto de vista, desempenha um papel fundamental para estabelecer certo equilíbrio emotivo e mental em sua vida – equilíbrio que se rompeu no final de nossa conversa, mas, provavelmente, em consequência, justamente, de nossas perguntas.[5] Sem querer, tocamos na ferida, mas a casca que a encobria revelou-se sutil e frágil, e o sangramento recomeçou.

Na perspectiva de sua crença religiosa, Edineide não enxerga o contexto social mais amplo no qual se inserem sua pobreza e seu sofrimento. Não há nada de surpreendente nisso: percebemos o

5 Vale a pena citar uma observação de Ricardo Mariano sobre esse aspecto: "A intransigência discursiva do pentecostal, de todas as matrizes, deriva de sua convicção de possuir, com exclusividade, a verdade divina e constitui forma de autoafirmação e defesa de sua identidade religiosa. Ligeiramente arrogante e portador de certezas congeladas, jamais omite as vantagens de ser crente nem relativiza sua opção religiosa. Para quem, por meio da conversão, supõe ter recomposto a integridade psíquica, encontrado sentido e forjado

mesmo fenômeno nas falas das outras mulheres e, com certeza, poderíamos chegar à mesma conclusão também falando com pessoas de classe média ou alta. Permanece aberta a questão se Edineide busca na religião uma resposta ao problema premente de atribuir sentido ao seu sofrimento porque é incapaz de buscá-la numa visão mais geral do contexto social no qual sua vida se insere; ou se essa incapacidade deriva justamente de sua educação e atitude religiosa. Não conseguimos encontrar uma resposta para essa questão no curso de nossa conversa, demasiadamente breve. E talvez se trate de uma daquelas questões insolúveis, como a aporia aristotélica sobre o ovo e a galinha.[6]

Cabe salientar outros aspectos que diferenciam o depoimento de Edineide dos depoimentos das outras pessoas que ouvimos. Em primeiro lugar, chama a atenção sua postura em face da política. O desgosto de Edineide parece ter suas raízes no fato de ter sido demitida pelo novo prefeito (que, provavelmente, precisava dar o seu cargo a um(a) eleitor(a) dele) e no fato de "o Michel", isto é, o governo Temer, ter interrompido o auxílio-saúde do seu marido (pelo menos, segundo ela). Está presente, portanto, uma visão personalista do poder político, visto como poder de contratar e demitir ao bel prazer do prefeito ou de outro agente político. Como em muitos lugares do Brasil, em qualquer região e em qualquer estado (e também no governo federal), empregos temporários e cargos comissionados são uma potente arma eleitoral. Uma eleição local decide literalmente a vida de muitas pessoas, e isso explica, em parte, a onipresente personalização do poder político e da competição eleitoral. Vota-se no candidato Fulano pela ajuda que pode dar, não pelo seu programa político (quase sempre inexistente), ainda menos pelo partido. No Brasil há inúmeros políticos, inclusive de primeiro plano (candidatos à presidência e presidentes), que passaram por várias legendas partidárias, às vezes até por uma

---

identidade segura e que pretende inabalável, a relativização de sua fé representaria o perigo do retorno à dolorosa experiência pré-conversão, quando os referenciais de sentido, as regras e normas de conduta encontravam-se subjetivamente em frangalhos" (Mariano, 2014, p.116).

6 Aristóteles, *Metafísica*, Livro IX, 1049b-1050a.

dúzia delas; e há inúmeros partidos que não passam de associações de indivíduos sem outra ideologia ou programa que não o desejo pessoal de poder. O que chama a atenção, no caso de Edineide, é a rejeição à política e a evidente indisponibilidade em falar de política. Não sabemos se esse rechaço à política não tem um fundamento também em sua visão religiosa.

Finalmente, o episódio dos vizinhos debochando dela e do marido parece ter deixado um rastro particularmente profundo na memória de seus sofrimentos. Com certeza, os vizinhos pertenciam à mesma classe social dela, pois eram moradores da mesma área rural, provavelmente pequenos agricultores, dependentes de formas de agricultura que garantem apenas sua sobrevivência. Naquele momento, Edineide estava começando uma nova vida com seu marido. Quando conta que tinham somente dois pratos de plástico e uma colher, sorri; isso não significa que ela tivesse saudade daquele tempo, mas que talvez guardasse certa lembrança positiva de uma fase de sua vida, na qual, apesar de ela e o marido não terem nada, tudo ainda parecia possível. O escárnio dos vizinhos representava um violento chamado à realidade de sua privação. Quando ela assevera "eu sei que todos são iguais", quando condena os que passam ao lado de alguém olhando-o como se não fosse ninguém – e isso só porque eles têm roupa melhor –, está dando voz à sua indignação contra a atitude de quem pisa naqueles que estão abaixo, muitas vezes como reação ao fato de ser, por sua vez, pisado por alguém que está acima.

É o mecanismo perverso exposto e reificado por Níobe em seu depoimento. É a crueldade que resulta da desigualdade social e da violência do preconceito que visa revelar e reforçar a divisão entre "os de cima" e "os de baixo", não importando quão baixo possa ser o "estar em cima" em questão. Por essa razão, provavelmente, Edineide estranha (positivamente) o comportamento da médica que a ajuda a encontrar uma vaga numa clínica para seu filho. Não era de esperar, segundo ela, que uma pessoa "rica" tivesse preocupação para com pessoas pobres como ela e o filho. O que isso diz sobre as relações sociais e humanas do contexto no qual vive Edineide? Que contexto é esse no qual um ato de solidariedade por parte de uma pessoa de classe superior é algo totalmente inesperado e visto como um verdadeiro milagre? Provavelmente, Edineide o atribuiria ao fato de que a médica em questão tem Deus no coração, como ela, que, conforme repete algumas vezes, divide a comida com quem passa necessidades. De fato, o espanto de Edineide diz muito, ainda que de forma indireta, sobre uma sociedade na qual a solidariedade entre membros de classes diversas, particularmente entre "ricos" e "pobres", é a exceção.

CAPÍTULO 8

GRACIELE E A MEMÓRIA DO SOFRIMENTO (ZONA RURAL DE INHAPI, AL, 2007-2018)

Visitamos pela primeira vez Dona Graciele em 2007, e falamos sobre ela em nosso livro *Vozes do Bolsa Família*. Nesta revisita a encontramos mudada em alguns aspectos de sua vida, mas ainda vivendo na pobreza extrema. O reencontro aconteceu em agosto de 2017. Chegamos à sua casa, na zona rural de Inhapi, alto sertão alagoano, no bairro chamado de Povoado do Salão, por volta das onze horas da manhã, acompanhados de sua tia Dona Zelmira. A casa era a mesma, ainda muito desprovida, com raros móveis na sala e algumas cadeiras precárias na varanda, as paredes de um verde desbotado com manchas de umidade nos cômodos. O casal e os quatro filhos dormem em dois quartos apertados. Na sala, uma velha geladeira, um sofá esburacado, coberto com uma colcha rasgada que mal escondia seu estado precário. Em um canto da sala, um móvel grande, sobre o qual reina soberana a televisão. Esses dois eram aquisições novas.

Desta vez, seu marido veio nos atender e nos contou que Graciele ainda dormia, porque agora chegava muito tarde em casa, já que frequentava a escola da EJA à noite. Quando ela apareceu na varanda, nos deparamos com a figura de uma mulher deprimida, triste, chateada, infeliz. Estava despenteada; as roupas estavam amarrotadas, mostrando abertamente que dormira com a mesma vestimenta com que fora à escola no dia anterior. Exibiu o tempo todo da entrevista uma fisionomia tensa, carregada. Raramente sorria, e quando o fazia, timidamente, mostrava dentes faltantes e descuidados. Perguntada sobre várias questões da vida, inicialmente respondeu de forma lacônica, frequentemente só com sim ou não. Só com o tempo começou a abrir-se. Ainda assim, a entrevista foi muito difícil, pois Graciele parecia ainda estar com muito sono e suas respostas eram sucintas, frias.

Graciele casou-se com 18 anos e teve quatro filhos, que estavam, em 2017, com 19, 18, 15 e 10 anos. Os dois mais velhos apareceram mais tarde, "chegados da cidade", como dizem lá, e acompanhados de dois amigos adolescentes, todos fumando. Perguntamos-lhes se não iam à escola e nos disseram sorridentes: "Ah! Saímos! Fomos procurar emprego. A escola não valia a pena, não estávamos aprendendo nada lá. Melhor ir cuidar da vida". Ao ouvir essas palavras, Graciele fechou ainda mais seu semblante, não conseguindo esconder sua desaprovação à decisão dos filhos.

O marido, que de quando em quando voltava à varanda, parecia muito preocupado em cuidar e alimentar dois bois que tinha ali para arar a terra. O arado tirado por bois é um instrumento agrícola ainda muito comum naquelas paragens. A certa altura da conversa, Dona Zelmira, ao perceber a cara feia e o cenho cerrado da sobrinha, a interpelou para convidá-la a nos contar as boas novidades de sua vida: que se tornara jogadora de futebol e uma "amassadora de terra" muito competente, tão boa – dizia sorrindo orgulhosa – que passara a ser solicitada por muitos sitiantes locais. Arar com os bois é um trabalho muito duro, mas que lhe fazia obter mais renda para a família. Naquele momento ganhava setenta reais por tarefa e esta soma aliviava muito as despesas familiares. Além disso, jogava muito bem futebol num time local, e à noite ainda juntava forças para ir estudar na EJA. Nesse momento, de fato, em seu rosto se abriu um grande sorriso, ainda meio envergonhado, mas já deixando entrever nos olhos certa alegria, pois passaram a piscar muito rápido, como se quisessem confirmar sua satisfação interna pelo fato que se mencionassem ou se reconhecessem algumas das vitórias alcançadas na sua dura vida. Graciele enfim sorriu mais abertamente.

No caso do Povoado do Salão, diferentemente de outros bairros rurais, as famílias moram perto umas das outras. Esta situação permite algum respiro da opressão geral da vida, pois a solidariedade familiar ainda tem muita valia para as pessoas dessas regiões. Mães e sogras desempenham um papel valioso, especialmente no que diz respeito à ajuda financeira que ainda podem propiciar nas situações de carência total de rendimentos. Esta possibilidade lhes é garantida pelas aposentadorias recebidas do sistema previdenciário criado pela Constituição de 1988. Todas as famílias ali são formadas por pequeníssimos proprietários que plantam feijão, milho e mandioca ("os ligumes", como falam lá). Apesar disso, a situação de Graciele estava muito pior do que da última vez que tínhamos falado com ela, devido à insegurança relativa ao Bolsa Família.

Como estava acontecendo em várias localidades nos sertões pesquisados, naquele momento, as bolsas estavam sendo aleatoriamente cortadas ou diminuídas em seu valor. Dona Zelmira nos disse que funcionários do Bolsa Família da cidade tinham feito visitas repentinas, anotando tudo o que a casa possui. Se, por exemplo, houver uma moto, meio de transporte comum na região, normalmente comprada usada e paga em prestações, a bolsa é cortada ou seu valor é diminuído, contou Zelmira. Tais formas de humilhação institucional são perpetradas repetidas vezes, pelo que nos disseram naquele final de manhã. O medo dos cortes e das reduções de valor é muito grande entre os participantes do programa. Um de nossos contatos nos disse que "está voltando tudo pra trás", ou seja, como era antes da implementação do programa, com crianças famintas pedindo comida nas ruas.[1]

Graciele recebia 325 reais por mês, mas ficou dois meses sem receber, e agora, quando foi sacar, teve a bolsa reduzida para 214 reais. Disse que a interrupção da bolsa fez com que a família passasse muita necessidade, chegando até a passar fome. Uma das poucas vezes em que falou mais alto foi para nos dizer, de modo

1 Já havíamos visto isso em Fortaleza, deparando-nos com crianças de sete e nove anos pedindo esmola. Quando perguntamos a um menino nessa situação se sua mãe não tinha Bolsa Família, respondeu imediatamente: "Tinha, mas cortou!"

pausado e melancólico e demonstrando muita emoção: "Voltamos a passar fome". A fome, este perene fantasma de sua vida, voltara. Era uma velha conhecida. Na infância já vivera essa experiência, já passara fome muitas vezes, além de outras privações, como a de não ter brinquedos.

Praticamente nunca brincou como criança e trabalhou na roça desde os oito anos de idade. Andava dois quilômetros para chegar até a escola, que frequentou muito pouco devido ao trabalho. Agora, durante os governos petistas, que criaram (em 2007) e ampliaram o programa Caminho da Escola, as crianças passaram a dispor de ônibus ou caminhonetes para transportá-las da casa à escola. Estes pequeníssimos graus de bem-estar são sempre lembrados pelas pessoas com referência a Lula ou a Dilma.

Quando a conversa entrou na política brasileira, Graciele afirmou logo que votaria sempre em Lula e que tinha esperança de votar nele de novo. Perguntada sobre o que achava da saída de Dilma da presidência do país, disse que não queria que saísse, mas que não entendia nada sobre o que aconteceu. Não gostava do presidente Temer, mas não entendeu nada sobre o que fez este personagem. Arriscamo-nos a indagar-lhe mais uma vez sobre suas relações com as outras mulheres, perguntando se conversava com elas sobre política e a situação delas. Respondeu rapidamente: "Não, nunca". Demonstrava uma indiferença muito grande ao assunto. Não conseguimos saber mais sobre sua atitude geral em relação ao tema.

Enquanto Graciele falava disso, dona Zelmira comentava sobre a vida de seus filhos mais velhos, que, anteriormente, andavam quase cinco quilômetros para irem à escola e regressavam à noite, muito cansados. Fatigados dormiam, fatigados acordavam para a labuta diária. Durante o dia: trabalho na roça, lida com animais, comer rapidamente na roça mesmo e no final da tarde, apressadamente, se preparar para andar a pé cinco quilômetros. Uma infância e adolescência em que a exaustão retira qualquer entusiasmo pela vida escolar. Sua-se o dia inteiro e se chega à escola já extenuado, novamente, coberto de suor. Semelhante estado de prostração advém não das brincadeiras infantis, mas da aspereza da jornada diária, dividida entre trabalho na terra e as longas caminhadas para se escolarizar. Na época da infância de Zelmira e de Graciele, o tempo da escola normalmente perfazia um período muito curto. Salvo algumas raras exceções, dificilmente passava de dois a três anos, sobretudo no caso das meninas. Para as mulheres o destino já estava traçado: o casamento e a maternidade, ambos muito cedo na vida delas. Portanto, na visão dos pais, em especial do pai, elas não necessitavam mais do que assinar o nome e saber contar, isto é, fazer precariamente algumas operações necessárias para seu cotidiano, para as compras etc. A disparidade de gênero dentro das famílias começa já na infância, com as meninas educadas a realizar as tarefas domésticas mais pesadas e, até a implementação do Programa Bolsa Família, com elevado abandono escolar.

Há, finalmente, uma forma de sofrimento peculiarmente feminino, a saber, a que é ligada à experiência da maternidade. Graciele confirmou o que todas as mulheres entrevistadas nos disseram, isto é, que a gravidez – aliás, as várias gravidezes que experimentaram – quase nunca é planejada e pouquíssimas vezes é desejada. Quase sempre resulta em partos dolorosos. A experiência da maternidade sempre é referida como momento de grande dor e incerteza, portanto, como um período de muito temor. A memória desse fato é perpassada por histórias tenebrosas, consubstanciando este período como um tempo de grande sofrimento físico das mulheres e de muitas mortes precoces ocorridas nos partos.

Há uma história, contada e recontada na região, do sofrimento de uma jovem mulher que morreu de parto e cujos gritos de dor eram tão desesperadores, que o lugarejo todo se reuniu diante de sua casa tentando fazer alguma coisa. Todos os saberes relativos àquela circunstância foram mobilizados: das rezas às benzeduras e ao uso de ervas; mas nada diminuía as dores lancinantes daquela pobre mulher, que acabara morrendo depois de quase vinte e quatro horas de tortura incessante, aos trinta anos de idade, falecendo no parto do oitavo filho. Pelo que tentamos nos informar a respeito dessa ocorrência, que povoava a recordação das mulheres da região, essa morte, que marcara tanto a memória coletiva local, teria ocorrido na década de 1930!

A história dos partos normalmente é descrita como uma experiência de terror, de tortura mesmo, com dores excruciantes e muito medo da morte. Ouviram e ouvem histórias de parentes, avós e bisavós – narrativas assustadoras sobre a dor da experiência de parir. Portanto, a expectativa de dar à luz só pode ser de medo e angústia. Somente poucas mulheres que entrevistamos foram a um hospital e receberam anestesia na hora certa e um tratamento respeitoso por parte dos funcionários da saúde. Pouquíssimas vezes as mulheres sertanejas contam que encontraram hospitais disponíveis, já que a ampliação da rede hospitalar é coisa muito recente. Os hospitais ainda ficam longe, pois se localizam nas cidades maiores. Os casos de urgência médica ocasionam nas pacientes muitas dores e sofrimento, quando não sua morte. O recurso a ambulâncias é quase nulo nessas regiões, pois depende ainda de muitas intermediações. Os partos de anos atrás ainda eram feitos por parteiras. A implantação do SUS nesses locais ainda é precária e se resume aos centros urbanos maiores. A maior interiorização de médicos (como almejado pelo programa Mais Médicos) e de hospitais é uma medida que poderia salvar e melhorar muito a vida dessas pessoas.

Retornando à dona Graciele, pareceu-nos evidente que ela era infeliz no casamento, pois mal olhava para o marido. Na saída da entrevista daquela manhã, num típico dia do sertão, quente e ensolarado, quando nos dirigíamos ao carro, sua tia nos disse quase que em um sussurro: "O marido dela tem outra mulher. Comenta-se no povoado que teve até outro filho". Continua bebendo muito e encontrando trabalho só esporadicamente. A instabilidade da vida tece as expressões faciais dos homens, quando falam do assunto. Sai sempre dos lábios dos falantes um murmúrio dolorido, um olhar vazio. "É isso! Aqui é assim, sem dinheiro e sem trabalho". Na sequência da conversa tentamos saber se sofria violência física por parte do marido. Ao perceber o assunto, fechou ainda mais o semblante e disse que isso não ocorrera com ela, mas sabia que era muito comum na região.

As circunstâncias da entrevista talvez fossem inibidoras e foram-se tornando difíceis, pois seguidamente se fez grande silêncio. Graciele abaixava os olhos como a querer nos dizer: "Não quero mais falar de minha vida". Estes momentos silenciosos são sempre de grande tensão entre os circunstantes, não se sabe bem se se deve prosseguir na entrevista ou encerrá-la em respeito à entrevistada. Diante disso, encerramos a entrevista. Apesar de tudo, foi possível perceber os momentos em que o rosto de Graciele se descontraia um pouco e saía da contração das feições que apresentou durante quase todo o tempo da entrevista.

***

A vida de Graciele é uma vida de luta e de esforço contínuo, buscando melhorar sua situação. Dispõe-se a fazer um trabalho duríssimo como o de arar a terra com bois (ganhando somente 70 reais para cada tarefa). Isso, junto com o dinheiro do Bolsa Família (que, como vimos, foi inicialmente suspenso e, em seguida, sofreu um corte brutal, sem explicações), representa a principal fonte de renda da família, considerando que o marido está desempregado e só consegue alguns trabalhos ocasionais. Além disso, frequenta um curso de EJA para tentar preencher a lacuna deixada pelo abandono escolar ao qual foi forçada pelos pais na sua infância. Enfim, Graciele cumpre todas as condições que, segundo a vulgata neoliberal, deveriam levar o indivíduo empreendedor ao sucesso econômico: espírito de iniciativa, vontade de trabalhar duramente, esforço para aumentar seu "capital humano" através da educação.

Contudo, trata-se de condições subjetivas, isto é, ligadas à atitude e às ações do sujeito, que não levam em conta as condições objetivas, ou seja, a situação concreta na qual vivem Graciele, sua família e as pessoas com as quais está em contato e que a contratam para arar suas terras. Por mais que se esforce e trabalhe arduamente, Graciele nunca conseguirá quebrar o círculo da pobreza, já que as parcas rendas conseguidas nunca serão suficientes para tanto. Por sua vez, seus filhos não compartilham da sua confiança na educação formal. Deixaram a escola para irem trabalhar, na convicção de que ter um diploma de ensino médio não faria nenhuma diferença em sua vida na ausência de possibilidades de trabalho qualificado e bem pago. A narrativa da superação, do mérito, do esforço individual e do empreendedorismo revela sua natureza ideológica nessas circunstâncias.

O semblante fechado e cheio de amargura de Graciele é o resultado de décadas de esforços que, ainda, não conseguiram ajudá-la a exorcizar o grande espectro que atormenta milhões de brasileiras e brasileiros: a fome. O espectro continua a assombrar sua vida, a atormentá-la quando ara a terra alheia durante o dia e quando vai para a escola à noite. Aquele "voltamos a passar fome" quase gritado remete à memória da fome passada na infância e, de forma intermitente, mas frequente, ao longo de toda a vida. Uma memória que se fixa no corpo, magro, fechado em si mesmo, e na alma, perpassada pelas preocupações e pela angústia de ver o marido e os filhos incapazes de arrumar um bom emprego e de cuidar da sua educação.

A memória da fome é acompanhada pela memória do sofrimento ligado aos partos – sofrimento compartilhado por inúmeras mulheres. Como no caso das memórias das lutas populares, a memória do sofrimento feminino se transmite de geração a geração. Os gritos de dor da jovem que morreu de parto na década de 1930 ainda são ouvidos pelas mulheres grávidas da região. Se elas pudessem ouvir as pessoas que gostam de repetir que as mulheres pobres geram filhos para ganhar mais dinheiro com o Bolsa Família (um argumento que toda brasileira ou todo brasileiro deve ter ouvido inúmeras vezes da boca de familiares, amigos ou desconhecidos), provavelmente nem sequer entenderiam como se pode chegar a uma conclusão tão absurda e ignorante – ignorante dos verdadeiros sentimentos das mulheres (que, como vimos, são de pavor em relação a cada gravidez) e dos fatos concretos. Os dados mostram que a taxa de natalidade entre as beneficiárias do Bolsa Família está diminuindo desde o início do programa,[2] pois, como vimos, o dinheiro da bolsa permite às mulheres adquirir aqueles anticoncepcionais que, em teoria, deveriam receber gratuitamente nas Farmácias Populares, mas que, na prática, em muitos lugares do interior, não estão disponíveis. Também nesse aspecto, percebe-se a falsidade da narrativa dominante, do discurso oficial dos "superordinados". Revela-se nos fragmentos da história de vida de Graciele que os sofrimentos que a caracterizam são desconsiderados

2 Ver <https://noticias.uol.com.br/cotidiano/ultimas-noticias/2015/04/01/queda-de-natalidade-e-maior-entre-beneficiarios-do-bolsa-familia-diz-ibge.htm>, acesso em 15 mar. 2025. Ver também Figueiredo, 2021.

por tal discurso, o qual não possui nenhum fundamento empírico, sendo pura construção ideológica e preconceituosa. O ódio aos programas sociais, que, nesse discurso, se disfarça e se apresenta como "bom senso" ou "senso comum", manifesta aquele ódio aos pobres que é típico de nossa sociedade (cf. Cortina, 2020).

CAPÍTULO 9

CLAUDINEIDE E O SONHO DE UMA VIDA SEM PARTOS (POVOADO DA CRUZ, AL, 2006-2018)

[A]os olhos das pessoas, fatigadas com as complicações infinitas da vida diária e que veem o objetivo da vida apenas como o mais remoto ponto de fuga numa interminável perspectiva de meios, surge a existência que se basta a si mesma, em cada episódio, do modo mais simples e mais cômodo, e na qual um automóvel não pesa mais que um chapéu de palha, e uma fruta na árvore se arredonda como a gôndola de um balão.

Walter Benjamin[1]

Nessa passagem, Benjamin descreve de maneira admirável duas disposições subjetivas que participam dos quadros depressivos. De um lado, o fatalismo, expresso pela "fadiga com as complicações infinitas da vida diária", que se torna, por isso mesmo, vazia de sentido. [...] A segunda disposição refere-se aos efeitos dessa mesma qualidade de uma vida limitada ao arranjo dos meios desprovidos de finalidade, sobre o sentido do tempo. Sem nomeá-lo diretamente, pois esse não é seu objeto, Benjamin nos ajuda a entender que essa temporalidade de um presente comprimido pelas

1 Benjamin, 1987, p. 119.

> *necessidades da vida prática e desprovido de quaisquer fantasias a respeito do devir não é muito diferente do sufocante tempo estagnado que caracteriza os episódios de depressão.*
>
> Rita Maria Kehl[2]

No dia seguinte à conversa com dona Graciele, dirigimo-nos para a área fronteiriça ao rio São Francisco, onde se encontra o bairro chamado Povoado da Cruz, no qual já tínhamos realizado entrevistas para o livro *Vozes do Bolsa Família*. Nossa intenção era entrevistar mais uma vez dona Claudineide, com a qual já tínhamos falado em três diferentes ocasiões em 2006, 2007 e 2011. Na primeira entrevista, a impressão que tivemos foi de nos encontrarmos em um ambiente muito deprimido. Os rostos dela e do marido estavam carregados de uma grande tristeza. O marido ficou o tempo inteiro cabisbaixo, sem falar uma única palavra. Já em ocasião da segunda entrevista, Claudineide se queixou da postura do marido, que seguia desempregado. Na terceira entrevista, quase não a reconhecemos. Parecia mais velha, quase doente. O marido ficou o tempo inteiro jogado num colchão, assistindo TV dentro de casa, enquanto nós conversamos no quintal da casa. Claudineide afirmou sofrer de pressão alta e de depressão, mas de não estar tomando remédios contra esse problema. Foi uma entrevista dominada pela tristeza de Claudineide em relação ao marido e a seus problemas de saúde e de moradia (a casa se encontrava inacabada e com instalações muito precárias).

As coisas estavam diferentes em 2018. Chegamos no Povoado da Cruz, que agora ostentava algumas mudanças exteriores, em especial a presença de uma escola, uma construção nova e bem cuidada. Não encontramos Claudineide em casa. Perguntamos a um grupo de adolescentes que estavam brincando na rua se sabiam onde ela estava e eles prontamente responderam: "Deu um pulo na escola dos filhos". Descemos do carro e entramos na escola, onde vimos Claudineide conversando alegremente com uma professora. Claudineide tem uma personalidade oposta à de Graciele: é falante

2 Kehl, 2015, p.157.

e risonha e faz muitos gestos para se expressar. Logo nos reconheceu, nos abraçou, despediu-se da senhora com quem conversava e de pronto nos indagou: "Pesquisam novamente?" Contou que viera à escola para resolver um problema com um de seus filhos, e, assim, conversando, fomos caminhando em direção à sua residência. Também na sua casa se notavam algumas melhorias. Agora havia uma pequena varanda de frente, onde nos acomodamos para a entrevista. Comentamos as mudanças e, sempre sorridente, Claudineide nos disse que havia comprado recentemente com o dinheiro do Bolsa Família uma antena parabólica e que havia ingressado no programa das cisternas (ver Capítulo 5). De fato, da varanda se entrevia uma cisterna ao lado da casa. No entanto, a casa permanecia muito precária, com paredes manchadas e pouca mobília.

Claudineide hoje tem 36 anos e é avó de um menino de seis meses, filho de sua filha, que engravidou com quinze anos e mora com ela enquanto espera a construção de sua casa, na vizinhança. O pai da criança tem vinte e dois anos e está no Pará, trabalhando, pois na região não encontrou emprego. Esta migração dos homens para outros estados para trabalhar é muito comum, como observamos já em *Vozes do Bolsa Família*. Quando muito, encontram um serviço ocasional como ajudante de pedreiro ou de pescador no rio, como no caso do marido de Claudineide, que, no dia desta entrevista, chegou com um pequeno saco de plástico com alguns peixes para o almoço. No entanto, a migração dos maridos constitui uma experiência dolorosa para suas famílias, pois esses homens jovens quase sempre formam outra família nos locais de trabalho. Os relacionamentos extraconjugais oportunizados pelas circunstâncias da migração são causa de grande sofrimento para essas mulheres, como no caso de Claudineide: permanecem por muito tempo em seu coração e em sua memória como uma grande mágoa.

Claudineide participa do Programa Bolsa Família desde seus 25 anos (em 2018 recebia 280 reais). Contudo, como estava acontecendo com frequência na região, teve sua bolsa bloqueada por quatro meses. Perguntamos como fez a família para alimentar-se naquele período, e ela nos disse que só não passaram fome porque sua mãe, que é aposentada e sempre a ajudou nos momentos de grande dificuldade, mora por perto.

O ritmo animado da conversa foi se desenvolvendo e entramos no assunto da sua vida e da das outras mulheres. De início já foi dizendo que considerava que as mulheres pobres sofrem mais que os homens na mesma situação. Disse que as outras mulheres de sua convivência também falam da vida sofrida. "Ah!", exclamou, "As mulheres sofrem mais na pobreza". Perguntamos-lhe a razão desta diferença de sofrimento entre homens e mulheres, e, de imediato, respondeu que isso era devido ao fato de as mulheres terem que ter filhos, com partos dolorosos, cuidar dos filhos, dar-lhes de comer, ficar sozinhas com eles enquanto os maridos vão para longe trabalhar não sabendo se voltarão ou não. Depois dessa lista de razões, suspirou fundo. Perguntamos se este era também o seu caso. Neste momento, pousou sobre seu rosto uma sombra escura. Falou emocionada do medo da gravidez e dos partos, da grande vontade de fazer a operação de laqueadura. Disse, sem nenhuma reserva, que nunca escolheu a gravidez e que não queria ter filhos. Isto foi dito sem nenhuma inibição, na frente de alguns deles, que estavam presentes. Em outras palavras, Claudineide manifestou o seu profundo desejo de poder ser dona de seu corpo. Nunca aceitou o destino da sua condição de mulher pobre, que não podia escolher livremente a maternidade, tanto é que sempre pedia aos médicos que a ajudassem e lhe fizessem a laqueadura. No parto do último filho, a médica realizou seu desejo e depois lhe mostrou e entregou suas trompas, arrancadas pela cirurgia e postas em um vidro com álcool. Neste momento, Claudineide ri muito da travessura da médica que lhe mostrou o pequeno recipiente com suas trompas. "Guardo até hoje ele!", exclamou com grande alegria, como se se tratasse de um troféu de sua liberdade.

Claudineide nasceu e cresceu no Povoado da Cruz, onde namorou, se casou e teve seus três filhos, experiência de vida semelhante à de sua mãe e de sua avó. Segundo ela, só não teve mais filhos porque fez a tal operação. Senão, diz com ar sombrio, já teria aqui hoje uns cinco ou seis meninos. Casou-se com 20 anos. Antes, aos 14, namorou e noivou por dois anos com outro rapaz, que a abandonou para ir para São Paulo em busca de trabalho. Claudineide sofreu muito com este abandono, pois esperava casar-se com ele. Logo em seguida, namorou e casou-se com o atual marido, do qual já se separou e com o qual voltou mais de uma vez.

Encara – tal como várias outras mulheres da região – a vida dura que teve e tem como destino inapelável de mulher e de gente pobre. Atribui tudo a Deus, fala muito de sua fé e segue o padre Reginaldo, que tem um programa na televisão. Pertence a uma denominação que se chama "Mãos Ensanguentadas de Jesus". Quando lhe perguntamos se se reunia com outras pessoas, se participava de alguma coisa mais coletiva, respondeu que era membro dessa igreja e que, por isso, encontrava os outros crentes para rezar. Explicou que rezavam o terço de modo diferente do habitual e percebemos que esta diferença era uma coisa importante na sua religiosidade. Nas entrevistas anteriores, ela nunca tinha feito diante de nós este tipo de discurso religioso; nem sequer entrava neste assunto. Essa fala excitada, quase fanática, foi uma das novidades desta entrevista. Conversamos longamente sobre a vida e seu modo de vê-la, e, assim, chegamos ao que se poderia dizer o seu mundo moral.

Neste ponto arriscamos a pergunta sobre a questão da desigualdade entre as pessoas. Disse que nunca havia pensado sobre isto. Neste momento, a filha mais velha, que chegara e sem cerimônia se sentara na mureta da varanda, assistindo à entrevista, entrou bruscamente na conversa, repetindo a posição da mãe: "Nunca pensamos nisto". Insistimos um pouco e Claudineide disse: "Acho que os ricos trabalham mais e roubam mais, não é? Ou..." ficou muito pensativa por um momento e depois afirmou solenemente: "ou doam sangue ao cão!" Perguntamos o que isto significava e respondeu: "Fazem acordo com o diabo". A filha, que se tornara evangélica – ela, sim, de modo fanático –, entrou novamente na conversa e de forma inflamada, quase gritando, lançou a frase: "Deus dá pra quem merece!" Era a primeira vez que encontramos na região esta visão meritocrática, inspirada na Teologia da Prosperidade.

Nesta altura, chegou a mãe de Claudineide, uma mulher magra, com rosto enrugado. Ficou escutando o final de nossa conversa e, quando nos levantamos para irmos embora, virou para nós e disse: "Nossa vida, senhores, é carregar pesados sacos de duras e pesadas pedras nas costas, daqueles sacos que quase quebra a espinha da gente; se não quebra de vez nossa carcunda, deve ser porque somos casca dura. Lembram sempre a gente que nossa vida é custosa, pois o espinhaço dói dia e noite. 'Tá ali, às vezes, queimando como fogo. Essa queimação deve ser pra gente não se esquecer de nosso destino, e, assim, cumprir ele como Deus quer".

Despedimo-nos delas, saímos do povoado rumo à cidade de Delmiro Gouveia e, de lá, deixamos esta parte do sertão alagoano, retornando a Maceió.

***

Claudineide expressa de forma aberta um pensamento ao qual as outras mulheres entrevistadas aludiram discretamente: o arrependimento de terem tido filhos, de terem passado pelo sofrimento provocado pela gravidez e pelo parto em condições de precária assistência de saúde e de marcada carência material. Seu grande triunfo foi o "arrancamento" das trompas, para o qual teve que contar com a compreensão e a ajuda de uma médica que, diversamente daquelas que assistiram Fátima e as outras, entendeu a situação e resolveu intervir para evitar mais sofrimento a Claudineide. Esta é mais uma dificuldade enfrentada pelas mulheres que vivem nas mesmas condições das entrevistadas. Não é possível dizer se isso é devido à má vontade dos médicos, às dificuldades práticas de realizar esta cirurgia em locais precários, aos obstáculos burocráticos, que não são poucos para quem tente resolver definitivamente a questão da contracepção através da laqueadura, da vasectomia (para homens) ou da salpingectomia (a remoção das trompas, justamente). Contudo, devemos registrar, mais uma vez, a tensão entre, por um lado, a acusação (infundada) de que as mulheres em situação de pobreza têm mais filhos por *escolha* ou por *ignorância* e, por outro lado, o escasso ou nenhum acesso que essas mulheres têm a instrumentos para evitar a gravidez indesejada – da pílula anticoncepcional, que, como vimos em alguns depoimentos, nem sempre é disponibilizada como deveria, às intervenções cirúrgicas mencionadas anteriormente. Isso sem mencionar a ausência de educação sexual por parte das famílias e das escolas. Esta falha educacional é devida quase sempre a motivos religiosos (em muitos casos, inclusive em escolas públicas) e representa mais uma causa de sofrimento socialmente evitável. Ninguém explicou às mulheres que entrevistamos que elas podem tornar-se donas de seu corpo e decidir sobre sua gravidez, recorrendo a métodos anticoncepcionais gratuitos. Porém, são culpadas se ficam gravidas. Provavelmente, espera-se delas e de seus maridos que pratiquem a castidade ou se valham do método Ogino-Knaus (o único aceito pela Igreja Católica para diminuir a probabilidade de a mulher engravidar).

Chama a atenção, na nossa conversa com Claudineide, a afirmação peremptória de sua filha de que "Deus dá a quem merece", expressão paradigmática da Teologia da Prosperidade, que representa um poderoso instrumento de opressão e alienação estrutural no sentido discutido anteriormente. Se alguém nada tem, é porque Deus não o considerou merecedor de receber as suas dádivas. A pobreza é a consequência de uma falha individual das pessoas que nela vivem – e isso corresponde à vontade de Deus, que só premia quem "merece". Em outras palavras: os que muito possuem muito fizeram para merecer o que têm, evidentemente; e quem nada possui, nada fez para merecer que Deus lhe desse algo. A riqueza e a pobreza são distribuídas por Deus conforme o mérito individual, sem contar o contexto socioeconômico objetivo ou a história familiar. Esta doutrina oculta aos olhos das pessoas em situação de pobreza as causas sociais de sua condição, culpando-as por ela. Nada de mais ideológico e opressor.

Comparada a esta concepção, a visão tradicional da mãe de Claudineide parece menos terrível, mas, por sua vez, contribui, se não a justificar positivamente a pobreza, pelo menos a explicá-la como uma sina inevitável à qual as pessoas estão submetidas pela vontade de Deus (temos que cumprir nosso destino "assim como Deus quer"). Também neste caso, contudo, emerge o potencial alienante da religião enquanto busca de dar sentido a um sofrimento que, na realidade, não tem sentido nenhum e poderia – aliás, *deveria*, – ser evitado se a sociedade fosse organizada de maneira um pouco diferente (não é necessário criar a *plena* igualdade econômica para erradicar a pobreza extrema).

A própria Claudineide tem uma resposta mais articulada, que prevê três possibilidades. A primeira é que os ricos trabalham mais. Este mito é amplamente difundido entre as mulheres entrevistadas, como vimos. Já que ouvem continuamente que o trabalho é a fonte de toda renda e de toda riqueza, concluem, corretamente, que quem tem muito dinheiro muito deve ter trabalhado. Se alguém informasse a Claudineide que, na realidade, menos de 25% da renda dos membros da classe A deriva do trabalho (o resto vem de rendas, aluguéis, lucros financeiros e empresariais etc.),[3] ela responderia que, então, ou roubaram ou fizeram um pacto com o diabo ("deram sangue ao cão"). Obviamente, também neste caso há uma personalização daquela que, na realidade, é uma questão social. Os ricos são ricos porque a sociedade está organizada de maneira tal a proteger e favorecer seus interesses, não porque são todos ladrões ou venderam sua alma (pelo menos, não no sentido em que Claudineide entende este ato).

A dimensão propriamente social está completamente ausente do discurso religioso de Claudineide, de sua filha e de sua mãe. A pobreza e a riqueza são consequências da relação direta entre o indivíduo e o diabo (na explicação mais tradicional de Claudineide, pela qual o dinheiro em excesso é suspeito e é provavelmente "o esterco do diabo", conforme uma tradicional definição medieval) ou entre o indivíduo (suas ações, seus esforços, sua fé etc.) e Deus – um Deus que, evidentemente, prefere deixar que as crianças passem fome e sede a violar o princípio pelo qual Ele só dá a quem merece.

---

3 "Apenas 47,1% da renda dos mais pobres vêm do trabalho (contra 90,8% da classe C e 86,1% da classe B). O restante vem da Previdência Social (39,0%) e do Auxílio Brasil e do BPC (12,3%). Na classe A, apenas 24,8% da renda vem do trabalho e 74,2% são provenientes de outras, como juros de aplicações financeiras, aluguéis e lucros de empresas." Fonte: <https://www.infomoney.com.br/minhas-financas/classes-d-e-e-continuarao-a-ser-mais-da-metade-da-populacao-ate-2024-projeta-consultoria/>, acesso em 15 mar. 2025.

CAPÍTULO 10

JORGE E O DRAGÃO DO RACISMO: UM CONTRAPONTO (CRATO, CE, 2016-2019)

A vida é igual um livro. Só depois de ter lido é que sabemos o que encerra. E nós, quando estamos no fim da vida é que sabemos como a nossa vida decorreu. A minha, até aqui, tem sido preta. Preta é a minha pele. Preto é o lugar onde eu moro.

Carolina de Jesus[1]

O senhor Jorge é um nordestino de mais de 70 anos, nascido em 1950 no sertão do Ceará, em um pequeno sítio, no seio de uma família numerosa. Conhecêmo-lo em 2016, no contexto de uma visita ao seu local de trabalho. Estávamos ali para falar-lhe como possível contato local, que poderia nos ajudar com indicações de pessoas na região, que começávamos a conhecer. Uma colega que nos acompanhara estava investigando o programa federal de construção das cisternas que haviam se espraiado pelos sertões nordestinos, alterando muito a paisagem local e a vida dos sertanejos pobres (ver Capítulo 5). Contava para sua pesquisa com a indicação do seu Jorge como pessoa envolvida no processo

1 Jesus, 2014, p.167.

concreto da realização do programa. Conhecê-lo foi para nós uma agradável surpresa, e imediatamente ficamos impactados pela sua personalidade exuberante. Aquele homem preto, vestido de calças jeans e camisa xadrez, que sempre trazia na cabeça um chapéu de couro de vaqueiro daqueles típicos do sertão nordestino, contagiava o ambiente com seu sorriso e com sua fala contundente, pelos termos utilizados e pela visão de mundo que assim expressa.

Nesse dia ficamos de lado, sentados à grande mesa de trabalho dele, apenas ouvindo sua fala, que era gravada por nossa colega. Logo, percebemos que tínhamos que conhecê-lo melhor e aproveitar aquela oportunidade para possibilitar outros encontros, como de fato foi feito, para investigar mais sua pessoa e sua história. Percebemos que tínhamos pela frente um personagem que certamente possuía grande riqueza de vida. Naquele dia, conhecemos sua mulher, mais reservada que o marido. Logo se percebe que se trata de uma pessoa muito inteligente e muito consciente, como o marido, do que estava acontecendo no país naquele ano de golpe de Estado. A partir deste encontro nos vimos e o entrevistamos por mais três anos.

Contexto familiar

O pai da avó de Jorge ainda foi escravo. Porém, ninguém na família falava desse fato. Essa é uma das poucas vezes nas quais Jorge, incerto, dá uma parada em sua fala, buscando palavras: "Esse foi o... esse foi o problema, até... depois que eu descobri que eu nem sabia quem era o pai dela, sabe? A gente sabia que tinha descendência africana, mas eu não sabia... essa história não era muito contada não. Eu pensava que fosse por parte do... do pai dele né, e por que o pessoal da família por parte da, da... que é um pessoal mais metido a caboclo, sabe?"

Relata que, depois da alforria do bisavô, os filhos do antigo dono se achavam no direito de procurá-lo e, sobretudo, de procurar suas filhas, quando necessitavam de sua força de trabalho em sua fazenda. E, naturalmente, não pagavam nenhum tipo de salário. Isso foi mais uma razão pela qual a sua avó deixou a casa paterna para ir ao Cariri.

Diz que sempre teve curiosidade de conhecer a cidade onde a família da avó tinha morado, Cajazeirinhas, que se encontra no sertão da Paraíba, mas confessa que nunca foi até lá. Talvez o pai da avó tenha sido o próprio José Inácio dos Santos, que fundou a cidade, depois de ter sido alforriado e de ter recebido do seu ex-dono um pedaço de terra. Conta como um irmão da avó, o menor de dez filhos, também chamado de José Inácio, doou uma área para construir uma capela, ao redor da qual surgiu a cidadezinha atual. Explica a mudança da avó para o Cariri também por questões ligadas à busca de terra mais fértil. Por isso, foram para o município de Milagres e se instalaram numa fazenda, onde viveram da agricultura de subsistência e da pecuária. Jorge explica que "na época aqui naquele sertão era pecuária, bovinos e caprinos era o que dominava. Inclusive meu avô era vaqueiro de cabras", e ri da sua própria piada.

A avó faleceu em 1941. Há até uma lenda familiar acerca desta morte, que Jorge nos conta: "Passou a seca de trinta e dois, ela fez uma prece que não queria ver nunca mais uma outra seca daquela. Assim, meu pai contava, morreu em quarenta e um, que a seca de quarenta e dois foi quase pior que a de trinta e dois". Chama a atenção aqui o fato, comum no sertão, de que o tempo histórico é definido e dividido na memória coletiva pelas secas que regularmente assombram a região.

A fazenda pertencia à família, que conseguiu adquirir o terreno em 1918. Isso foi muito importante para a família inteira, não somente do ponto de vista econômico, mas também para a autoestima de todos. Como diz Jorge: "Aí pronto, daí pra cá ninguém ia lá mais mandar. A gente sempre foi dono do nariz". O pai dele contava que a avó de Jorge dizia "que não queria ver ninguém passando o que eles já tinham passado". Por isso, "juntou lá no sítio primos, irmãos que não tinha participado também, e tal. Eu sei que ficou uma comunidade, aonde ela colocou a terra à disposição. Não cobrava renda, não cobrava nada, todo mundo ficou produzindo e assim fez mais de trinta anos e o pessoal viveu..." Era uma grande família, fechada e solidária. "Nesse tempo aí que a gente tinha entre nós, todo mundo era igual, não tinha experiência lá fora porque era muito longe das cidades. Aí quando cresci mais é quando a gente vai buscar as coisas, por exemplo, eu entrei no movimento do sindicato, entrei no partido, e aí você vai pras lutas, ali as coisas aparecem".

A fazenda onde morava Jorge quando era jovem era uma verdadeira comunidade fechada, formada pela família ampliada. Brincava com os primos ("não faltava gente, lá"). O primeiro carro chegou à comunidade em 1972; antes disso, os únicos meios de transporte eram os animais. "Como o terreno era nosso", explica Jorge, "as pessoas tinham um padrão [de vida] mais ou menos igual e toda casa tinha dois ou três animais: burro, cavalo, jumento. Então, aquele era nosso meio de transporte. Vamos pra cidade? Montava no cavalo ou no burro". Não havia médico por perto, era necessário ir até o Crato. "Se o cara 'tava muito mal, não aguentava ficar sentado em cima do bicho, então você botava um jugo; a gente o chamava de caixão, e forrava pro cara ir deitado em cima".

A família vivia da agricultura de subsistência, mas conseguia também plantar e vender algodão. Diferentemente de Fátima, Jorge e sua família, contudo, eram donos do seu tempo: "como o terreno era nosso, quem fazia a nossa hora era a gente. No dia que alguém dissesse: não vamos mais pra roça hoje, a gente ficava em casa. A gente tinha um tempo nosso, era nosso mesmo". Isso, contudo, não significa que ele e os outros membros da família não trabalhassem duramente, particularmente em consideração ao fato de que a terra na qual e da qual viviam sofria a falta de água, era "uma comunidade seca", como a define ele. Apesar de não terem horário fixo para cumprir, já que não dependiam de ninguém, levantavam cada dia às duas e meia, três horas da manhã e trabalhavam até cinco e meia, seis horas para construírem açudes e barragens para o armazenamento da água. Depois iam trabalhar na roça ou cuidar dos animais. As obras de barragem em questão foram todas feitas à mão, com pá, picareta, enxada. O trabalho era muito e era duro, mas Jorge tem uma visão positiva: "Foi um período que não era ruim não. Sabe, a gente trabalhava, mas era bom."

Experiência no sindicato: a politização de Jorge

Perguntamos como surgiu seu interesse pelo sindicato e como iniciou sua colaboração nos movimentos de luta. Conta que lhe pediram para escrever algo para "o jornalzinho" do sindicato e ele escreveu um poema que nos recita de cabeça, sem hesitações. "Eu me criei no sertão, dando duro no pesado. Muito pobre aperreado, vivia". Para um momento para perguntar-nos "Os senhores conhecem o que é o pé quebrado?" Esclarecida esta questão de métrica, recomeça a récita:

Eu me criei no sertão,
dando duro no pesado.
Muito pobre aperreado,
vivia,
porém, com muita alegria.
Achando que era Deus
purificando os vivos seus.
Quanto mais eu ia trabalhando.
E o nosso casebre vivia precisando.
Arroz, milho, feijão, carne nem se fala.
Nem mesmo móvel na sala,
tinha.
Um dia em minha casinha
modesta e sem aparato,
o homem do sindicato
chegou...

Jorge interrompe a declamação e nos explica em um aparte: "Aí eu quis dar valor", e retoma:

E companheiro me chamou.
Eu lhe chamei de amigo.
"O que ele quer comigo?"
pensei.
Para entrar eu lhe convidei.
O convite ele aceitou.
Depois que no chão sentou.
Disse: "A visita não pedisse, mas vim aqui,
pois como eu sei que você sofre,
nossa vida de pobre,

dentro do sertão,
somente nosso patrão
ganha.
Os homens de artimanha
de todo jeito ele explora.
Não se condói de quem chora
com fome.
O pobre veio sem nome.
Atribui a Deus o seu sofrer.
Dar dinheiro e dar poder
ao patrão."
Vi com essa explicação,
que o meu viver era um dilema.
Para enfrentar o problema
resolvi,
no mesmo dia partir,
mesmo sem ter feito o trato,
me filiei ao sindicato
dos trabalhadores.
Muitos anos não era Deus que queria sacrificar.
Eu descobri o meu azar.
Agora vai ser diferente.
Vou cobrar daquela gente,
tudo.
Minha falta de estudo,
de saúde, de lazer, de moradia para viver bem.
Nunca mais diga
a ninguém
que Deus castiga.
Nós sofremos, é o patrão.
Vou lutar pela união
de todo o povo explorado,
pois unido e organizado,
vence.
Talvez o patrão nem pense
o quanto nós já sabemos,
de que no sindicato aprendemos

a saída
para melhorar nossa vida,
é tirar urgente, agora,
esse governo fora
do país.
O plano é ser mais feliz,
depois de passar o pleito,
que o trabalhador seja eleito
presidente.
Vamos ter daí para frente
um governo da nação,
que não tem corrupção.
Vamos ver o nosso país crescer,
nosso povo, sem opressor nem oprimido.

Jorge entrou no movimento sindical dos trabalhadores rurais com 22 anos. É interessante notar que ele chegou ao sindicato por meio da Igreja Católica, como nos explica: "quem fundou os sindicatos aqui na região foi a Igreja", mais precisamente o bispo Dom Vicente, que era um conservador, mas tinha medo que os trabalhadores da região seguissem o exemplo daqueles de Pernambuco e de suas Ligas Camponesas (ver Capítulo 4.2). "Aí o bispo aqui, como reacionário – explica Jorge – tentou criar uma coisa pra não deixar que os pernambucanos entrassem aqui, que as Ligas chegassem aqui". Por isso, criou um sindicato que pudesse ser controlado por ele. E foi nesse que entrou Jorge ("Eu, que então não sabia nada de nada, eu já achei que era muita coisa, né?"). Diferentemente do que aconteceu com as Ligas, o sindicato da região nunca teve problemas, pois era controlado pelo bispo: "Ninguém aqui do sindicato sofreu com uma perseguição naquela época política. A gente só foi sentir o peso no final de setenta, quando teve a abertura em setenta e nove, quando a ditatura perdeu força. Foi aí que a gente sentiu o peso, quando a gente quis fazer coisas, porque quando a ditadura saiu, também, não saiu... Aliás, até hoje, não saiu ainda! [risos] Aí foi quando a gente foi ver que o problema era mais sério. Foi o período que nós deixamos a Igreja, quando começou a andar diferente do que a gente pensava!" Fica meditando um momento e retoma a narração: "Era engraçado... A gente já sabia que o bispo era reacionário, mas a gente pensava que com jeito pudesse..." e faz um gesto como a dizer "mudar a ideia dele". Sorri. "Aí o movimento aproveitou do aniversário dele pra falar de reforma agrária. Aí foi pior. A estratégia foi pior, porque não aceitou de jeito nenhum. Não queria que a gente trabalhasse essa linha de reforma agraria, esta questão de igualdade de direitos pra todo mundo. Disse que não era pra acontecer e aí acabou que mudamos o rumo e aí deixamos o trabalho da Igreja. E a Igreja e o sindicato também ficaram independentes".

Experiências com o racismo

Perguntado diretamente sobre experiências de racismo, Jorge tenta desviar do assunto, minimizando os fatos, afirmando que não foi nada, afinal. Mas a mudança do tom de voz, certo turvamento dos olhos, usualmente tão brilhantes, certo cansaço em seu sorriso, mostram que, na realidade, a ferida permanece aberta em seu coração. Uma das experiências mais marcantes e, provavelmente, mais doloridas aconteceu no seu próprio sindicato e até no Partido dos Trabalhadores (PT), do qual foi ativista. Isso aconteceu por ocasião de sua candidatura à eleição para a diretoria do sindicato, que surgiu como uma consequência natural de sua atividade, como ele mesmo nos conta: "Aí os caras viram que eu tinha feito uma base grande. Eu 'tava na direção, fizemos umas reuniões e um cara disse 'vamos encabeçar uma chapa e tu vai ser o candidato a presidente.' Tá bom; aí a gente foi lá, montou a chapa e tal, só que eles lá eram todos brancos, só tinha negro eu, o resto era tudo branco". Sacode a cabeça e continua seu relato. "Rapaz... Ali começou... Eu nem sabia o que 'tava acontecendo. Eles começaram, faziam uma discussão, de como era que eles iam deixar um negro representar o sindicato do município, que não dá pra ser, que não podia ser isto." Levanta as mãos. "Aí ficamos que na outra semana teria outra reunião. Convocaram a reunião. Aí um menino pelo menos teve a coragem de dizer isso, de dizer que o motivo [da reunião] tinha sido aquele [o fato de ele ser negro]. A família dele disse que se ele fosse participar de um sindicato representado por um negro, que não contasse mais com eles pra nada. E assim foi também no Partido". "No Partido dos Trabalhadores?" perguntamos. "É, também. É porque é negro, negro não pode representar o clã".

Perguntamos qual foi sua reação a essa manifestação de racismo por parte de seus companheiros. Abre os braços. Conta que resolveram formar outra chapa, mas sabendo que os outros "tinham a maioria" e, sobretudo, o "apoio político da cidade." Acrescenta que também para os políticos locais teria sido um problema "um negro daquele ficar mandando." Perguntamos se, além da reação política de criar outra chapa, ele teve também uma reação humana, se ele respondeu algo à pessoa que tinha falado daquele jeito. Olha para nós com um sorriso amargo. "Não, eu tinha... inclusive eles... ele, esse camarada, me pediu mil desculpas, porque 'tá lá que tinha que dizer aquilo. Mas não tinham que dizer nada, não tinha que dizer mais."

Contudo, em nossa primeira conversa, Jorge afirmou estar convencido de que o problema era menos o racismo, e mais o preconceito de classe. "A noção que tenho hoje é assim, que negro no Brasil não é muito, como que a gente diz..., discriminado não. Me parece que mais do que negro é pobre. Porque se o cara for rico, eles não [se] importam muito pra cor dele não. Aqui no Brasil, se está com dinheiro, o pessoal já pensa que pode comprar até a salvação." Ilustra este ponto de vista com uma piada conhecida. "O pessoal conta uma história, que diz que um doutor, um sujeito rico, lá passou e viu a filha dele conversando com um negro na praça. Menino... Quando chegou em casa, foi contar pra mulher a decepção, não tinha onde botar a cara. A esposa pergunta: 'O que foi, o que aconteceu?' 'Nossa filha dá desgosto pra gente!' E a mulher 'Mas o que foi?' 'Eu passo lá na praça e 'tá ela lá conversando com um negro'. Aí nessa conversa lá vem a filha. Aí quando chegou e viu aquele transtorno da família [perguntou]: 'O que foi pai?' 'Vi você conversando com aquele negro', 'Mas pai, aquele era o Pelé!', 'Mas minha filha, se aquele era o Pelé, porque você não convidou pro almoço?'". Ri alto e depois explica: "Quer dizer que, de repente, como o Pelé já tinha o dinheiro, ficou muito rico, com muito nome, então a negritude do cara desapareceu. Observando bem, o Brasil é assim".

Conta uma história que se passou com alguns primos dele que moram na Bahia e foram visitá-lo alguns anos atrás. "Foi interessante", observa, esfregando o queixo com uma mão. Um dos primos toca violão, mas o violão que ele tinha estava "muito ruim". Por isso, foram para Juazeiro comprar um violão novo. "Era só pra comprar um violão pra chegar lá e fazer uma seresta e tomar uma cervejinha. Um desceu na loja que vende instrumentos e disse ao outro: 'Não estaciona, que é pra voltar logo. Só manobra aí, que eu compro aqui e espero aí na porta'. O menino fez o contorno, mas quando voltou, o outro não tinha ainda terminado. Aí o cara deu outra manobra e veio de novo, mas o menino ainda 'tava fechando o negócio, aí deu mais uma volta. O outro sai e quando entra no carro, a polícia já, já prende o cara, porque são dois negros num carrão bom, num carro novo, e aí já desconfiaram porque um negro não podia ter um carro daquele." No final, conseguiram mostrar os documentos do carro e provar que era deles. "Se eles tivessem estacionado, tinha perdido menos tempo, porque perderam um tempão danado para justificar que o carro era deles, que eles trabalhavam, entendeu? Pois é, porque é que qualquer um pode andar num carro, mas a polícia acha que o negro não podia andar num carro daquele. Quer dizer existe várias histórias se a gente fosse contar... Histórias nas quais o preto é sempre um suspeito, é claro."

Outro episódio de racismo sofrido por Jorge aconteceu em um encontro que ele, como representante do PT de Milagres, e um colega dele, na condição de representante do PT de Abaiara, tiveram com uma juíza por questões jurídicas. A juíza deixou entrar em seu escritório só o colega de Jorge, que era branco, e mandou Jorge aguardar fora. "Aí entrou e fechou a porta. 'Tava nós dois e ela sabia que era o mesmo assunto. Por que que ele entrava e eu não entrava? Entendi, entendi..." Faz um sorriso amargo e levanta a mão, como a espantar aquela lembrança, mas podemos ver que ainda não esqueceu o tratamento recebido.

Discutimos com ele a questão de quanto essas experiências podem criar um sentimento de inferioridade nas pessoas que passam por elas. Sua resposta é veemente: "Eu não me sinto assim inferior; não me sinto inferior. Agora, de dizer que a gente tem prejuízo, a gente tem. Porque é sempre a gente que perde; eu tinha sempre isso na mente."

Percebe-se que Jorge possui uma consciência da questão racial muito diferente da das pessoas entrevistadas até aqui. Não lhe escapa a dimensão histórica do problema e tem a convicção de que a maneira em que, no passado, foram tratados os escravos e em que se lidou com a sua emancipação ainda influencia o modo em que vivem e são tratados os descendentes de escravizados. Às vezes, defende teses problemáticas, que, contudo, parecem mais ser provocações para pensarmos a desumanidade das relações sociais que caracterizam nossa sociedade. "Quando libertaram os escravos, foi pior do que se não tivesse libertado, sabe? Do jeito que o Brasil fez, como libertaram os escravos, era melhor que não tivesse libertado, porque na época eles comiam para trabalhar. Não tinha casa, não tinha nada, mas pelo menos eles comiam. Quando libertaram os escravos, aqui principalmente, tinha pessoas que iam nas casas [dos ex-donos] trabalhar para depois comer; a situação ficou bem pior. Isto durou muito tempo, até pro pessoal que eram organizados nos quilombos: era muita gente morrendo de fome, enquanto antes as pessoas tinham o direito de comer para trabalhar."

Os patrões cuidavam dos escravizados "do mesmo jeito que o pessoal cria um animal, um burro, um cavalo e tal, porque você zela por seu animal, porque se você vai fazer uma viagem tem que ter resistência, né? Quando acabou isso daí, foi o contrário; você primeiro faz o serviço, para depois comer, aí você já vinha com fome do outro dia. Tinha que fazer um trabalho, às vezes pesado, para depois que terminasse ter direito a comer." Obviamente, Jorge tem consciência de que a condição dos escravizados era desumana e inaceitável e acha que isso representa algo de imperdoável e inesquecível. "O africano não teve nada, nada, nada, nada no Brasil. Eu acho que o Brasil tem uma dívida com a África terrivelmente grande. Porque trazia o pessoal já numa condição desumana; o pessoal trabalhava, trabalhava; e quando não tinha mais força eram abandonados. Quando acabou esse processo de escravatura, mesmo assim, continuou numa escravatura bem até pior, bem triste. Acho que só o Lula pensou nisso."

Desigualdade social e educação

É interessante notar que Jorge imediatamente conecta essa fala sobre a herança histórica da escravidão e sobre o racismo estrutural com algumas observações sobre o sistema escolar e acadêmico brasileiro que poderiam ter saído de Pierre Bourdieu. Como Fátima, Jorge está convencido de que o contexto familiar é determinante para decidir as oportunidades que as pessoas têm para receber educação e para alcançar determinada posição social. "Quem nasce no meio acadêmico já determinou que vai usar a linguagem padronizada. Quem não nasce ali, quer dizer, quem tem um pai analfabeto e a mãe analfabeta, não tem a mesma oportunidade que o outro. Não é que ele seja mais burro do que o outro. É porque ele não tem a mesma oportunidade. Quer dizer, se eu vou ter que usar a linguagem padronizada, como é que eu vou fazer isso? Fico a uma légua de distância. Tinha que ter uma coisa diferente pra esse outro tipo de gente."

Jorge nunca foi à escola, se alfabetizou em casa e, depois, sozinho. Conta que seu pai alfabetizou a família inteira, "sobrinhos, primos, todo mundo". Já como adulto, o pai pagou professores particulares para que lhe ensinassem a ler e escrever e, depois, "juntou o pessoal da família e começou ele a ensinar". O pai juntava todo o material de leitura que encontrava: livros, revistas, jornais. A leitura comum fazia dessa comunidade uma *comunidade de leitores*. Jorge não consegue lembrar-se dos livros que lhe caíram nas mãos. Segundo diz, na família lia-se de tudo, de jornais velhos a cartilhas escolares que ali chegavam ao acaso, trazidas por alguma visita, em plena e irrestrita liberdade de aprendizagem. Nesse ambiente, Jorge se tornou um ávido leitor. "Eu lia muito, eu lia demais. Não sei escrever bonito e não me importo em saber o nome dos autores que me chegam. Antes de tudo, olho primeiro o assunto. Se me interessa leio, se não, não ligo". Passou nas provas, terminando o primeiro e o segundo grau. Estudou com fascículos que levava para casa, sem nunca ir à escola. Apesar disso, ainda tem dificuldade em escrever. Já seus dois filhos estudaram e concluíram uma faculdade, uma como veterinária, o outro como enfermeiro, mas estão desempregados.

Machismo e violência masculina

Ao contar a história de suas irmãs, que estudaram e conseguiram emprego em outros estados, Jorge comenta que a sua própria mãe se opôs, inicialmente, a que as filhas saíssem de casa para estudar. “Aí lá vem o machismo! Pois às vezes as mulheres também são machistas”. E complementa: “Na época, a vida dos homens era difícil, mas pras mulheres era ainda muito mais. Quer dizer, os homens, inclusive nas escolas, podem tudo, as mulheres não podem. Qualquer coisa, a mulher não pode isso, mulher não pode aquilo; agora o homem pode, né? Então isso é uma discriminação, quer dizer, eu acho terrível.”

Relata que há muitos casos de feminicídio e de violência contra mulheres, mas que no passado era até pior. “Ainda me lembro quando eu era novo, principalmente essa questão de sexo, para os homens era uma vantagem. Ter muitos filhos, muitas mulheres, para os homens isso era uma vantagem. Os fazendeiros, pessoal mais ligado à justiça [ao sistema judiciário], que tinha cobertura, chegavam a dizer assim, principalmente os donos de terra: ‘Quem tivesse suas éguas’ – que seriam as mulheres, né? –, ‘que sustente [ou seja, as segure,] pois meus cavalos estão soltos’. Quer dizer que os homens faziam o que queriam e as mulheres não tinham direito a nada. Não adiantava ir pra justiça; não tinha justiça. Pelo contrário, se considerava que a mulher era uma sem-vergonha mesmo. Se a mulher engravidou é porque era [sem-vergonha]. As consequências não tinham [para estes homens]. Muitas vezes as famílias não aceitavam. Geralmente, acontecia algum crime, que acabava com o pai da mulher indo preso por tentar se vingar. Isso aconteceu até um pouco tempo.”

Comenta que o machismo não era limitado a épocas passadas e a pessoas não educadas. “Também na escola tem machismo. Começaram por aqui uma escola agrícola. Aí no início não tinha mulher, só era pros homens. Depois de muita luta, abriram pra botar também mulheres, mas não teve internato. Os homens, de toda região, ficam lá, têm alojamento e tudo. Pra mulher não. Se a mulher quisesse estudar lá, ela tem que morar aqui, porque eles botaram ônibus para levar o pessoal daqui pro colégio. O colégio fica lá em cima. E se as meninas passarem por perto [do alojamento dos alunos masculinos], então os professores: 'Por esse lado as mulheres não podem andar, têm que andar por esse outro lado'. E não é pra ter namoro lá na escola. Aí quando tem namoro na escola, entre um rapaz e uma moça, a mãe da menina é chamada para uma reunião, mas o pai do menino não; o menino faz o que quer. O pai do menino nunca vai chamado, não. É o machismo, a mãe de família achava aqui que para os homens era normal."

***

Os porquês de uma escolha: Jorge como tipo-síntese

Jorge como tipo-síntese

[O materialismo histórico] aproveita essa oportunidade para extrair uma época determinada do curso homogêneo da história; do mesmo modo, ele extrai da época uma vida determinada e, da obra composta durante essa vida, uma obra determinada. [...] O fruto nutritivo do que é compreendido historicamente contém em seu interior o tempo, como sementes preciosas, mas insípidas.

Walter Benjamin[2]

A escolha de um personagem como Jorge significa, antes de tudo, a escolha de um sujeito político particular: trata-se de um homem preto, sindicalista, de personalidade exuberante, dono de aguda consciência social e política. De certo modo, sua história passada e presente está em certo descompasso com as histórias das mulheres entrevistadas por nós ao longo de quase quatorze anos. Exatamente pelo contraste de sua vida e experiência com as das outras personagens desta investigação, analisar sua biografia,

2 Benjamin, 1987, p.231.

narrada por ele ao longo de quatro anos de encontros, é compatível com os pressupostos teóricos da pesquisa. Mais ainda: é fundamental para os seus objetivos principais. Ora, nesta pesquisa se objetiva trazer à tona, através de certos personagens, determinadas experiências da vida de nosso povo e tornar mais conhecidas partes da vivência de pessoas que enfrentam cotidianamente formas de sofrimento socialmente evitável.

O dilema pessoal de nosso personagem no trato com a política, a saber, sua experiência em fundar um sindicato rural e sofrer racismo dos próprios companheiros, ilumina as tensões cruciais de toda uma época. Esta luz testemunhal nos permite adentrar as profundezas do ventre desta época, expondo de algum modo as feridas de suas entranhas mais íntimas. A época lança luz sobre o personagem e vice-versa. A expectativa de apreender a relação entre o fragmento e a totalidade e de reconhecer a totalidade no fragmento move nossa paixão interpretativa. Nisso fomos inspirados por Adorno, em especial pelo fecundo e sugestivo trabalho *O ensaio como forma* (Adorno, 2003), que nos admoesta sobre os desafios que tal forma propõe: uma forma que escreve, compõe, experimenta, vira e revira seu objeto, de modo a apalpá-lo de todos os lados possíveis. Aceitamos, portanto, os riscos da provisoriedade interpretativa. Nesse sentido, procura-se levar em consideração aqui o significado do termo "fragmentário", tentando embrenhar-se analiticamente em algum detalhe que "explode em miniaturas a mera realidade existente, se pensa em fragmentos porque a própria realidade é fragmentada; contudo, se encontra sua unidade ao buscá-la através dessas fraturas, e não ao aplainar a realidade fraturada" (ibid., p.35). Como Adorno propõe a busca da unidade da sociedade no fragmento, na fratura, tal método conforma sempre um conflito em suspenso. Afinal de contas, nesta reciprocidade de relações configura-se então nossa aposta interpretativa, cujos pressupostos e desdobramentos contraditórios aceitamos desde logo.

Escolhemos Jorge como personagem-síntese de um mundo de relações sociais e vivências. Tomamos semelhante princípio de empréstimo à teoria literária, apenas como sugestão, exatamente quando faz referência a personagens típicos, cujas vidas e situações espelham o entrelaçamento de certas determinações sociais e o destino individual do personagem. Suas ações e escolhas se fazem dentro de certos enquadramentos sociais. O tempo e o lugar como fundo de seu teatro de ações conferem inteligibilidade e sentido à sua experiência individual. O personagem dessa maneira representa algo muito mais amplo e significativo do que seu destino particular, tomado isoladamente. Por isso a ideia de "tipo-síntese" (Lukács, 1966, p.139 ss.).

Nossa modesta intenção, ao entrevistar Jorge, residia na tentativa de captar, no seu relato de vida, fragmentos de sua história que constituíssem a experiência de um tempo de lutas, de humilhações e sofrimentos acumulados, e de percebê-los nas formas que reapareciam em sua memória. Ou seja, apreendê-los como expressão do vivido por ele e, em certa medida, ainda como percepção das tensões políticas entre a cultura, a sociedade, e o indivíduo Jorge, em determinado tempo histórico e em determinado espaço regional-cultural e socioeconômico. Significava, portanto, levar em conta os efeitos das formas de dominação econômica, política e cultural sobre os dominados, formas estas sempre pressupostas na análise em pauta como realidades tanto tangíveis (como no caso da fala do colega de sindicato que afirma que nunca poderia votar nele por ser negro ou no caso dos primos da Bahia, parados pelos policiais por estarem em um carro que, aos olhos deles, era luxuoso demais para dois jovens negros) quanto intangíveis, que se dão no nível da violência simbólica (como foi o caso da juíza que não recebeu Jorge em sua sala).

Sabe-se da capacidade ilimitada da memória de tecer relatos que, por sua vez, podem tecer ao infinito outros tantos relatos de sofrimento, de frustração e de esperanças. Jorge possui esta capacidade de esticar os fios narrativos, rompê-los com largas risadas, e retomá-los mais adiante, de outras formas. Seguir seu fluxo narrativo constitui um exercício nada fácil, inclusive por sua dicção anasalada, rouca e plena de interjeições. Sua narratividade puxa continuamente o começo de outra narração. Sua figura de roceiro de pequena propriedade rural e de vaqueiro é emblemática do tempo e do lugar em que sempre viveu. Guardou, de sua experiência de vida, os gestos, a fala cantada, interrogativa, apinhada de "aí", "hein", "né?". Seu ritmo narrativo é veloz, saturado de referências temporais do antigo e do recente, que mistura na fala com naturalidade, obrigando os entrevistadores a pedir-lhe, às vezes, que repita as informações dadas nesta configuração. Muito inteligente, tem raciocínio rápido e se diverte muito contando histórias. Possui uma risada larga que se abre ao interlocutor com frequência, conferindo certa leveza à entrevista. Disponibiliza-se para as entrevistas com bom humor e uma infinita disponibilidade para falar de si mesmo e das histórias que viveu. Como já observado, comparece sempre portando seu chapéu de vaqueiro, que usa desde quando, ainda menino, trabalhava na propriedade rural da família, carpindo a terra e tocando cabras, animal muito comum na região. Não o retira de modo algum; com ele permanece nas longas horas de entrevista, e mesmo nas conversas mais soltas quando se toma um cafezinho e se fala de outras coisas. O uso permanente desse chapéu parece ser uma afirmação de identidade que se impõe ao mundo como um troféu da aventura de sua vida de lutador social.

Sua figura sintetiza toda uma época histórica; passado e presente se encontram e se atravessam nela. Carrega na pele negra a história do capitalismo brasileiro, em uma de suas mais duras faces, a que se desenvolveu no país fundindo em singular amálgama escravismo e iníquos privilégios corporativos e de classe social. Tal combinação tóxica gerou e gera incessantemente uma das maiores desigualdades sociais do mundo, que se expressa de muitos modos, sendo o forte e cruel racismo, às vezes dissimulado, mas frequentemente brutal, um de seus frutos mais característicos.

Entre nós, o racismo floresceu fusionado com fortes hábitos de domínio e exploração, sob a máscara branca do paternalismo patriarcal benevolente, mas duro e cruel na sua dinâmica de "casa grande e senzala".[3] O legado disso tudo constitui um traço decisivo e explicativo do autocratismo imperante na cultura empresarial

3 O racismo brasileiro no presente momento está sendo examinado, esquadrinhado, esmiuçado e revelado em suas múltiplas feições como nunca se viu em nossa história intelectual (ver a bibliografia citada na nota 5, p.86). Seria, para este trabalho, impossível mapeá-lo e fazer-lhe o devido inventário sociológico. Sobre a relação entre casa-grande e senzala ver o clássico Freyre, 2006.

brasileira, em sentido amplo. Um muro de granito separa, no Brasil, brancos e pretos. O racismo brasileiro desde sempre assumiu uma feição particular, pois em seu ventre se gerou um sistema de crenças sustentado na falácia de que não somos um país racista. Engodo que se desdiz o tempo todo na vida real, mas que possui grande eficácia simbólica na exata medida em que torna ainda mais densa a cortina de trevas ideológicas que se ergueu sobre ele. Por tudo isso, narrar um pouco a história de Jorge se torna elucidativo do que foi dito anteriormente. Por essa razão, conforme já afirmado, valemo-nos metodologicamente da proposta de Adorno de ver no fragmento, no caso, numa vida, a totalidade do mundo de relações sociais que o sustentam e lhe dão ritmo e movimento. Ou, ainda, percebê-la de outro modo, como formulado por Carlos Drummond de Andrade (2020) no poema *A Imagem, terra, memória*: “[...] mundo / miudinho dentro do mundo / e grande maior que o mundo / em cada lasca de ferro [...]”. É a “Máquina do Mundo” da qual fala o poeta mineiro (Drummond de Andrade, 1988, p.242), e que tomaremos aqui metaforicamente como a totalidade social capitalista em sentido vasto, englobante, que revela sua potência em cada partícula constitutiva de seu todo e que desvela também suas relações recíprocas.[4] Nessa mesma direção, Riobaldo já nos avisara que “a gente tem de necessitar de aumentar a cabeça para o total” (Guimarães Rosa, 1956, p.236). Por tudo o que foi posto, julgamos ser possível pensar assim a figura de Jorge como um “tipo-síntese”. Sua história e sua vida condensam todo um sistema de relações sociais de dominação e, ao mesmo tempo, iluminam a sua individualidade e sua rica subjetividade.

Outro elemento que torna Jorge uma figura de contraponto às das outras pessoas entrevistadas consiste no seu processo de autoconhecimento e de tomada de consciência da importância e da iniquidade das relações sociais nas quais sua vida está emaranhada. As oportunidades escolares, o racismo estrutural, a exploração econômica se revelam aos seus olhos. É como se tivesse levantado o véu que as encobria. Este processo coincide com sua

4 Seguimos aqui a sugestão fecunda de Wisnik, 2018.

participação, cada vez mais ativa e constante, nos movimentos sociais e na vida política local, que lhe fornece os instrumentos críticos necessários para passar a ver sua realidade individual e social com outro olhar. É como se as cortinas de trevas sartrianas começassem, finalmente, a se abrir. O mundo reificado perde aos poucos sua rigidez, e Jorge consegue desnaturalizar a pobreza, o racismo, a desigualdade. Isso, obviamente, não faz com que estes fatos desapareçam magicamente. Contudo, nasce nele a convicção de que é possível fazer com que desapareçam um dia, graças justamente à atividade política coletiva de pessoas como ele.

Graças à sua infância relativamente privilegiada (se comparada à das outras pessoas entrevistadas), principalmente à possibilidade de estudar, ainda que de maneira informal e desordenada, Jorge se abre a um mundo maior do que o de sua família e de sua casa. A experiência de uma intensa vida comunitária, na qual, contudo, o indivíduo é respeitado em suas escolhas e tem a liberdade de dispor do seu tempo, é radicalmente diferente da de Fátima, obrigada a "roubar" tempo, e das outras mulheres entrevistadas. Jorge sabe, desde sempre, que a união faz a força, que a cooperação garante a maior satisfação das necessidades de todos os membros da comunidade, que não somente o trabalho e a labuta, mas também a alegria e o saber devem ser compartilhados por todos. Nesta consciência da centralidade da vida comunitária e da ação coletiva está o principal antídoto contra a reificação, a alienação e o sofrimento por elas causado.

Jorge e a Igreja católica

Em suas narrações, aparece a Igreja Católica conservadora se cruzando com a Igreja progressista, e esse movimento incessante de cruzamentos contraditórios revela de algum modo as ambivalências constitutivas da pulsação perene contida em uma tradição e instituição fundada e marcada exatamente por lacerações profundas no seu corpo ao longo de sua história milenar. Recordemos que, desde as origens, a dinâmica da Igreja Católica vivenciou, ao longo dos séculos, o acordo entre as antíteses. Sempre combinou o uso da força com o uso do consenso, da coerção extrema, como pela Inquisição e pelas frequentes excomunhões de dissidentes, mas também absorveu frequentemente em seu seio os insurgentes, transformando-os em santos, como foi o caso de Francisco de Assis, o mais clamoroso exemplo deste processo de integração e neutralização da força contestatória das vozes insurgentes. O saber combinar os opostos não só teológicos, mas também culturais, políticos e até econômicos, ao longo da história, assumiu as dimensões de um sistema na Igreja de Roma.

Jorge vive e viveu intensamente estas tensões, viveu na pele a *complexio oppositorum* do catolicismo romano da qual falou Carl Schmitt em um brilhante texto (Schmitt, 1998). O relato da experiência de Jorge com a Igreja Católica conservadora confirma esse fato. Nesse sentido, é testemunha viva destas ambivalências, anotadas e investigadas por tantos autores. Devem ser lembradas as sagazes anotações de Antonio Gramsci sobre as divisões internas, políticas e normativas, existentes no interior da organização eclesiástica, entre os doutos e o povo, nas suas diferentes especificidades culturais e regionais, ou, para usar uma expressão do pensador italiano, entre o catolicismo dos simples e o dos doutos (Gramsci, 1968).

A religião cristã, em suas várias denominações, desempenha um papel importante na vida das mulheres entrevistadas, como vimos. Ao contrário do que aconteceu com seu Jorge, contudo, elas buscam nela conforto para os seus sofrimentos, e os padres e pastores só lhes oferecem narrativas consolatórias e conformistas, que chegam a justificar o *status quo* e sua pobreza, individualizando seus problemas. As questões sociais se tornam, aos olhos destes indivíduos e de seus fiéis, questões pessoais que podem ser resolvidas pela fé ou pela graça divina. Não está previsto um engajamento concreto em atividades coletivas que visem a modificar a situação e que levem os fiéis para a dimensão pública. Se na década de 1960 o bispo reacionário do qual fala Jorge percebeu a necessidade de controlar e enquadrar as energias políticas do seu rebanho, hoje os padres e pastores podem contar com a passividade cívica, a desconfiança na política e o individualismo criados pela cultura e pelo discurso dominante na população, inclusive na parcela que mais sofre pelo *status quo*.

Experiência com o racismo

Pode-se observar que a vida de Jorge possui muitas especificidades. A situação familiar, na pequena propriedade rural, acabou por proporcionar-lhe um quadro de rara textura, uma tela na qual se combinavam as cores e as formas da dureza do trabalho agrícola e da doçura dos afetos da grande irmandade. Viveu a infância, a julgar pelo seu próprio depoimento, sob grande proteção. Seu pai não foi um pai-patrão e não batia nele, diferentemente do que aconteceu com muitas das entrevistadas. Jorge viveu, então, desde os primeiros anos de vida certa experiência comunitária, patriarcal, é claro, mas com grande intensidade afetiva, rodeado de irmãos e de um pai que ensinava e encorajava os filhos a ler.

O isolamento territorial do sítio em que viveu talvez o tenha salvado de ter tido no começo da vida experiências de discriminação racistas, que na maioria das vezes são destrutivas da autoestima da vítima, fazendo da dor, da humilhação sofrida, uma ferida profunda que jamais cicatriza, transformando, por vezes, o humilhado em um ser humano violento ou completamente retraído em sua subjetividade reprimida. Perguntado sobre se a escravidão, vivida por seus ancestrais, era assunto na família, logo diz que "não se falava disto na minha casa paterna". Este silêncio sobre a experiência familiar da escravidão nós o tínhamos encontrado em mais de uma ocasião. Em especial nos deparamos com ele certa vez na cidade de Maceió, quando conhecemos uma mulher negra de 96 anos, muito lúcida ainda e que passou a vida inteira como "mãe preta" de certa família local. Perguntada se o seu pai, que certamente provinha de família de escravos, falava sobre a escravidão dos seus ancestrais, prontamente responde: "Meu pai, que tinha o ofício de marceneiro, não falava disto nunca!" Insistimos na pergunta e ela demonstrou certa irritação. O silenciamento sobre nosso passado escravocrata, que obteve a cumplicidade de muitos intelectuais brasileiros durante muito tempo, conseguiu se impor e assim silenciar também a memória de suas vítimas. A péssima qualidade da escola pública brasileira cumpriu um papel decisivo na desmemorização do povo. As inúmeras formas de esquecimento institucional sempre agiram nesse sentido (cf. Santos, 2022). A nós sempre resta a indagação: Quem seleciona os fatos da memória de um povo? Como escolhe e decide o que deve ser lembrado e o que deve ser esquecido? A resposta reside nas formas mais enevoadas, mais coisificadas de poder de dissuasão e convencimento das pessoas. São poderes quase sempre sem nenhuma visibilidade, mas que ao desinformarem as pessoas se apoderam de seu destino e as desarmam para a autocompreensão. São elas as cortinas de trevas de que falava Sartre (1968), que se abatem sobre os povos, tornando-os exilados de si mesmos, mergulhados que ficam na consciência e na vida em espessas neblinas sobre sua origem e história. Isso representa uma usurpação profunda de seu direito ao conhecimento de si. Esta opacidade, esta penumbra das origens, só faz aumentar seu sofrimento de exclusão, e, com isto, aumentar ainda muito mais seu sofrimento social.

Jorge, o tempo e a memória

Como observamos anteriormente, passado e presente se iluminam reciprocamente. O lugar dessa iluminação é a memória do personagem. Jorge junta em sua pessoa, em sua figura de roceiro e sindicalista rural, os dois tempos de nossa história. O período anterior a 1964, não vivido como sujeito político, tempo, contudo, suficientemente buliçoso, riquíssimo de potências, frenético, pleno de sóis e de sombras, mas que ainda lançava sobre o personagem suas vibrações mais intensas. De outro lado, vivia e agia sobre outra temporalidade, a da lenta retomada das lutas sociais no campo brasileiro dos anos de 1970. Os tempos na história se mesclam sempre. O passado deixa seus rastros, seus vestígios, suas marcas nas almas dos pósteros. Deixa legados de esperanças e de sofrimento. Jorge herdou, assim, a memória dos conflitos e dos sofrimentos dos trabalhadores rurais nordestinos acumulada há tempos. A trama de sua vida, que teceu sua carne e seus sentimentos, se interpenetrara na trama da história nacional, assim se constituindo em experiência decisiva na sua formação de ator social e político. Isto se conforma mais uma vez como elemento vultoso que se consubstancia na antiga pergunta dos historiadores: Quanto uma vida entra na história e a história entra em uma vida? Deve ser sempre recordado que a história da vida se define sempre como busca e construção de sentido exatamente a partir de fatos temporais pessoais que expressam a experiência vivida do sujeito e simultaneamente as linhas mais significativas de uma época histórica.

Sua consciência social e política se conecta intimamente com as lutas dos "severinos e severinas" de todos os tempos. Sua figura física é a de um "Severino", filho da história de seu tempo e espaço. Um "Severino" que tem presente na memória as dores e sofrimentos de todos, porque, como diz João Cabral de Melo Neto (2003, p.172):

> Iguais em tudo e na sina:
> a de abrandar estas pedras
> suando-se muito em cima,
> a de tentar despertar
> terra sempre mais extinta,
> a de querer arrancar
> alguns roçados da cinza.
> Mas, para que me conheçam
> melhor Vossas Senhorias
> e melhor possam seguir
> a história de minha vida,
> passo a ser o Severino
> que em vossa presença emigra.

Afinal, Jorge é um sobrevivente, e, nas palavras do poema – intitulado, não por coincidência, *O sobrevivente* – de Carlos Drummond de Andrade (1988, p.25),

> Os homens não melhoram e matam-se como percevejos.
> Os percevejos heroicos renascem.
> Inabitável, o mundo é cada vez mais habitado.
> E se os olhos reaprendessem a chorar seria um segundo dilúvio.

CONSIDERAÇÕES FINAIS

A consciência individual sempre pertence de alguma maneira a um sujeito coletivo determinado. O agir individual consiste sempre em uma mescla particular e específica de sujeitos coletivos. O indivíduo é um nó numa rede de relações sociais. Em nossas entrevistas tentamos captar, de alguma forma, os modos pelos quais os sujeitos se situam no mundo e o que pensam de suas experiências de vida, sempre calcadas em muitas e profundas carências materiais. Assim, empenhamo-nos em relê-las dentro do princípio, enunciado por Lukács, segundo o qual a reificação da consciência dos sujeitos deve ser vista como um processo social, abrindo-se para uma interpretação plural dos fenômenos de alienação que a acompanham: bloqueios e retraimentos, ausências e esquecimentos que atingem os sujeitos nas mais diversas situações.

É bom sublinhar o fato de que as pessoas que entrevistamos não constituem, a rigor, uma classe social no sentido clássico, pois nem sequer possuem as formas de homogeneidade que qualquer situação de classe exige para a definição sociológica mais precisa dos agrupamentos humanos. São pessoas que nunca pertenceram formalmente a um mercado de trabalho. Vivem em situação de pobreza extrema, são os esquecidos, os destituídos de voz, muitas vezes invisíveis se habitantes dos sertões e vilarejos perdidos na vastidão de nosso território. Entram e saem da vida sem ninguém perceber, tal como escrevia Machado de Assis sobre a personagem Dona Plácida, a empregada de família rica, do romance *Memórias póstumas de Brás Cubas*. São eles ainda hoje os Fabianos e as Sinhas Vitórias de *Vidas secas* de Graciliano Ramos, sujeitos, até o presente momento, a grandes e prolongados silêncios sobre seus modos de ser, de viver e de ser vistos. Contudo, representam uma presença permanente em nossa história. Trata-se de milhões de concidadãos, que, excluídos do mundo salarial e, por consequência, da possibilidade de alguma forma de organização coletiva para se defenderem dos poderosos, foram, por muito tempo, ocultados e preteridos nas políticas de Estado. Podem irromper de maneira episódica na cena histórica, como aconteceu muitas vezes (por exemplo, em Canudos, no Caldeirão de Santa Cruz ou nas Ligas Camponesas), e, por isso, podem também sofrer brutal repressão e desaparecer, inclusive como sujeitos de memória. A memória de suas lutas é apagada da narrativa histórica, e as políticas de esquecimento, frequentes e eficazes, os levam a esquecer suas próprias histórias.

Nosso empenho interpretativo buscou um princípio de inteligibilidade do mundo dos sujeitos submetidos à pobreza extrema, de seus modos de sentir e se expressar, ou seja, das formas de sua consciência. No caso, nosso ponto de partida é a premissa segundo a qual a consciência dos sujeitos atribui forma ao mundo; de modo fragmentário ou mais unificado, mas lhe confere alguma forma. E é desse modo que entra em cena sua subjetividade.

Paul Ricoeur, ao falar da subjetividade das pessoas, distingue duas dimensões, a saber, a ipseidade (*ipséité*) e mesmidade ou igualdade (*mêmeté*). A segunda indica tudo o que permanece constante no sujeito, a saber, seu corpo, suas predisposições e seus talentos, suas ações passadas que, de certa forma, o tornam a pessoa que é. A primeira remete, ao contrário, a uma dimensão variável e inconstante de narrativas sobre planos de vida que o sujeito adota em momentos diferentes, mas que, apesar de sua heterogeneidade, ele pode reconduzir à sua identidade. A "identidade narrativa" da pessoa se origina justamente na dialética destas duas dimensões (Ricoeur, 1990). A situação de pobreza crônica afeta a formação da identidade pessoal, já que influencia de forma negativa ipseidade e mesmidade. Uma está submetida a uma pluralidade de fenômenos que impedem o sujeito de ter uma relação positiva com seu corpo e lhe dificultam ou até impossibilitam desenvolver seus talentos: desnutrição e o consequente subdesenvolvimento físico e intelectual, a luta cotidiana pela sobrevivência, as condições de vida brutais que condenam o corpo a esforços esgotantes e a vários tipos de sofrimento (fome, sede, exaustão física e psicológica), a violência masculina, a falta de controle sobre seu corpo no caso das frequentes gravidezes indesejadas, a sujeição ao desejo sexual dos homens. A outra se depara com a cruel objetividade de uma existência monótona, marcada pela privação e sem alternativa aparente, que faz com que o sujeito nem sequer consiga imaginar uma vida diferente.

Uma das coisas que mais chamou nossa atenção em todos estes anos de pesquisas e entrevistas foi a sensação de que a maioria das pessoas com as quais falamos não acreditavam numa verdadeira saída para a sua situação: quando muito, esperavam alguma melhora para si e, sobretudo, para seus filhos, que, graças ao Bolsa Família, podiam frequentar a escola e, assim, preparar-se melhor para o futuro. *Mêmeté* deveria, então, ser traduzido aqui por *mesmice*: os dias se repetem iguais, marcados pela penúria, pelo esforço físico, pela angústia de não conseguir prover comida suficiente à sua família, desde a infância até à idade adulta e à velhice. A vida se torna uma contínua luta pela sobrevivência, na qual o sujeito consegue formar sua personalidade somente no tempo roubado à luta e à fadiga.

Se há dificuldade na formação do Eu, isso vale ainda mais para a formação de um Nós, de um grupo social que inclua todas as pessoas que se encontram em situação de pobreza. O horizonte comunitário máximo no qual fala a quase totalidade das entrevistadas é limitado à família (frequentemente a família restrita, os pais ou os filhos) e ao ambiente mais próximo (compadres, comadres). Isso resulta, obviamente, na impossibilidade da formação de um Nós como nação, que inclua todos os brasileiros (como vimos, seu Jorge apresenta um exemplo de ruptura deste mecanismo reificante, já que seu engajamento político representa uma possível saída do círculo vicioso da exclusão). Isso explica também a dificuldade de enraizar a prática democrática nos corações e nas práticas sociais de nosso povo. A democracia exige ação pública, isto é, sujeitos participantes em suas comunidades locais, ação coletiva, inter-relacionamento e não isolamento devido ao peso insuportável das inúmeras carências impostas pela situação de extrema pobreza. Com frequência, esta situação se traduz em passividade política sob a forma de indiferentismo. Ademais, as vidas ali se constituem na luta e busca, o tempo todo, de recursos para não morrer de fome.

Utilizamos o conceito de sofrimento social como um conceito-diagnóstico, isto é, como um recurso que nos auxiliasse na apreensão da densidade mais plena do ser das pessoas que vivem a experiência da pobreza extrema, analisando, através de suas falas, suas formas de vida e de consciência. Vimos como as instituições sociais, os objetos do mundo ao seu redor, as práticas sociais costumeiras e seu universo mítico, no caso das mulheres pobres, lhes aparecem como determinação de forças telúricas. Comumente, seu destino como pessoa está atrelado ao seu corpo. Obedecem a um velho, ancestral e poderoso mito: o da maternidade como imperativo da natureza, como lei natural, inscrito no corpo feminino. Ser mulher significa, inapelavelmente, casar e ter filhos, viver na pobreza e ter uma vida marcada pela violência masculina e pela precariedade. Esta realidade reificada lhes aparece como natureza do ambiente que as cerca, tais como as árvores, as plantas, os animais domésticos e os demais objetos mundanos. Enfim, uma vida, um cotidiano, rodeados de coisas, objetos e relações interpessoais, que são percebidos pela sua consciência como forças personalizadas, dotadas de vida própria, com as quais sempre deverão conviver. Trata-se de relações coisificadas e cristalizadas. Cristalizam-se nos costumes, nas instituições, nos modos de falar. Funcionam, segundo Lukács, diante da consciência dos sujeitos, como força de uma espécie de servidão a uma segunda natureza. Nesse sentido, "é apenas a relação social determinada dos próprios homens que assume para eles a forma fantasmagórica de uma relação entre coisas" (Lukács, 2003, p.199).

Como vimos no caso de seu Jorge e, parcialmente, de Fátima, uma possível saída desta situação de reificação e indiferentismo político consiste em uma participação política ativa. É imperativo desenvolver formas de ativismo democrático que permitam às pessoas (de todas as classes sociais) desnaturalizar o *status quo* e perceber que a realidade social pode ser modificada por sua ação coletiva. A consciência individual está condenada ao sofrimento se não atingir a dimensão comunitária que só a mobilização e o engajamento político permitem alcançar. O sofrimento dos indivíduos pode ter efeitos paralisantes. O sofrimento social é um fenômeno político e, portanto, só pode ser eliminado politicamente.

Isso significa, em primeiro lugar, a adoção de medidas e políticas públicas que visem à construção de um nível mínimo de Estado de bem-estar social, como mencionamos no Capítulo 3. Mas isso não é suficiente: é necessário que as cidadãs e os cidadãos tenham consciência de seus direitos e que se engajem ativamente na defesa de tais direitos e dos mecanismos de proteção social criados pelo Estado de bem-estar social.

Para que haja mais participação política, maior engajamento dos sujeitos, é necessário que o Estado lhes ofereça equipamentos cívicos na forma de espaços de encontro e discussão, bem como espaços de acolhimento onde as pessoas possam encontrar uma solução para os seus problemas ligados ao exercício de sua cidadania. Estamos pensando, por exemplo, na criação de centros de educação cidadã, onde as cidadãs e os cidadãos recebam informações sobre seus direitos e sobre o funcionamento das principais instituições públicas. O público-alvo deveria ser todas as brasileiras e todos os brasileiros, pois a ignorância de seus direitos e das competências dos diversos órgãos do Estado nas esferas federal, estadual e municipal não é uma realidade das pessoas que vivem em condição de pobreza, mas se encontra entre os membros de todas as classes sociais. Obviamente, não se trataria de uma atividade obrigatória, mas de uma oferta por parte das instituições públicas.

Finalmente, é importante que se crie um sentimento de solidariedade entre todos os membros da comunidade política. Como observamos alhures (Leão Rego, 2021b), "a solidariedade como princípio constitucional e fundador da instauração da sociedade mais justa, de vida boa e vida plena de sentido, porta antes de tudo a afirmação exigente do que queremos e entendemos por cidadão".

Portanto, entendemos solidariedade não apenas como uma virtude moral dos indivíduos, mas como uma atitude política de reconhecimento recíproco – a atitude de reconhecer o outro como politicamente igual, como portador de iguais direitos inalienáveis e de iguais deveres para com a coletividade. Isso significaria, basicamente, tentar reconstituir a sociedade brasileira "em outras bases éticas, contrárias e opostas às fundadas no individualismo egoísta, indiferente aos sofrimentos e necessidades do outro" (ibid.).

É um enorme desafio, pois o sofrimento social exerce um efeito paralisante sobre suas vítimas e não somente induz nelas uma atitude de passividade política, mas as expõe aos riscos de manipulação com viés antidemocrático. Isso posto, a vulnerabilidade dessas pessoas é uma grande ameaça à democracia, que precisa de sujeitos ativos e conscientes. Não pode prosperar verdadeira democracia onde subsistem extrema pobreza e extrema desigualdade socioeconômica, pois a falta de igualdade resulta em falta de solidariedade cidadã, em indiferença moral e até mesmo em ressentimento e ódio, como vimos nos últimos anos.

REFERÊNCIAS BIBLIOGRÁFICAS

ADORNO, Theodor W. *Minima moralia*. Lisboa: Edições 70, 2001.

______. O ensaio como forma. In: ADORNO, Theodor W. *Notas de Literatura I*. São Paulo: Editora 34, 2003.

______. *Dialética negativa*. Rio de Janeiro: Jorge Zahar, 2009.

AGOSTINHO, Santo. *Confissões*. São Paulo: Companhia das Letras, 2020.

AGUIAR, Cláudio. *Francisco Julião*. Uma biografia. Rio de Janeiro: Civilização Brasileira, 2014.

AKOTIRENE, Carla. *Interseccionalidade*. São Paulo: Sueli Carneiro; Pólen, 2019.

ALCOFF, Linda. Uma epistemologia para a próxima revolução. *Sociedade e Estado*. 1/31, 2016, p.129-43.

ALMEIDA, Sílvio. *Racismo estrutural*. São Paulo: Sueli Carneiro; Pólen, 2019.

ANDRADE, Manuel Correia de. *A terra e o homem no Nordeste*. São Paulo: Brasiliense, 1973.

ANTUNES, Ricardo. *Riqueza e miséria do trabalho no Brasil*. 4 v. São Paulo: Boitempo, 2006-2019.

______. *Os sentidos do trabalho*. 2.ed revista e ampliada. São Paulo: Boitempo, 2009.

______. *O privilégio da servidão: o novo proletariado de serviços na era digital*. São Paulo: Boitempo, 2018.

ARANTES, Paulo. *O novo tempo do mundo*. São Paulo: Boitempo, 2014.

ARENDT, Hannah. *Sobre a revolução*. Lisboa: Moraes, 1971.

ARISTÓTELES. *Metafísica*. 5.ed. São Paulo: Loyola, 2002.

______. *Política*. 2.ed. revista. Bauru: Edipro, 2009.

ARRAES, Jarid. *Redemoinho em dia quente*. Rio de Janeiro: Alfaguara, 2019.

______. *Corpo desfeito*. Rio de Janeiro: Alfaguara, 2022.

ARRETCHE, Marta; MARQUES, Eduardo; FARIA, Carlos A. P. (orgs). *As políticas da política*. Desigualdades e inclusão nos governos de PSDB e PT. São Paulo: Editora Unesp, 2019.

AURAS, Marli. *Guerra do Contestado*. A organização da irmandade cabocla. 5.ed. revista. Florianópolis: Editora UFSC, 2015.

BASTOS, Elide Rugai. *As Ligas Camponesas*. Petrópolis: Vozes, 1984.

BATALHA, Martha. *A vida invisível de Eurídice Gusmão*. São Paulo: Companhia das Letras, 2006.

BATTINI, Michele. *Peccato della memoria*. Roma; Bari: Laterza, 2003.

BECK, Ulrich. *Risikogesellschaft*. Frankfurt a.M.: Suhrkamp, 1986.

BECKER, Howard S. Whose Side Are We On? *Social Problems*, 14/3, 1967, p.239-47.

BENJAMIN, Walter. *Obras escolhidas. v.I: Magia e técnica, arte e política*. São Paulo: Brasiliense, 1987.

BENTHAM, Jeremy. *Works*. v.VIII. London: Simpkin and Marshall, 1843. p.369-437.

BENTO, Cida. *O pacto da branquitude*. São Paulo: Companhia das Letras, 2022.

BERCOVICI, Gilberto. A questão Agrária na Era Vargas. *História do direito. Revista do Instituto Brasileiro de História do Direito*. 1/1, 2020, p.183-226.

BEZERRA, Osicleide de Lima. *Trabalho, pobreza e caridade:* as ações do Padre Ibiapina nos sertões do Nordeste. Tese (Doutorado em Desenvolvimento Regional; Cultura e Representações) – Universidade Federal do Rio Grande do Norte, Natal, 2010.

BLASS, Leila. *Imprimindo a própria história*. O movimento dos trabalhadores gráficos de São Paulo no final dos anos 1920. São Paulo: Loyola, 1986.

BODEI, Remo. *Libro della memoria e della speranza*. Bologna: Il Mulino, 2004.

BOLTANSKI, Luc. *La souffrance à distance*. Paris: Metailie, 1993.

______; CHIAPELLO, Ève. *O novo espírito do capitalismo*. São Paulo: Martin Fontes, 2009.

BOOTH, Charles. *Life and Labour of the People in London*. 3.ed. 17 v. London: Macmillan, 1902-1903.

BOSI, Alfredo. *Dialética da colonização*. 4.ed. São Paulo: Companhia das Letras, 1992.

BOURDIEU, Pierre. Introduction. In: LAZARSFELD, Paul; JAHODA, Marie; ZEIZEL, Hans. *Les Chomeurs de Marienthal*. Paris: Les Editions de Minuit, 1981.

______. *A miseria do mundo*. Petrópolis: Vozes, 2003.

______. *A distinção*. Crítica social do julgamento. São Paulo; Porto Alegre: Edusp; Zouk, 2008.

______. *A dominação masculina*. Bertrand Brasil. Rio de Janeiro, 2017.

BROWN, Wendy. *Nas ruínas do neoliberalismo*. A ascenção da política antidemocrática no Ocidente. São Paulo: Politeia, 2019.

BRUM, Eliane. *A vida que ninguém vê*. Porto Alegre: Arquipélago, 2006.

BUFACCHI, Vittorio. *Social Injustice*. London: Verso, 2012.

BUTLER, Judith. *Precarious Life*. The Power of Mourning and Violence. London & New York: Verso, 2004.

______. *Discurso de ódio*. Uma política do performativo. Editora Unesp. São Paulo, 2021.

CAMPELLO, Filipe. *Crítica dos afetos*. Belo Horizonte: Autêntica, 2022.

CAMUS, Albert. A *peste*. Lisboa:.ed. Gráfica, s.d.

CÂNDIDO, Antônio. *A educação pela noite e outros ensaios*. São Paulo: Ática, 1989.

CAPARRÓS, Martin. *A fome*. São Paulo: Bertrand Brasil, 2016.

CARNEIRO, Sueli. *Racismo, sexismo e desigualdade no Brasil*. São Paulo: Selo Negro, 2011.

CARVALHO, Cláudio Sousa de. *Padre Ibiapina*: a construção de um santo. (Dissertação de Mestrado em Ciências Sociais) – Programa de Pós-graduação em Ciências Sociais, Centro de Humanidades, Universidade Federal de Campina Grande – Paraíba – Brasil, 2007.

CARVALHO FRANCO, Maria Sylvia. *Homens livres na ordem escravocrata*. São Paulo: Editora Unesp, 1997. [1.ed.: São Paulo: Instituto de Estudos Brasileiros, 1969.]

CASTRO, Josué de. *Sete palmos de terra e um caixão*. São Paulo: Editora Brasiliense, 1967.

CIMADAMORE, Alberto D. As políticas de produção de pobreza. Construindo enfoques teóricos integrados. In: CIMADAMORE, Alberto D.; CATTANI, Antonio D. (orgs.). *Produção de pobreza e desigualdade na América Latina*. Porto Alegre: Tomo Editorial; Clacso, 2007. p.15-38.

CONDORCET, Marquês de. *Esboço de um quadro histórico do progresso do espírito humano*. Campinas: Editora da Unicamp, 1993.

CORTINA, Adela. *Aporofobia, a aversão ao pobre:* um desafio para a democracia. São Paulo: Contracorrente, 2020.

CRENSHAW, Kimberle. Demarginalizing the Intersection of Race and Sex. A Black Feminist Critique of Antidiscrimination Doctrine, Feminist Theory and Antiracist Politics. *The University of Chicago Legal Forum. 140, 1989, p.139-67.*

DANTAS, Monica Duarte (org.). *Revolta, motins, revoluções*. Homens livres pobres e libertos no Brasil do século XIX. São Paulo: Alameda, 2011.

DAS, Veena. *Vida e palavras*. A violência e sua descida ao ordinário. São Paulo: Editora Unifesp, 2020.

DEJOURS, Christophe. *A banalização da injustiça social*. 7.ed. São Paulo: FGV, 2011.

______. *A loucura do trabalho*. Estudo de psicopatologia do trabalho. 6.ed. São Paulo: Cortez, 2018.

DREITZEL, Hans Peter. *Die gesellschaftlichen Leiden und das Leiden an der Gesellschaft*. Vorstudien zu einer Pathologie des Rollenverhaltens. Stuttgart: Ferdinand Enke; dtv, 1980.

DRUMMOND DE ANDRADE, Carlos. *Poesia e prosa*. Rio de Janeiro: Nova Aguilar, 1988.

______. *A imagem, terra, memória*. São Paulo: Companhia das Letras, 2020.

DUBET, François. *Les places et les chances*. Repenser la justice sociale. Paris: Seuil, 2010.

______. *Injustiça*. A experiência das desigualdades no trabalho. Florianópolis: Editora da UFSC, 2014.

DUNKER, Christian. *Mal-estar, sofrimento e sintoma*. Uma psicopatologia do Brasil entre muros. São Paulo: Boitempo, 2015.

______. *Reinveinção da intimidade*. Políticas do sofrimento cotidiano. São Paulo: Ubu, 2017.

DURKHEIM, Émile. *El Suicidio*. Buenos Aires: Schapire Editor, 1971.

______. A ciência social e a ação. São Paulo: Difusão Europeia do Livro, 1975.

EDER, Klaus. *Die Entstehung staatlich organisierter Gesellschaften*. Frankfurt a.M.: Suhrkamp, 1976.

EHRENBERG, Alain. *La fatigue d'être soi*. Dépression et société. Paris: Odile Jacob, 2000.

______. *La Société du malaise*. Paris: Odile Jacob, 2010 (2010a).

______. *O culto da performance*. Da aventura empreendedora à depressão nervosa. Aparecida: Ideias & Letras, 2010 (2010b).

EHRENREICH, Barbara. *Miséria à americana:* vivendo de subempregos nos Estados Unidos. Rio de Janeiro: Record, 2004.

ENGELS, Friedrich. *A situação da classe trabalhadora na Inglaterra*. São Paulo: Boitempo, 2010.

ERIBON. Didier. *Retorno a Reims*. Belo Horizonte; Veneza: Âyiné, 2020.

ESPING-ANDERSEN, Gösta. *I fondamenti sociali delle economie post-industriali*. Bologna: Il Mulino, 2000.

FERNANDES, Florestan. Existe uma "crise da democracia" no Brasil? *Anhembi*, 48, 1954, p.450-71.

______. *O negro no mundo dos brancos*. São Paulo: Difel, 1962.

______. *A integração do negro na sociedade de classes*. São Paulo: Dominus, 1965.

______. *A revolução burguesa no Brasil*. Ensaio de interpretação sociológica. Rio de Janeiro: Jorge Zahar, 1975.

FIGUEIREDO, Lucas R. *Efeitos do programa Bolsa Família nas taxas de fecundidade e de natalidade das mulheres beneficiadas no estado da Bahia*. (Trabalho de Conclusão de Curso) – Faculdade de Economia da Universidade Federal da Bahia, Salvador, 2021.

FINLEY, Moses. *Escravidão antiga e ideologia moderna*. Rio de Janeiro: Graal, 1991.

FREUD, Sigmund. *O mal-estar na civilização*. São Paulo: Penguin; Companhia das Letras, 2011.

FREYRE, Gilberto. *Casa-grande e senzala*. 51.ed. São Paulo: Global, 2006.

FRATESCHI, Yara. Liberdade política e cultura democrática em Hannah Arendt. *Cadernos de Filosofia Alemã*, 21(3), 2016, p.29-50.

FROST, Liz; HOGGETT, Paul. Human Agency and Social Suffering. *Critical Social Policy*, 28/4, 2008, p.438-60.

FURTADO, Celso. *Formação econômica do Brasil*. Rio de Janeiro: Fundo de Cultura, 1959.

______. *Análise do "modelo" brasileiro*. Rio de Janeiro: Civilização Brasileira, 1972.

GALLI, Carlo. *Democrazia senza popolo*. Milano: Feltrinelli, 2017.

GARCIA, Luciano Patrice. *As primeiras Ligas Camponesas e o Triângulo Mineiro*. 2012. Disponível em http://www.lagea.ig.ufu.br/xx1enga/anais_enga_2012/eixos/1504_1.pdf.

GARCIA Jr., Afrânio. Libertos e sujeitos: sobre a transição para trabalhadores livres do nordeste. *Revista Brasileira de Ciências Sociais*, 3/7, 1988, p.6-41.

GEREMEK, Bronislaw. *Poverty: A History*. Oxford: Blackwell, 1994.

GERMANI, Gino. *El concepto de marginalidad*. Buenos Aires: Ediciones Nueva Visión, 1973.

GODWIN, William. *An Enquiry Concerning Political Justice*. London: Robinson, 1793.

GONZALEZ, Lélia. *Por um feminismo afro-latino-americano*. Rio de Janeiro: Zahar, 2020.

______.; HASENBALG, Carlos. *Lugar de negro*. Rio de Janeiro: Zahar, 2022.

GOODHART, Michael. *Injustice*. Political Theory for the Real World. Oxford: Oxford University Press, 2018.

GORENDER, Jacob. *O escravismo colonial*. São Paulo: Ática, 1978.

GOUREVITCH, Peter. *Politics in Hard Times*. Comparative responses to international economics crises. Ithaca: Cornell University Press, 1986.

GRAEBER, David; WENGROW, David. *O despertar de tudo*. Uma nova história da humanidade. São Paulo: Companhia das Letras, 2022.

GRAMSCI, Antonio. *Os intelectuais e a organização da cultura*. Rio de Janeiro: Civilização Brasileira, 1968.

______. *Escritos políticos (1917-1933)*. México: Cuadernos de Pasado y Presente, 1977.

______. *Cadernos do cárcere*. 5 v. Rio de Janeiro: Civilização Brasileira, 1999-2002.

GUBRIUM, Erika K.; PELLISSERY, Sony; LØDEMEL, Ivar (eds.). *The Shame of It*. Global Perspectives on Anti-Poverty Policies. Bristol: Policy Press, 2014.

GUIMARÃES ROSA, João. *Grande sertão: veredas*. Rio de Janeiro: José Olympio, 1956.

HABERMAS, Jürgen. *A inclusão do outro*. São Paulo: Loyola, 2002.

HARRINGTON, Michael. *A outra América*. Pobreza nos Estados Unidos. Rio de Janeiro: Civilização Brasileira, 1964.

HEGEL, Georg W. F. *Linhas fundamentais da filosofia do direito*. Tradução de M. L. Müller, São Paulo: Editora 34, 2022.

HELLER, Herman. *La teoría del estado*. México: Fondo de Cultura Económica, 2014.

HENNING, Christoph. *Theorien der Entfremdung*. Hamburg: Junius Verlag, 2015.

HERZOG, Benno. *Invisibilization of Suffering*. The Moral Grammar of Disrespect. London: Palgrave Macmillan, 2020.

HILL COLLINS, Patricia; BILGE, Sirma. *Interseccionalidade*. São Paulo: Boitempo, 2021.

HIMMELFARB, Gertrud. *The Idea of Poverty*. England in the Early Industrial Age. New York: Alfred A. Knopf, 1984.

HOFBAUER, Andreas. *Uma história do branqueamento ou o negro em questão*. São Paulo: Editora Unesp, 2006.

HONNETH, Axel. *Pathologien des Sozialen*. Frankfurt a.M.: Suhrkamp, 1994.

______. *Das Andere der Gerechtigkeit*, Frankfurt a.M.: Suhrkamp, 2000.

______. *Unsichtbarkeit*. Frankfurt a.M.: Suhrkamp, 2003.

______. *O direito da liberdade*. São Paulo: Martins Fontes. 2015.

______. *Reificação:* Um estudo de teoria do reconhecimento. São Paulo: Editora Unesp, 2018.

HORKHEIMER, Max. "Teoria tradicional e teoria crítica". Em: BENJAMIN, Walter; HORKHEIMER, Max; ADORNO, Theodor W.; HABERMAS, Jürgen. *Textos escolhidos*. São Paulo: Vitor Civita, 1983. p.125-62.

ISHERWOOD, Christopher. *Adeus a Berlim*. São Paulo: Editora Brasiliense, 1985.

JAEGGI, Rahel. *Entfremdung*. Zur Aktualität eines sozialphilosophischen Problems. Frankfurt: Campus, 2005.

JAHODA, Marie; LAZARSFELD, Paul; ZINSEL, Hans. *Die Arbeitslosen von Marienthal*. Frankfurt a.M.: Suhrkamp, 1975.

JESUS, Carolina de. *Quarto de despejo*. Diário de uma favelada. São Paulo: Ática, 2014.

JULIÃO, Francisco. Que são as Ligas Camponesas? *Cadernos do Povo Brasileiro 1*. Editora Civilização Brasileira. Rio de Janeiro, 1962.

KEHL, Maria Rita. *O tempo e o cão*. A atualidade das depressões. 2.ed. São Paulo: Boitempo, 2015.

KERSTENETZKY, Célia Lessa. *O Estado do bem-estar social na idade da razão*. Rio de Janeiro: Elsevier, 2012.

KIDD, Ian J.; MEDINA, José; POHLHAUS, Gaile (eds.) *The Routledge Handbook of Epistemic Injustice*. London: Routledge, 2017.

KILOMBA, Grada. *Memórias da plantação*. Episódios de racismo cotidiano. Rio de Janeiro: Cobogó, 2019.

KLEIN, Naomi. *A doutrina do choque*. A ascensão do capitalismo de desastre. Rio de Janeiro: Nova Fronteira, 2008.

KLEINMAN, Arthur; DAS, Veena; LOCK Margaret (eds.). *Social Suffering*. Berkeley: UCPress, 1997.

______.; KLEINMAN, Joan. The Appeal of Experience; The Dismay of Images: Cultural Appropriations of Suffering in Our Times. In: KLEINMAN, Arthur et alii (eds.). *Social Suffering*. Berkeley: University of California Press, 1997. p.1-23.

KOWARICK, Lúcio. *Trabalho e vadiagem*. A origem do trabalho livre no Brasil. São Paulo: Editora 34, 2019. [1.ed.: São Paulo: Brasiliense, 1987.]

LAVINAS, Lena (org.). *Percepções sobre desigualdade e pobreza*. O que pensam os brasileiros da política social? Rio de Janeiro: Letra e imagem; Centro Internacional Celso Furtado de Políticas para o Desenvolvimento, 2014.

LEÃO REGO, Walquiria; PINZANI, Alessandro. *Vozes do Bolsa Família*. Autonomia, dinheiro e cidadania. São Paulo: Editora Unesp, 2013.

______. República de Weimar: Origens históricas, destino e tragédia. In: BERCOVICI, Gilberto (Org.). *Cem anos da constituição de Weimar (1919-2019)*. Porto Alegre: Quartier Latin, 2021. p.881-903 (2021a).

______. *Justiça social ou barbárie. In: BERCOVICI*, Gilberto; SICSÚ, João; AGUIAR, Renan (Orgs.). *Utopias para reconstruir o Brasil*. Porto Alegre: Quartier Latin, 2021. p.611-31 (2021b).

LEDDA, Gavino. *Pai patrão*. São Paulo: Berlendis e Vertecchia, 1998.

LEVI, Carlo. *Cristo parou em Eboli*. Rio de Janeiro: Nova Fronteira, 1986.

LEVI, Primo. *Os afogados e os sobreviventes*. Rio de Janeiro: Paz e Terra, 2022.

LIMA, Martonio Mont'Alverne Barreto; LEÃO REGO, Walquiria. Atualidade da reificação de Marx como instrumento da análise de relações jurídicas e sociais. *Lua Nova*, 109, 2020, p.193-228 (DOI: 10.1590/0102-193228/109).

LIRA NETO. *Padre Cícero*. Poder, fé e guerra no sertão. São Paulo: Companhia das Letras, 2009.

LOPES, José Sergio Leite. *O vapor do diabo*. O trabalho dos operários do açúcar. Rio de Janeiro: Paz e Terra, 1976.

LU, Catherine. *Justice and Reconciliation in World Politics*. Cambridge: Cambridge University Press, 2017.

LUKÁCS, György. *Problemas del Realismo*. México: Fondo de Cultura Economica, 1966.

______. *História e consciência de classe*. São Paulo: Martins Fontes, 2003.

MALTHUS, Thomas. *An Essay on the Principle of Population*. London: Johnson, 1798.

______. *An Essay on the Principle of Population*. 2.ed. London: Johnson, 1803.

MARIANO, Ricardo. *Neopentecostais*. Sociologia do novo pentecostalismo no Brasil. 5..ed. São Paulo: Loyola, 2014.

MARINS, Mani Tebet A. *Bolsa Família*. Questões de gênero e moralidades. Rio de Janeiro: Editora da UFRJ. 2017.

MARTINS, José de Souza. *Exclusão social e a nova desigualdade*. São Paulo: Paulus, 1997.

MARX, Karl. *Formaciones economicas pré-capitalistas*. Córdoba: Cuadernos de Pasado y Presente, 1972.

______. *Grundrisse*. São Paulo: Boitempo, 2011.

______. *O capital*. Livro I. São Paulo: Boitempo, 2013.

MBEMBE, Achille. *Necropolítica*. São Paulo: N-1, 2018.

MEIDNER, Rudolf; HEDBORG, Anna; FOND, Gunnar. *Il prezzo dell'uguaglianza*. Piano di riforma della proprietà industriale in Svezia. Cosenza: Lerici, 1976.

MEIER, Christian. *La nascita della categoria del politico in Grecia*. Bologna: Il Mulino, 1988.

MELO NETO, João Cabral de. *Obra completa*. Rio de Janeiro: Nova Aguilar, 2003.

MERLEAU-PONTY, Maurice. *O olho e o espírito*. São Paulo: CosacNaify, 2013.

MICHEL-MUNIZ, J. *Democracia apresentativa e o apartheid social brasileiro*. Tese (Doutorado em Filosofia) – Programa de Pós-Graduação em Filosofia da UFSC, Florianópolis, 2018.

MIKKOLA, Mari. *The Wrong of Injustice*. Dehumanization and Its Role in Feminist Philosophy. Oxford: Oxford University Press, 2019.

MILLS, C. Wright. *A imaginação sociológica*. Rio de Janeiro: Jorge Zahar, 1982.

MOORE Jr., Barrington. *Reflexões sobre as causas da miséria humana*. Rio de Janeiro: Jorge Zahar, 1974.

______. *Injustiça*. As bases sociais da obediência e da revolta. São Paulo: Brasiliense, 1987.

MOREIRA SALLES, João. A morte e a morte. Jair Bolsonaro entre o gozo e o tédio. *Piauí*, 166, 2020. Disponível em: https://piaui.folha.uol.com.br/materia/a-morte-no-governo-bolsonaro. Acesso em: 19 abr. 2023.

MORRIS, David B. About Suffering: Voice, Genre and Moral Community. In: KLEINMAN, Arthur; DAS, Veena; LOCK, Margaret (eds.). *Social Suffering*. Berkeley: University of California Press, 1997. p.25-45.

MOTTA, Astrid Maciel. *A transmissão intergeracional da pobreza*. Curitiba: Appris. 2022.

MULLAINATHAN, Sendhil; SHAFIR, Eldar. *Scarcity. The True Cost of Not Having Enough*. London: Penguin, 2014.

MYRDAL, Gunnar. *O Estado do futuro*. Rio de Janeiro: Zahar, 1962.

NASCIMENTO, Abdias. *O genocídio do negro brasileiro*. São Paulo: Perspective, 2017.

NEUMANN, Franz. *O império do direito*. Teoria política e sistema jurídico na sociedade moderna. São Paulo: Quartier Latin, 2013.

NUN, José. El futuro del empleo y la tesis de la masa marginal. *Desarrollo Económico*, 18(152), 1999, p.985-1004.

NUSSBAUM, Martha C. *Hiding from Humanity*. Disgust, Shame, and the Law.Princeton: Princeton University Press, 2004.

OLIVEIRA, Francisco de. *Crítica à razão dualista*. O ornitorrinco. São Paulo: Boitempo, 2003.

PAIXÃO, Marcelo. *500 anos de solidão*. Estudos sobre desigualdades raciais no Brasil. Curitiba: Appris, 2013.

PATTERSON, Orlando. *Escravidão e morte social*. Um estudo comparativo. São Paulo: Edusp, 2008.

PAUGAM, Serge. *Le forme elementari della povertà*. Bologna: Il Mulino, 2013.

PECK, James; THEODORE, Nik. Exporting workfare/importing welfare-to-work: exploring the politics of Third Way policy transfer.

Political Geography. 20/4, 2001, p.427-60. Disponível em: https://doi.org/10.1016/S0962-6298(00)00069-X. Acesso em: 4 abr. 2025.

PIKETTY, Thomas. *O capital no século XXI*. Rio de Janeiro: Intrínseca, 2014.

PINZANI, Alessandro. Democratic Constitutions and Education to Freedom. *Civitas*, 9(3), 2009, p.472-95.

______. Farewell to Welfare. An End to Citizenship as We Know It. *Società Mutamento Politica*, 7/13, 2016, p.119-37.

______.Teoria política tradicional e Teoria Crítica. *Lua Nova*, 102, 2017, p.57-91.

______. Empujados a los márgenes. Observaciones sobre las fronteras nacionales y de clase. *Daimon. Revista Internacional de Filosofia*, 87, 2022a, p.203-17.

______. Systemic Suffering as a Critical Tool. *Dois Pontos*, 19/1, 2022b, p.9-24.

______.Clashes of Narratives. The Neoliberal Systemic Doctrine as cause of Second-Order Suffering. In: QUINTANA, Laura; SANCHEZ MADRID, Nuria (eds.). *Neoliberal Drivers of Social Suffering in the 21st Century*. Lanham (MD): Lexington Books, 2023a. p.3-21.

______. Poverty in Modern Philosophy. In: SCHWEIGER, Gottfried; SEDMAK, Clemens (eds.), *Handbook Philosophy and Poverty*. Abingdon: Routledge, 2023b.

______.; PIROLI, Diana. Poverty, Shaming, Humiliation. Do Social Policies Violate Human Dignity? In: PRIBYKTOVA, Elena (ed.). *In Search for a Social Minimum: Human Dignity, Poverty and Human Rights*. Cham: Springer, (no prelo).

PIZZORNO, Alessandro. *Le radici della politica assoluta*. Milano: Feltrinelli, 1994.

POCHMANN, Marcio. *Desigualdade econômica no Brasil*. São Paulo: Ideias e Letras, 2015.

POGGE, Thomas. *World Poverty and Human Rights*. Cambridge: Polity Press, 2002.

PORTANTIERO, Juan Carlos. Los Usos de Gramsci. In: GRAMSCI, Antonio. *Escritos políticos (1917-1933)*. México: Cuadernos de Pasado y Presente, 1977.

PRADO Jr., Caio. *Formação do Brasil contemporâneo*. 5.ed. São Paulo: Brasiliense, 1957.

PRZEWORSKI, Adam. *O capitalismo e a social-democracia*. São Paulo. Cia das Letras. 1989.

QUEIROZ, Maurício Vinhas de. *Messianismo e conflito social:* a guerra sertaneja do Contestado (1912-1916). Rio de Janeiro: Civilização Brasileira, 1966.

RAMOS, Graciliano. *Infância*. São Paulo: Martins Editora, 1961.

REICH, Evânia E. Sofrimento social e teoria crítica no precariado. *Dois Pontos*, 19/1, 2022, p.25-32.

RENAULT, Emmanuel. *Souffrances Sociales. Philosophie, Psychologie et politique*. Paris: La Découverte, 2008.

______. The Political Philosophy of Social Suffering, In: DE BRUIN, B.; ZURN, C. (eds). *New Waves in Political Philosophy*. Basingstoke: Palgrave Macmillan, 2009, p.158-76.

______. A Critical Theory of Social Suffering, *Critical Horizons*, 11/2 (2010): p.221-41.

REVELLI, Nuto. *Il mondo dei vinti.* Testimonianze di vita contadina. Torino: Einaudi, 1997 [1977].

RIBEIRO, Djamila. *Lugar de fala*. São Paulo: Sueli Carneiro; Pólen, 2019.

RIBEIRO, Josiane Maria de Castro. *Entre a penitência do corpo e o corpo em festa:* uma análise das missões do padre Ibiapina no Ceará (1860-1883). Dissertação (Mestrado) – Universidade Federal do Ceará, Centro de Humanidades, Programa de Pós-Graduação em História, Fortaleza (CE), 2003.

RICOEUR, Paul. *Soi-même comme un autre*. Paris: Seuil, 1990.

______. *A memória, a história, o esquecimento*. Campinas: Editora da Unicamp, 2007.

ROCHA, José Cezar de Castro. A guerra de relatos no Brasil contemporâneo ou: A "Dialética da marginalidade". *Letras*, 32, 2006, p.153-84.

ROWNTREE, B. Seebohm. *Poverty.* A Study of Town Life. London: Macmillan, 1901.

RUSSELL, Sharman Apt. *Hunger.* An Unnatural History. New York: Basic Books, 2005.

SAFATLE, Vladimir. Em direção a um novo modelo de crítica: as possibilidades de recuperação contemporânea do conceito de patologia social. In: SAFATLE, Vladimir; DA SILVA Jr., Nelson; DUNKER, Christian (orgs.). *Patologias do social.* Arqueologias do sofrimento psíquico. São Paulo: Autêntica, 2018, p.7-31.

SANTOS, Ynaê Lopes dos. *Racismo brasileiro*. Uma história da formação do país. São Paulo: Todavia, 2022.

SARTRE, Jean-Paul. *Questão de método*. São Paulo: Difusão Europeia, 1967.

______. Orfeu Negro. In: ______. *Reflexões sobre o racismo*. São Paulo: Difusão Europeia, 1968. p.94-118.

SAUER, Sérgio (org.). *Lutas, memórias e violações no campo brasileiro*. Conflitos, repressão e resistências no passado. São Paulo: Expressão Popular, 2021.

SCHIAVONE, Aldo. *La storia spezzata*. Roma antica e Occidente moderno. Torino: Einaudi, 2020.

SCHILLER, Friedrich. *A educação estética do homem*. 4.ed. São Paulo, Iluminuras, 2002.

SCHMITT, Carl. *Catolicismo romano e forma política*. Lisboa: Hugin, 1998.

SCHWARCZ, Lília Moritz. *O espetáculo das raças*. São Paulo: Companhia das Letras, 1993.

SCOTT, James C. *Weapons of the Weak:* Everyday Forms of Peasant Resistance. *New Haven: Yale UP, 1985.*

______. *Domination and the Arts of Resistance. Hidden Transcripts. New Haven: Yale UP, 1990.*

SECCHI, Bernardo. *A cidade dos ricos e a cidade dos pobres*. Belo Horizonte; Veneza: Editora Âyiné, 2019.

SEN, Amartya. *The Argumentative Indian*. Writings on Indian Culture, History and Identity. London: Penguin, 2005.

______. *A ideia de justiça*. São Paulo: Companhia das Letras, 2011.

SENNETT, Richard. *A corrosão do caráter*. Consequências pessoais do trabalho no novo capitalismo. Rio de Janeiro: Record, 2015.

SHKLAR, Judith. *The Faces of Injustice*. New Haven: Yale University Press, 1990.

SILVA, Hélio A. Sofrimento social como dimensão da pobreza. *Dois Pontos*, 19/1, 2022, p.33-49.

SINGER, Paul. *Dominação e desigualdade*. Estrutura de classe e repartição da renda no Brasil. Rio de Janeiro: Paz e Terra, 1981.

SMITH, Adam. *A riqueza das nações*. 2 v. São Paulo: Abril Cultural, 1983.

______. *Teoria dos sentimentos morais*. São Paulo: Martins Fontes, 2002.

SOBOUL, Albert. *Les Sans-Culottes*. Paris: Seuil, 1968.

SOJA, Edward W. *Seeking Spatial Justice*. Minneapolis: University of Minnesota Press, 2010.

SOMERS, Margaret; BLOCK, Fred. From Poverty to Perversity: Ideas, Markets, and Institutions over 200 Years of Welfare Debate. *American Sociological Review*, v.70, 2005, p.270-87.

SONTAG, Susan. *Diante da dor dos outros*. São Paulo: Companhia das Letras, 2003.

SOULET, Marc-Henry (éd.). *La Souffrance social.* Fribourg: Academic Press Fribourg, 2009.

SOUZA, Pedro H. G. Ferreira de. *Uma história da desigualdade*. A concentração de renda entre os ricos no Brasil 1906-2013. São Paulo: Hucitec Editora, 2018.

SPIVAK, Gayatri. *Pode o subalterno falar?* Belo Horizonte: Editora UFMG, 2010.

SPRANDEL, Marcia Anita. *A pobreza no paraíso tropical*. Rio de Janeiro: Relume Dumará, 2004.

STANDING, Guy. *O precariado*. A nova classe perigosa. Belo Horizonte: Autêntica, 2013.

STEDMAN JONES, Gareth. *An End to Poverty?* A Historical Debate. New York: Columbia University Press, 2004.

SUAREZ, Maria Teresa de Melo. *Cassacos e corumbas*. São Paulo: Ática, 1977.

SVALLFORS, Stefan. *The Political Sociology of the Welfare State*. Institutions Social Cleavages and Orientations. Stanford: Stanford University Press, 2007.

TELLES, Edward. *Racismo à brasileira*. Uma nova perspectiva sociológica. Rio de Janeiro: Relume Dumará, 2003.

TELLES, Vera da Silva. *Pobreza e cidadania*. São Paulo: Editora 34, 2001.

THEODORO, Mário. *A sociedade desigual*. Racismo e branquitude na formação do Brasil. Rio de Janeiro: Zahar, 2022.

TOCQUEVILLE, Alexis de. *Sur le paupérisme*. Paris: Allia, 1999.

TOLSTÓI, Liev. *Anna Kariênina*. São Paulo: CosacNaify, 2005.

TURGOT, Anne-Robert-Jacques. Plan de deux discours sur l'histoire universelle. In: ______. *Oeuvres*. Paris: Guilleumin, 1844, v.II, p.660 ss.

UGÁ, Vivian Dominguez. "*Pobreza*". Crítica à conceituação neoliberal. Curitiba. Appris, 2011.

VECA, Salvatore. *Cittadinanza*. Riflessioni filosofiche sull'idea di emancipazione. Milano: Feltrinelli, 1990.

VIEIRA Jr., Itamar. *Torto arado*. São Paulo: Todavia, 2018.

WALKER, Robert. *The Shame of Poverty*. Oxford: Oxford University Press, 2014.

WAXMAN, Chaim I. *The Stigma of Poverty*. New York: Pergamon Press, 1983.

WILKINSON, Iain. *Suffering*. A Sociological Introduction. Oxford: Polity Press, 2005.

______.; KLEINMAN, Arthur. *A Passion for Society*. Oakland: University of California Press, 2016.

WILKINSON, Richard; PICKETT, Kate. *O nível*. Por que uma sociedade igualitária é melhor para todos. Rio de Janeiro: Civilização Brasileira, 2015.

WILLIAMS, Eric. *Capitalismo e escravidão*. Rio de Janeiro: Companhia Editora Americana, 1975.

WILLIAMS, Raymond. *Cultura*. Rio de Janeiro: Paz e Terra, 2000.

WISNIK, José Miguel. *Maquinação do Mundo – Drummond e a mineração*. São Paulo: Companhia das Letras, 2018.

YOUNG, Iris M. *Responsibility for Justice*. Oxford: Oxford University Press, 2011.

ZIMA, Peter V. *Entfremdung*. Tübingen: A. Francke Verlag, 2014.

ZINCONE, Giovanna. *Da sudditi a cittadini*. Bologna: Il Mulino, 1992.

ZOLO, Danilo. *La cittadinanza*. Appartenenza, identità, diritti. Roma; Bari: Laterza, 1994.

ZURN, Christopher. Social Pathologies as Second-Order Disorders. In: D. PETHERBRIDGE (ed.). *Axel Honneth: Critical Essays*. Leiden: Brill, 2011. p.345-70.

SOBRE O LIVRO

Formato: 13,7 x 21 cm
Mancha: 23,7 x 42,6 paicas
Tipologia: GoldyOlSt BT 11/13
Papel: Off-white 80 g/m^2 (miolo)
Cartão Triplex 250 g/m^2 (capa)

1ª edição Editora Unesp: 2025

EQUIPE DE REALIZAÇÃO

Capa
Negrito Editorial

Imagem de capa
Renan Martelli da Rosa / iStockphoto

Edição de texto
Jennifer Rangel de França (Copidesque)
Marcelo Porto (Revisão)

Editoração eletrônica
Sergio Gzeschnik (Diagramação)

Assistente de produção
Erick Abreu

Assistência editorial
Alberto Bononi
Gabriel Joppert

Impressão e Acabamento
assahi
gráfica e editora ltda.